文史哲學集成

簡恩定著

清初杜詩學研究

文史哲出版社印行

文史哲學集成 ⑭⑨

清初杜詩學研究

著者：簡恩定
出版者：文史哲出版社
登記證字號：行政院新聞局局版臺業字〇七五五號
發行所：文史哲出版社
印刷者：文史哲出版社
臺北市羅斯福路一段七十二巷四號
郵撥〇五一二八八一二彭正雄帳戶
電話：三五一一〇二八

實價新台幣四〇〇元

中華民國七十五年八月初版

自序

杜詩非易讀之書，注杜更非聊爾之事。故宋元以來注杜雖稱千家，而可觀者絕少。其中有借抒杜陵忠憤而陷於附會者，有欲探子美詩心而涉嫌割裂者，皆未當人意。降及清初，由於對王學末流之反感暨政治環境更換之痛省，學風遂一變空言而趨於務實，注杜亦間受影響。而老杜生平千萬篇，實亦有挾泥沙以俱下者，故時人脫出宋人盲目尊杜窠臼，轉從杜詩眞貌之探求。因此彼時讀杜之精審，迥非前人所及，故有興起撰寫本論文之動機。

定稿之際，面對滿地春花，感慨不由而生。回顧三載以來，親友多逢變故。好友登山別世，家父中風成殘，皆令愚有人生飄忽之嘆。而春雨即至，春華將謝，去而復始；花相似而人不同，情何以堪！

寫作期間，幸蒙鄭騫老師披閱指導，張夢機、沈謙二師之不時鼓勵，以及學長周彥文、連清吉之機動精神支持，皆深感莫名。至於家中全體之經濟支援，尤爲斯篇完成之最大動力。

中華民國七十五年三月十日簡恩定謹序於淡水

清初杜詩學研究 目次

前言

一、研究範圍

本論文研究範圍以自明入清之論杜注杜者爲主。這些杜詩評注者雖然出生於明朝，然而率皆歿於清康熙年間，且有關杜詩之重要著作評論，亦多盛行於此時，故定名爲「清初杜詩學研究」。至於清代雍正乾隆以後之論杜注杜者，由於人物、著作繁多，暫不歸入本論文之研究主題內，俾可免除泛論之弊而有詳述之功。

二、研究旨趣

清初杜詩學由於承自明代批評理論系統而來，因此對於杜詩之看法和觀點，雖有承自宋人而來，然亦有獨創之處。又加上擬古風氣之反動，政治環境之轉移，以及晚明理學的自省和比興觀念的再闡發等等，都對當時學者評論杜詩產生直接或間接的影響。而錢謙益、朱鶴齡二人注杜爭議始末，更是杜詩學史上一件大事，對於當時或後代之杜詩學研究，都極具意義。至於詩史一名的論究，杜甫爲詩聖地位轉移之探討，尊杜與輕杜之說理論的建立和杜詩藝術技巧的闡發，都可以見出清代詩學理論演變的端倪。本論文即對以上諸問題提出析論與闡述。

第一篇 導論：清初杜詩學的背景及其意義

第一章 清初杜詩學的文學背景

一般文學觀念的演進不外兩大因素，即對舊觀念的反動及新觀念的自省。舊觀念的反動誠如王國維「人間詞話」中所云：

「蓋文體通行既久，染指遂多，自成習套。豪傑之士，亦難於其中自出新意，故遁而作他體，以自解脫。一切文體所以始盛終衰者，皆由於此。」

王氏此處所論雖以文體演進爲主，然而以之說明文學觀念的演進，亦是十分貼切的評論。至於新觀念的自省則由於始肇之時，新的文學觀念尚未圓熟定型，必須不斷地修整改進，方足以產生代表該時代的文學觀念。此外，由於文學觀念起於文學工作者對於外在文學環境的認知與考察，所以往往亦受當時政教風尚的影響。因此，就清初杜詩學的文學背景而言，可以分成下面四節來加以討論。

第一節　政治環境的更換

自漢武帝罷黜百家，獨尊儒術以來，帝王的政治措施往往給予文學最直接的影響。所謂上有好者，下必從焉便成爲中國文學發展上的主要因素。因此，政治環境的改變往往是形成不同文學觀念的必要條件之一。中國歷史上雖然屢經改朝換代，但是除了元、清二朝之外，率皆爲漢人所統治，其間政治環境的改變，便少予一般士人震撼性的衝擊。元朝雖是第一個異族入主中國，但是統治不滿百年旋即覆亡，因而並未給予文人學者帶來太長痛定思痛的時間。清朝入主中國則不然，梁啓超在「中國近三百年學術史」中說：

「一六四四年三月十九日以前，是明崇禎十七年，五月初十日之後便變成清順治元年了。本來一姓興亡，在歷史上算不得什麼一回大事，這回卻和從前有點不同。新朝是『非我族類』的滿洲，而且來得太過突兀太過僥倖；北京南京，一年之中，唾手而得，抵抗力幾乎等於零。這種激刺，喚起國民極痛切的自覺，而自覺的率先表現實在是學者社會。」（華正本頁十四）

這些學者從小在漢人統治的明朝中長大，所謂「漢賊不兩立」的思想已深入他們的血液中，因而對於明室之亡，無不引爲莫大的恥辱與罪責。在這種情勢突變中，他們開始對以往所受的文學訓練感到懷疑，思想也逐漸蛻化，由明心見性的空談而趨於經世致用。這種觀念的轉變表現於文學批評上，便成了一股不重空文，攻擊雕琢的風氣。如顧炎武「與人書三」云：

「孔子之删述六經，即伊尹、太公救民於水火之心，而今之注蟲魚命草木者，皆不足以語此也。故曰載之空言，不如見諸行事。」（亭林詩文集卷四）

又「與人書廿五」中云：

「君子之爲學以明道也，以救世也。徒以詩文而已，所謂雕蟲篆刻，亦何益哉。」（亭林詩文集卷四）

探究他對空言、雕琢的文學風氣不滿之因，無非是受了明室鼎移的刺激。換言之，他們對於一向自命爲天朝的上國竟然淪爲夷狄所統治，除了有無力回天之痛外，更對於無益於世的空言起了最大的反感。然而最終的悲哀是他們儘管反對空言論世，却又不得不托之空言；所以一方面必須承認文學的固定價值，另方面又深斥雕琢文學的無用。在這種心態下，他們對於文學的看法自然而然地著重在文學中可以用來致世的部分，而反對聚衆成派，只得文學之貌而未得其根者。如黃宗羲「靳熊封詩序」中云：

「百年之中，詩凡三變。有北地、歷下之唐，以聲調爲鼓吹。有公安、竟陵之唐，以淺率幽深爲祕笈。有虞山之唐，以排比爲波瀾。雖各有所得，而欲使天下之精神聚之於一塗，是使詐僞百出，止留其膚受耳。」（南雷文定後集一頁六）

在這種風氣之下，對文學的要求第一便是注重眞情的流露，所以他們論詩皆講性情，認爲捨性情之外無詩。同時批評的態度也由主觀的冥想傾向於客觀的考察（梁啓超語），所以對於前人論詩的主張和態度不是通盤的接受而是有所選擇。杜詩由於號稱集詩之大成，盡得古今之體勢而兼昔人之所獨專，因而歷代論杜者，總是不敢輕加貶詞，宋朝楊億雖有村夫子之說，但旋即遭人駁斥。明室既屋，隨著文學觀念的改變，杜甫詩聖的地位雖未動搖，但是情緒化的讚美詞已明顯的減少，代之而起的是客觀性的判斷。他們論杜已不在一飯不忘君及無一字無來歷中打轉，而趨向於個人審美經驗的認同。他們不否認杜詩的博大精深，但是對於其中的泥石沙礫却也不輕予溢美之辭。例如顧炎武「日知錄」卷廿七杜子美詩注下云：

「古人經史，皆是寫本，久客四方，未必能攜，一時用事之誤，自所不免，後人不必曲爲之諱。子美寄岳州賈司馬六丈巴州嚴八使君詩：弟子貧原憲，諸生老伏虔。本用濟南伏生事，伏生名勝，非虔。後漢有服虔，非伏也。示獠奴阿段詩：曾驚陶侃胡奴異。蓋謂士行有胡奴，可比阿段。胡奴，侃子範小字，非奴也。①」

又如王漁洋「帶經堂詩話」卷二云：

「杜甫八哀詩鈍滯冗長，絕少剪裁而前輩多推之，崔鶠至謂可表裏雅頌，過矣：試摘其累句，如汝陽王云：『愛其謹潔極』、『上又回翠麟』、『天笑不爲新』、『手自與金銀』、『匪惟帝老大，皆是王忠勤』。李邕云：『眄睞已皆虛，跋涉曾不泥』、『衆歸賙給美，擺落多藏穢』、『是非張相國，相扼一危脆』。蘇源明云：『秘書茂松意，溟漲本末淺』。鄭虔云：『地崇士大夫，況乃氣精爽』、『方朔諧太枉』、『寡鶴誤一響』。張公九齡云：『骨驚畏曩哲，鬒變負人境』、『調詠在務屏』、『用才文章境，散帙起翠螭』、『未缺隻字警』云云，率不可曉。披沙揀金，在慧眼自能辨之，未可爲瞽瞽語白黑也。」

由此可見，他們論杜已能擺開宋人以來盲目尊杜的觀念，而能以己身獨立的思考來評論杜詩的優劣。漁洋論杜甫八哀詩鈍滯冗長而不可曉，雖與其論詩力主神韻有關，然觀其所摘之句，亦頗爲公允有見，並非一味排杜。亭林所言，正是宋人注杜之弊。宋人由於信杜太過，遇有不可解之處，往往失於穿鑿附會，至於一字一句，皆有比託②。殊不知杜詩由於鉅細靡遺，勢必亦挾泥沙俱下，此理之必然，強爲之辨，反成蛇足。這種對於杜詩評論的反省功夫，正是由於政治環境更換所致。在一切都講求經世致用的時尚之下，他們讀杜論杜，自然不肯遵循舊有的方法觀念而欲探求杜詩的眞精神及眞作用。至於僅作消遣性的評點，亦爲他們所摒棄。總之，在山河變色，國土淪亡之際，他們痛心於無起神州陸沉之力，遂對舊學中徒事空言，雕蟲篆刻大加撻伐。影響所致，他們的文學批評也採取了比較謹嚴的態度。對於杜詩，雖仍存尊重，但已不肯人云亦云，而必須經過己身審美經驗的考察方肯下評論。這種實事求是的治學精神，遂給清初杜詩學帶來一股嶄新的風氣。如錢謙益箋注杜詩，年四五十，即隨筆著錄，至年八十始成書。後以得疾在牀，病少間，仍轉喉作聲，囑錢遵王云：杜詩某章某句，尙有疑義。可見牧齋注杜用力之久之勤，無怪乎其注杜之書，清人奉爲圭臬。因此，我們可以說清初杜詩學之所以有異於前人，乃是由於政治環境更換帶給文人學者衝擊，對文學產生新的觀念所致。

【附　註】

①「曾驚陶侃胡奴異」一句，錢謙益注杜云：「陶侃胡奴，未詳所出。舊注引僞坡注，今削之。有人云：見劉敬叔異苑，考之，仍是僞蘇注也。異苑是流俗刻本，或繕寫人勦入耳，不足援據。」朱鶴齡則云：「此事見今本劉敬叔異苑，說者以僞撰疑之，當更考。」二人皆不詳此句所出，亭林之論，必有所見，姑存於此。

②詳見錢謙益注杜詩略例。

第二節　對晚明理學的反感

梁啓超「中國近三百年學術史」云：「明亡以後，學者痛定思痛，對於那群閹黨、強盜、降將，以及下流無恥的八股先生，罪惡滔天，不値得和他算帳了。卻是對於這一群上流無用的道學先生，倒不能把他們的責任輕輕放過。」（華正本頁五）這裏所謂「上流無用的道學先生」，實際上即指陽明學派的末流而言。也就是說，晚明理學的自省即是對王學末流的反動。

陽明致良知的學說，本是宋明理學中的一股振奮劑，然其末流，演成肆無忌憚的狂禪，將所有社會道德規範全都摒棄無疑，與陽明自有事功之學遂成背道而馳。錢謙益「列朝詩集」閏集卷三李卓吾傳云：

「爲姚南太守，一日惡頭癢，遂去其髮，而加巾焉。所著書，上下數千年，別立手眼，而擯擊道學，指摘情僞，不遺餘力。」

雖是對於當時僞道學的不滿，但是此種怪誕的行爲究是不足爲法。因而王船山謂：

「王氏之學，一傳而爲王畿，再傳而爲李贄。無忌憚之教立，而廉恥喪、盜賊興。皆惟怠於明倫察物而求逸獲。故君父可以不恤，名義可以不顧。陸子靜出而宋亡，其流禍一也。」（張子正蒙注，卷九頁十二）

是將明室鼎移之過，歸罪於李贄狂禪之學，並陽明一併罪之。他們既認定明室所以覆亡之因，乃源於當時學風之弊。因此對於那些奢談心性，束書不觀，「無事袖手談心性，臨危一死報君王」（顏習齋語）的道學先生便深致不滿之意。因而如顧亭林欲以經學代理學，黃宗羲與人相約讀經，船山欲明正學以黜陸王，顏習齋要人少讀書而多勵行，終極目標則在於破除王學末流空疏之病。而這種重在道德主體發用的觀念表現在文學批評上，遂惡文士的情采放蕩，必求重道秉性情之正。從此標準出發，對於前人不敢輕加貶詞的杜詩，便也微露不滿之意。

原來杜詩雖然鉅細靡遺，然而由於老杜終身不遇，四處投贈，難免偶露憤激之詞。又杜甫一生，高自稱許，放言大志，亦在所難免。故新唐書本傳已謂：「甫放曠不自檢，好論天下大事，高而不切。」宋葛立方「韻語陽秋」卷八頁四亦云：

「老杜高自稱許，有乃祖之風。上書明皇云：臣之述作，沈鬱頓挫，揚雄、枚皐，可企及也。壯遊詩則自比于崔、魏、班、揚。又云：『氣劘屈賈壘，目短曹劉牆。』贈韋左丞則曰：『賦料揚雄敵，詩看子建親。』甫以詩雄于世，自比諸人，誠未爲過。至『竊比稷與契』則過矣。史稱甫好論天下大事，高而不切，豈自比稷契而然邪。」

船山、亭林之流，由於深痛明季靜坐談天，放言空論之學風，故而對於老杜此種誕於言志之詞，便大加論議。又明清之際，士人流品混雜，率皆依傍於格物致知大纛之下。搦管呻吟，自矜有學之餘，所謂情辭便成沽名釣譽之具。陽明之學，原本欲補朱學流於尋行數墨訓詁之病，末流却淪爲欺世盜名之用。因此，他們便提出文辭不可信的論點。顧炎武「日知錄」卷十九文辭欺人條云：

「古來以文辭欺人者，莫若謝靈運，次則王維。……。今有顛沛之餘，投身異姓，至擯斥不容而後發爲忠憤之論，與夫名汙僞籍而自託乃心，比於康樂、右丞之輩，吾見其愈下矣。」

欲解此弊，則須從修辭立其誠開始，因此他們論詩，首重性情之貞正；性情貞正，則其人之眞僞立然可辨，莫卒能逃。杜甫之詩，由於有法可循，故後人學者多，弊病因而衍生。再者如船山、亭林諸人深痛明季學風之敗壞，推原禍始，認爲杜甫亦難脫其責。故船山「唐詩評選」卷三頁二十「漫成」詩後評云：

「杜詩情事朴率者唯此自有風味，過是則有『鵝鴨宜長數』、『計拙無衣食』、『老翁難早出』一流語，先已自墮塵土，非但學之者拙，似之者死也。杜又有一種門面攤子句，往往取驚俗目，如『水流心不競，雲在意俱遲。』裝名理爲腔殼；如『致君堯舜上，再使風俗淳。』擺忠孝爲局面。皆此老人品、心術、學問、器量大敗闕處。或加以不虞之譽，則紫之奪朱，其來久矣。」

換句話說，船山認爲杜詩中亦有性情不正，以文辭欺人之嫌。姑不論此種論斷是否公允，然而可以明顯見出，此種論杜之眼光乃源於對晚明理學的反感而來。

此外，由於顧炎武有以經學代理學之說，影響所至，他們對於文學觀念的取捨也有獨特之處。如申涵光「王清有詩引」云：

「三百篇皆理學也，敷情陳事而理寓焉。理之未達，無爲貴詩矣。後人歧而二之，街譚里諺，俱可採掇而經語獨不少入。子美用獨夫、汎愛、當暑、去兵、一戎衣、富貴如浮雲，亦取語之近詩者耳。宋人耑言理，萬紫千紅以喻一貫；青山綠水，取譬來復。理益密而詩益難言之。」（聽山集卷二）

用此觀念來評論杜詩，自與前人隨意評點及濫言尊君之法不同。準此出發，他們對於杜詩中的章法、結構、遺詞、造字，也都有己身獨自的看法，不肯依傍前人。如申涵光於「說杜」中，即對杜詩頗有批駁之處，這些亦是對晚明理學反感中所得的結果。

對王學的反感既是明末清初的風尚，按理說，反映在文學批評上應無所謂禪悟之語才是，然而事實又不盡然。例如金聖嘆的力主「金針度人」之說，宋琬於「題筠士上人詩」亦云：「數十年來，詩敎與禪宗並行。」宋琬生於明神宗萬曆四十二年，卒於清聖祖康熙十二年，此論當是親身所歷之語。因此當時人評論杜詩，亦似有以禪解詩之語。如吳喬「圍爐詩話」卷四云：

「杜詩無可學之理，詩人久道化成，則出句有近之者。」

又云：

「覓杜詩好處，極難入頭，入得有益於己。覓杜詩不好處，極易覓得，于己略無所思益。」

此處所論，極似禪悟之說，又與蘇軾所言「學詩當以子美為師，有規矩，故可學……。學杜不成，不失為工。」（見宋陳師道「後山詩話」頁三所載）看似相左。由此可見，晚明理學的反感雖然造成一股對王學末流狂禪的反動學風，然而由於其流行日久，一時亦無法根盡滅絕，所以評論杜詩時，無形中亦會受其影響，這是理之必然而不可避免。

總理上論而言，晚明理學的反感不但給予清初學術界帶來新的風貌，更在詩論上注入了一股營養劑。於是展現在杜詩學上，也出現如王船山、顧亭林、黃宗羲等人的獨特見解。姑不論他們評杜是否由於時代的刺激而略嫌過偏，但是總為清代杜詩學開出一股新風氣。杜甫雖然號稱詩聖，然而詩作「平生千萬篇」，畢竟也有泥沙之作。他們經由晚明理學的反感而表現在文學批評上，對於後人讀杜，自有著相當的啓發作用。

第三節　擬古風氣的影響

文學思潮的遞嬗，雖然和政治環境的更換有關，但是究其主因，仍是起於豪傑之士對於風行已久的文學風氣感到厭倦所致。有明一代，自李夢陽、何景明倡言復古，一時附和著極衆，遂致風靡一世。

明史卷二八五云：

「弘正之間，李東陽出入宋、元，溯流唐代，擅聲館閣。而李夢陽、何景明倡言復古，文自西京，詩自中唐而下，一切吐棄，操觚談藝之士翕然宗之。明之詩文，於斯一變。迨嘉靖時，王愼中、唐順之輩，文宗歐、曾，詩效初唐。李攀龍、王世貞輩，力主秦、漢，詩規盛唐。王、李之持論，大率與夢陽、景明相倡和也。」

平心而論，李夢陽輩雖倡言復古，勸人勿讀唐以後書，然其始意，乃在補救明代詩文陳陳相因之弊。故四庫提要「空同集」下云：

「考明自洪武以來，運當開國，多昌明博大之音。成化以後，安享太平，多臺閣雍容之作。愈久愈弊，陳陳相因，遂至嘽緩冗沓，千篇一律。夢陽振起痿痺，使天下復知有古書，不可謂之無功。」（集部別集類廿四）

然而由於太過注重句擬字摹，漸有食古不化之失；加上後學變本加厲，專以剽竊爲能事，論者追原禍始，夢陽遂受詬最深。

前後七子旣主復古，詩尊盛唐，杜甫自然也成爲模仿的對象。胡應麟「詩藪」續編二國朝下云：

「自北地宗師老杜，信陽和之，海岱名流，馳赴雲合。而諸公質力，高下強弱不齊。或強才以就格，或因格而附才。故弘正自二三名世外，五七言律，往往剽襲陳言，規模變調，粗疎澁拗，殊寡成章。」（廣文本頁七四四五）

此處已坦然指出，明人學杜成習，而且隱現弊端。又謂「獻吉學杜，趨步形骸，登善之模蘭亭也。」（廣文本頁七六八）李獻吉學杜，多用杜成語，在當時已遭人非議。然而時勢所趨，終明一代，擬古學杜之風雖偶有衰竭之勢，卻是不絕如縷。

然而這種由崇盛唐進而學杜風氣所引起的爭議，却給予明人論杜帶來一些新的見解，爲日後清初評杜立說的根源。原來他們所謂詩必盛唐，只是取法乎上之意，原非專事模擬，故而偏重在詩形式的復古而非內容的復古；所以詩論便以格調爲主，認爲詩至於唐，古調已亡，然後方有唐調可詠。杜甫歌行近體，誠可爲法，然而畢竟與古作有不同之處，因此何景明及王世貞皆曾提出杜甫七言詩歌爲變體之說①。基於這個理由，他們雖然推重杜詩，但是並不全以杜詩爲學詩者的終極目標，而是上推魏詩爲門戶，而漢詩則爲堂奧。論究其因，則由於漢魏之詩有情沛、氣達、思約、韻齊、質檢、詞藻等特色。所以對於杜詩中的新題樂府，便頗有微言。如王世貞「藝苑卮言」卷四頁三云：

「青蓮擬古樂府，以己意己才發之，尙沿六朝舊習，不如少陵以時事創新題也。少陵自是卓識，惜不盡得本來面目耳。」王世貞此論，實即下開馮班「古今樂府論」中謂「杜子美作新題樂府，此是樂府之變」說法之先。至於施閏章謂「杜律在唐，實爲變調。」之說，追本溯源，亦無不受其影響。

再者，李東陽論詩雖不曾直接主張擬古，然而其特重格調，崇奉盛唐，尤以杜甫爲宗的理論，却影響李夢陽、何景明輩。如「麓堂詩話」頁三～四云：

「唐詩類有委曲可喜之處，惟杜子美頓挫起伏，變化不測，可駭可愕，蓋其音響與格律正相稱，

回視諸作，皆在下風。」（藝文本「續歷代詩話」頁一六四二～一六四三）

這種主聲調和格律的理論，溯其根源，滄浪之說實先啓之②。李夢陽、何景明承其說，更以模仿古人之作即可得格調之秘，進而提出「意象應曰合，意象乖曰離」之說③，並迅即風靡文壇。如王廷相「與郭价夫學士論詩書」云：

「夫詩貴意象透瑩，不喜事實黏著，古謂水中之月，鏡中之影，可以目睹，難以實求是也。」（王氏家藏集卷廿八）

所可注意者，何景明所論意象，原指意與象二事，故云「意象應曰合，意象乖曰離」。而王廷相謂「詩貴意象透瑩」，似乎意象已合為一詞使用。姑不論其意象為二事或一詞，終明一代，以意象論詩者不乏其人，流風所至，評論杜詩自亦參用。因而清初論杜諸家，亦時有用意象一詞解析杜詩者，如黃生、朱鶴齡等皆是。此外這種重意象的高格調之說，由於源自滄浪，所以不僅下啓王漁洋神韻之論，也影響其評杜的觀點④。

擬古風氣自公安、竟陵興起之後，遂逐漸消泯，因而修正之說亦見提出。其主要理論在於破除師古之弊，而提出師心論。因此，有些詩論亦採取公安派的主張，如李維楨「來使君序」中云：

「夫詩有音節抑揚開闔，文質淺深，可謂無法乎。意象風神立於言前而浮於言外，是寧盡法乎。師古者有成心，而師心者無成法。譬之毆市人而戰，與能讀父書者取敗等耳。」（大泌山房集卷十九）

直謂意象風神不可盡法。由此出發，學杜者雖足可亂眞，終究不及老杜。故其「董文嶽詩序」中又云：

「今人詩多祖述，又務爲近體，以聲調俳優束之，遂成結習。韻必沈休文，格必大曆以上，事必無使宋以後，卒不能自振拔，與李杜並驅。此無他，學李杜而失之者也。」（大泌山房集卷廿一）

這種理論，演至清初論杜者手中，遂大肆闡揚。如顧炎武「日知錄」詩體代降條下云：「李杜之詩，所以獨高於唐人者，以其未嘗不似，而未嘗似也。」盧世漼「燕遊稿序」亦云：

「少陵合陶謝，合庾鮑，合王楊盧駱，其於古人同異即離之間，妙有會通，繇知其墨氣故也。李北海有言：學我者拙，似我者死。玆論出而墨氣始通天徹地矣。」（尊水園集略卷八）

皆謂少陵詩雖有祖述，然而所學並無常師。此種論杜詩淵源之說，實自擬古風氣的反感中而來。

總而言之，明代文學的擬古風氣對於清初杜詩學的成形是頗具影響的。由於擬古風氣之中，屢現不同的意見，進而對杜詩亦有相當程度的批評。如楊愼「答劉嵩陽書」云：

「竊有狂談異於俗論，謂詩歌至杜陵而暢，然詩之衰颯，實自杜始；經學至朱子而明，然經之拘晦，實自朱始。非杜、朱之罪也，玩瓶中之牡丹，看擔上之桃李，效之者之罪也。」

這種因對後人學杜之失不滿而推罪於杜，根本上仍是起於對擬古學杜之風頗有微詞。影響而下，船山非杜之說，亦是肇始於此。其他如意象的提出，更增進清初評杜解杜時分析之力；而杜詩爲變體之說，更與清初杜詩學有繁密血緣關係；格調的重視，亦下啓漁洋論杜之觀念。所以就清初杜詩學而言，明代擬古風氣的影響是無可置疑的。

【附註】

① 何景明「明月詩序」云：「僕始讀杜子七言詩歌，愛其陳事切實，布辭沉著，鄙心竊效之，以爲長篇聖於子美矣。既而讀漢魏以來歌詩及唐初四子者之所爲，而反復之，則知漢魏因承三百篇之後，流風猶可徵焉。而四子者雖工富麗，去古遠甚，至其音節，往往可歌。乃知子美辭固沉著而調失流傳，雖成一家語，實則詩歌之變體也。」王世貞「藝苑巵言」卷四云：「太白之七言律，子美之七言絕，皆變體，間爲之可耳，不足多法也。」這種以杜詩爲變體之說，在明代非常普遍。

② 如「滄浪詩話」詩法下云：「下字貴響，造語貴圓。」又云：「意貴透徹，不可隔靴搔痒。語貴脫灑，不可拖泥帶水。」皆爲明人格調說所本。

③ 詳見何景明「與李空同論詩書」，大復集卷三十二。

④ 如王世懋「藝圃擷餘」云：「作古詩，先須辨體。無論兩漢難至，苦心模倣，時隔一塵。即爲建安，不可墮落六朝一語。爲三謝，縱極排麗，不可雜入唐音。小詩欲作王、韋，長篇欲作老杜，便應全用其體。第不可羊質虎皮，虎頭蛇尾。」王漁洋「池北偶談」卷十二便引其語謂：「五言感興宜阮陳，山水閑適宜王韋，亂離行役鋪張敍述宜老杜。未可限以一格，亦與敬美旨同。」可見漁洋神韻之說與明代格調派主張亦有相通之處，因此評杜之論，亦偶有採用此種觀點。

第四節　宋元詩及神韻派的興起

在明代專崇盛唐的擬古風氣中，宋元詩的評價低落到極點，如何景明「與李空同論詩書」云：

「近詩以盛唐爲尚，宋人似蒼老而實疎鹵，元人似秀峻而實淺俗。今僕詩不免元習，而空同近作間入于宋。僕固蹇拙薄劣，何敢自列于古人。空同方雄視數代，主振古之作，乃亦至此，何也？」（大復集卷三十二）

對於李夢陽的「近作間入于宋」頗有微詞，而宋元詩的價值更是遭到無情的批駁。推究其因則由於他們論詩已受李東陽重視格調的影響，而李東陽則認爲「宋詩深，却去唐遠。元詩淺，去唐却近。顧元不可爲法，所謂取法乎中，僅得其下耳。」又云：「唐人不言詩法，詩法多出宋，而宋人於詩無所得。」（「麓堂詩話」頁二下）所以明人論詩，大都不以宋元詩爲然。其間雖有王世貞於晚年力學宋詩，並對東坡才情贊不絕口，然而終明一代，宋元詩並未流行。因此，宋元詩的受人重視，肇其端者必推錢謙益。

錢謙益早年亦喜李夢陽、王世貞等人詩文，而且幾乎篇篇成誦，直至與李流芳同時應擧，方知唐宋大家與李、王有別。及至與程嘉燧交游，對於宋元詩遂開始別具青眼。「有學集」卷卅九「復遵王書」中云：

「僕少壯失學，熟爛空同、弇山之書。中年奉教孟陽諸老，始知改轅易向。孟陽論詩，自初盛唐及錢劉元白諸家，無析骨雜刻髓，尚未能及六朝以上。晚始放而之劍川遺山，余之津涉實無之相上下。………。湯臨川亦從六朝起手，晚而效香山眉山。袁氏兄弟則從眉山起手，眼明手快，能一洗近代窠臼。」

由此可見，錢謙益認爲提倡宋元詩可以「一洗近代窠臼」。從此觀點出發，對於李夢陽的一味仿杜，便大肆抨擊①。牧齋此種尊尚宋詩的理論在當代雖亦有不滿之聲，如吳喬「圍爐詩話」卷五頁一云：

「問曰：朝貴俱尚宋詩，先生宜少貶高論。答曰：厭常喜新，學業則可，非詩所宜。詩以風騷爲遠祖，唐人爲父母，優柔敦厚，乃家法祖訓，宋詩多率直，違於前人，何以宗之。作宋詩誠勝於睹盛唐，而七、八十歲老人，改步逢時，何不五十年前，入復社作名士？」（廣文本頁三三五）

此處所指，疑即謂錢謙益。此外馮班、賀裳亦皆明示反對錢氏的鼓吹宋詩，然而由於宋詩中亦有唐詩未達之理趣，故而愛好者漸多。雖然清初猶仍承襲前朝遺風，論詩多折衷唐宋，而宋元詩的價值已被逐漸肯定。康熙中葉以後，查愼行以專學宋詩名世，自此蔚成風氣，直至今日，學宋詩之習尚存。

論詩兼取唐宋在清初既已逐漸蔚成風尚，表現在杜詩學上，便亦有不同的主張，其中最主要的代表人物爲王士禎。欲論究漁洋對杜詩的評價，請先從神韻說開始。

前文已略言明代格調說與漁洋神韻說有相通之處，然而所謂「神韻」所指爲何，於漁洋著作中却無法獲得圓滿答案。「池北偶談」卷十八頁四上載：

「汾陽孔文谷云：詩以達性，然須清遠爲尚。薛西原論詩，獨取謝康樂、王摩詰、孟浩然、韋應物，言白雲抱幽石，綠篠媚清漣，淸也。表靈物莫賞，蘊眞誰爲傳，遠也。何必絲與竹，山水有淸音。景昃鳴禽集，水木湛淸華。淸遠兼之也。總其妙在神韻矣。神韻二字，予向論詩，首爲學人拈出，不知先見於此。」

因此漁洋所謂「神韻」，大致即爲淸遠，也就是詩作表面看來平淡無奇，却蘊有不著一字，盡得風流的情趣。所以在「唐賢三昧集」序中，便揭示以嚴羽及司空圖的詩論爲根據之語。在這種理論之下，對於唐代詩人，便偏好王維與孟浩然二人。其「戲倣元遺山論詩絕句三十二首」之四有云：「挂席名山都未逢，潯陽喜見香爐峯。高情合受維摩詰，浣筆爲圖寫孟公。」足見推崇王、孟之深了。

漁洋論詩旣兼取唐宋，又主神韻，因而其評杜之說，便屢以己所持論繩之，「帶經堂詩話」卷三十評杜類中，便經常出現輕杜之語，雖說時有卓見，然亦不免於偏頗之譏。如趙執信「談龍錄」頁四上云：

「阮翁酷不喜少陵，特不敢顯攻之，每舉楊大年村夫子之目以語客。………。若少陵有聽之千古矣，余何容置喙。」（藝文本「淸詩話」頁三八七）

漁洋之所以不喜杜詩，除了專主神韻之外，受宋元詩的興起影響亦大。而始倡宋元詩的錢謙益立場却是相反，錢氏雖然提倡宋元詩，但是對於宋人論杜却大表不滿（詳見其註杜詩略例）。不過錢氏此種眼光，仍是和其提倡宋元詩之始因有關。

錢謙益早年經由湯顯祖托人傳言，謂明代應留心宋濂文章。宋濂雖爲明初唐宋派古文大家，其論詩亦頗具眼光。如「兪季淵杜詩舉隅序」云：

「杜子美詩實取法三百篇，有類國風者，有類雅頌者。……。務穿鑿者，謂一字皆有所出，泛引經史，巧爲傅會，楦釀而叢脞。騁新奇者，稱其一飯不忘君，發爲言辭，無非忠國愛君之意；至於率爾咏懷之作，亦必遷就而爲之說。說者雖多，不出於彼，則入於此。子美之詩，不白於世者，五百年矣。」（宋文憲公全集卷十七）

此處所論，不僅已爲錢謙益註杜詩略例張本，而且清初諸家指責前人論杜之失，亦已盡括。錢謙益既經由湯顯祖提示留心宋濂文章，必定受此觀念啓發良多。

因此就清初杜詩學而言，宋元詩及神韻派的興起具有不尋常的意義。王漁洋由於論詩兼取唐宋及力主神韻，故而對於杜詩並非推重備至。錢謙益則因始倡宋元詩前認識宋濂文章，對於宋人論杜力加排斥。不過其中有一點值得注意，自從宋元詩興起之後，清初諸家亦逐漸體會到宋元詩自有理趣，因而評論杜詩之時，情緒化的推贊詞慢慢減少，盲目尊杜之風也爲之降低，代之而起的是以一副眞正藝術的眼光評析杜詩，對於後人研究杜詩而言，可謂一大貢獻。

總合上文所論，清初杜詩學的文學背景雖然有四點，却是互爲影響。如晚明理學的反感和政治環境的更換有關，宋元詩及神韻派的興起則有受擬古風氣的影響。在這四個互爲連瑣的文學背景之下，最顯著的表現爲學者漸厭倦於空言的理論而趨向於實踐，因此對文學觀念的闡發也不肯人云亦云，較有己身獨特的看法與論點。所以展現在杜詩學，也給後人帶來甚多的啓示與開創之功，這是值得重視的。

【附註】

① 錢謙益「初學集」卷七十九「答唐訓導汝諤論文書」中云：「弘正之間，有李獻吉者，但爲漢文杜詩，以叫號於世，舉世皆靡然而從之。………。其所謂杜詩者，獻吉之所謂杜而非少陵之杜也。彼不知夫漢有所以爲漢，唐有所以爲唐，而規規焉就漢唐而求之，以爲遷、固、少陵盡在於是，雖欲不與之背馳，豈可得哉。」諸如這種相類似的攻擊，在明末清初是很常見的。

第二章　清初杜詩學在文學批評史上的意義

文學批評在中國文學研究中是發源甚早却發展極慢的一門學問。如欲遠究其始，早在孔、孟、荀的時代，已有不少零星片斷的論文論詩之語。然而眞正較有系統的文學批評論述，却直到魏晉南北朝方逐漸行世。這個階段政治環境雖然極不穩定，然而對於文學觀念的反省與自覺，却有極可觀的成績。如果能夠從此持續發展，實應有更具體而系統化的文學批評出現。可惜入唐以後，詩文的創作者雖代出名家，有關文學批評的論述仍只停留於吉光片羽之言而無系統之論。自宋朝歐陽修「六一詩話」以「退居汝陰而集以資閒談」的態度出現之後，體例駁雜，語涉主觀的詩話更相繼問世。這些詩話中雖亦有不少畫龍點睛之處，然而畢竟理路疏略者居多。論及內容，大致仍守「詩言志」之語；涉及功用，不外「興觀羣怨」或「邇之事父，遠之事君」之言；推究作法，則主賦比興之說。遣詞造句，則喜用如鏡花水月等虛無縹緲之語。所以論及中國文學批評，學者總不免有碎亂之嘆。

然而中國文學批評史中的演變蛻化，也自有其可取之處，不可一概抹煞。蓋因文學批評形成之主因不外起於文學觀念的反省及文學體裁的自覺，所以論究中國文學批評史，有時亦可解決部分文學史上的問題。這種現象尤以在明末清初顯得更爲突出。

明末清初由於受時代刺激的影響，學者大致厭倦蹈空言而重實踐，同時對於傳統文學思想漸表懷疑。雖然他們論詩仍不脫離賦比興的說法，但是對於比興的看法與闡發却極具意義。杜詩由於被認爲一句一義皆有比託，所以便成了比興觀念再闡發的主要對象。此外歷來「詩無達詁」，求其可解不可解之間的觀念也漸遭非議，所以有金聖嘆從文字本身解說杜詩的形式批評論的崛起。再者，由於對元明以來的評杜之法不滿，因此清初論杜者無不全力抨擊，造成杜詩學的研究高潮。這些論點不僅給中國文學史注入新的血液，更替中國文學批評史帶來新的意義。以下便分別論述之。

第一節　形式批評的崛起

形式批評（formalistic criticism）一語，原非中國固有。顧名思義，即是經由作品形式（即文字）的探究來了解作品本身含蘊的意義。這種批評法由於以作品的「形式」（form）考察爲主，往往不重視作品以外條件如作者生平、時代風尚等之討論。因此，在中國傳統的文學批評中是少見的。偶而出現，也都謬誤居多。例如宋朝周紫芝於「竹坡詩話」中云：

「杜子美北征詩云：『海圖拆波濤，舊繡移曲折。天吳及紫鳳，顚倒在裋褐。』可謂窮矣。及賦韋偃畫古松詩則云：『我有一匹好東絹，重之不減錦繡段。已令拂拭光零亂，請君放筆爲直幹。』子美乃有餘絹作畫材，何也？」（藝文本「歷代詩話」頁二〇八）這種令人發噱的評論，即是只從作品形式來加以批評，而不考慮作者創作背景的不同所致。蓋杜甫「北征」詩明言「皇帝二載秋，閏八月初吉。杜子將北征，蒼茫問家室。」是此詩作於唐肅宗至德二載秋天，杜甫因逢安祿山之亂，妻子兒女久都不見，肅宗故而放還鄜州省家。所謂「海圖拆波濤」云云，乃是指遭亂後家人困窮之狀，原極逼眞合理。至於「戲韋偃爲雙松圖歌」則作於肅宗上元元年，此時杜甫居於成都，有高適等友人資助，因而生活較爲安定，故有餘絹請人作畫也是合情。從此可知，形式批評在中國文人手中原本不善使用。

此外古人論詩，經常主張注而不解，欲使各人憑其才分多寡領會。因此元好問論詩絕句有云：「鴛鴦繡了從教看，莫把金針度於人。」盧世㴶「燕遊稿序」亦云：「刻詩只以白本爲雅，凡加圈點批評，皆是近世惡習，古無是也。」（尊水園集略卷八）但是這種觀念對於初學者的欣賞是不利的。所以楊倫「杜詩鏡銓」凡例中便有異言，其云：

「詩貴不著圈點，取其淺深高下，隨人自領。然畫龍點睛，正使精神愈出，不必以前人所無而廢之。」

所論較爲持平，亦可見圈點批評，將金針度與人也是必須的。因而清初論杜諸家，亦時有採取圈點批評者，如黃生「杜工部詩說」即是。不過若論從文字本身來探究作品內容含蘊的形式批評法使用，則必首推金聖嘆①。

金聖嘆論詩之所以接近形式批評，即是起於對前人「詩無達詁」的不滿，其「與任昇之書」云：

「前呈上老杜七律分解四十一首，仰冀奮筆批駁，顒顒七七早暮矣，未見有以教我。……弟自幼最苦冬烘先生，輩輩相傳：『詩妙處正在可解不可解之間』一語。……。獨願先生必賜奮筆批駁，明白有以惠弟。當，則弟且拜焉；不當，弟亦不以相怨。但斷斷不願亦作妙處可解不可解等語。」②

「明白有以惠弟」一語，即是希望任昇之對於其所著老杜七律分解四十一首，能作清楚的分析解說，而非隨意以可解不可解來搪塞。這種說法，和形式批評主張到作品裏面去找尋出使作品自動陳現的原則，頗有幾分相似。因此他在第六才子書「讀法」第二十三則云：

「僕幼年最恨『鴛鴦繡出從君看，不把金針度與君』之二句，謂此必是貧漢，自稱王夷甫口不道阿堵物計耳。若果知得金針，何妨與我略度。」

由此可知，金聖嘆論詩的主張，正是欲將他本身對於詩的理解與鑑賞告知讀者。為了實現這種理論，於是又提出所謂「分解」之說。其「答王道樹學伊」中云：

「尊教諷弟，書注當以劉孝標為最勝者。……。但弟今愚意，且重分解。分解本是唐律詩中一定平常之理，何足嘵嘵多說。」③

「與徐子能增」中亦云：

「弟意只欲與唐律詩分解，解之為字，出莊子養生主篇所謂解牛者也。彼唐律詩者有問也，而弟之分之者無厚也。以弟之無厚，入唐律詩之有間，猶牛之謋然其已解也。」④其他論分解說多處，皆詳見於聖嘆尺牘中。而其分解的方法，是就詩的文字章法結構而言，因此聖嘆常以開弓放箭爲喻，謂前解如弓來體，後解如弓往體。故一、二句正如弓初拽時，人眼之所注及箭之所直，無暇旁及其他。三、四句則如引弓而必滿，至於是否命中要害，端在臨放箭時手法之異同。五、六句則如發箭時之手法，七、八句正如箭之命中要害。這種分解理論，和西方的形式批評在基本上亦有雷同之處。蓋形式批評的重點，即針對作品中的文字、語調、意象、格律的排列中，去尋繹出作品的眞正藝術價值所在，至於其他對作品可能的影響條件則完全置之不顧。所以便更進一步指出，作者在作品中展現的技巧，便是惟一值得探究和評估的對象。金聖嘆所喻開弓放箭之手法，正是此意。

聖嘆對於本身所提的分解說之喻十分自得，所以「與吳稽蒼瀨」中云：「先生細思此喻，便可直透老杜『羣山萬壑赴荊門，生長明妃尚有村』，與『千載琵琶作胡語，分明怨恨曲中論』之四句二十八字。」⑤然而聖嘆此種分解說，並非在於割裂杜詩；正如形式批評的始意並非只重形式而忽略內容，而是惟恐注重內容的研究，將使我們忽視作品的藝術而偏重其他思想。所以在「與宋疇三德宏」中云：

「承律詩如四時，一、二須條達如春，三、四須蕃暢如夏，五、六須揫斂如秋，七、八須肅穆如冬。先生澄懷味道之暇，試復盡出唐人名作，處處測之。」⑥

所以聖嘆在「答周計百令樹」中又云：「弟看唐律詩，其一、二起時，不惟胸中早有七、八，其筆下亦早自有七、八，故有一、二也。七、八如不從一、二趁勢，固是神觀索然，然一、二如不從七、八討氣，直是無痛之呻吟也。」因此分解之意，並非割斷古人文字，而是欲知唐人律體之嚴。

金聖嘆既然提出類似形式批評的分解說，因此在選批杜詩內，便大量使用。其間自亦不乏精闢之論，如卷二「野人送朱櫻」下批云：

「唐人極有好起好結，此詩起句奇妙，出自意外，遂宕成一篇之勢。」

前四句「西蜀櫻桃也自紅，野人相贈滿筠籠。數回細寫愁仍破，萬顆勻圓訝許同。」下則評：

「妙在也自紅三字，全篇用意，不出三字，乃創見驚心之辭。言櫻桃之色之紅，我豈不知，然不過知之於宮中宣賜耳！摩詰所云：『歸鞍競帶，巾使頻傾。』是也。若西蜀櫻桃之紅，我乃今日始見，則豈非因野人之贈哉？數回細寫萬顆勻圓，不但寫滿筠籠滿字，亦見珍重所贈之物，不以其野人而忽之也。」

後四句「憶昨賜霑門下省，早朝擎出大明宮。金盤玉筯無消息，此日嘗新任轉蓬。」下則批云：

「後解推開題而自寫悲憤，說出起句也自紅一段驚創緣故來。看他五六對仗，非杜詩不有。」

由此詩的批評中，我們不難發現所謂形式批評的痕跡。如一開始即言「妙在也自紅三字」，豈非即就文字的形式技巧來加以立論？從此以下，無一句不是經由杜詩的文字形式來予以闡發，故而謂金聖嘆爲開形式批評風氣之先並非謬論。而且仔細推敲其批語，雖有前解、後解之分，然而就論析杜詩而言，仍是一貫而未有割裂之痕。所以正如金聖嘆「與顧掌丸」書中云：

「分解而後，知唐人律體之嚴，直是一字不可得添，一字不可得減也。如使不分，便可成句，皆與改換，分解豈細事哉。」⑦

眞是所言非虛。所以聖嘆之後的淸人論杜，亦有兼取此種形式批評法者，例如「峴傭說詩」評「野人送朱櫻」即云：

「『西蜀櫻桃也自紅』只『也自紅』三字，已含下半首矣。第三語『愁仍破』，四語『訝許同』，躍躍欲出而頓挫之，然後點明憶昨二句。第七語『金盤玉筯無消息』將憶昨之事結過。落句『此日嘗新任轉蓬』歸到本題。八句中，收縱開合，直是一篇大古文，學者究心於此，便無平直之章。」（見藝文本「淸詩話」頁一二六五。）

此處所析，和金聖嘆批語相較，隱然脈絡可尋，足見金聖嘆雖採用分解說來批解杜詩，並非不重全詩章法結構。

此種論詩全由形式結構入手之法，固然有其不可磨滅的優點，但是過分推求詩中文字之意，以致作出過度的聯想和引申，亦是不能否認的缺失。例如選批杜詩卷一「劉九法曹鄭瑕邱石門宴集」後四句「能吏逢聯璧，華筵直一金。晚來橫吹好，泓下亦龍吟。」下批云：

「一金三十兩也，直字好，便特地與他估算出來，眞毒眼毒口。下吏奉承上人，此費豈止一次？聊與點破，爲民脂民膏一哭！」

如此批杜，豈不令人啼笑皆非！諸如此類引申過當之處，杜詩解中亦不爲少數。至於最爲人所詬病者，乃在於批「與李十二白同尋范十隱居」詩中，誤認杜甫爲李白的前輩而云「看他一片獎誘後學心地」

⑧。這種錯誤，事實上也是形式批評最落人口實之處。

金聖嘆採用形式批評法來批解杜詩，在中國文學批評史上可說是一件大事。在他之前的論詩之說，大多只是印象式的評語，評杜也不例外。雖然這種形式批評法運用不當容易導致穿鑿附會，但是引起後人注意從文字、結構、語調、意象等來欣賞杜詩，而非一味推崇少陵的忠君思想，在文學批評史上，可說是功大於過而值得推崇。因此，就清初杜詩學而言，由於有金聖嘆這種形式批評的崛起，不啻替中國文學批評開闢出一條新的路線。

【附　註】

① 此點說法，吳宏一先生已在「清代詩學初探」一書中提出過。
② 見於正中書局四十五年四月初版之「聖嘆選批唐才子詩」後附錄之「聖嘆尺牘」，頁三一八。
③ 同右，頁三一三。
④ 同右，頁三一三～三一四。
⑤ 同右，頁三一五。
⑥ 同右，頁三二六。
⑦ 同右，頁三一九。
⑧ 詳見盤庚出版社六十七年九月出版之「金聖嘆選批杜詩」卷一頁八。

第二節　比興觀念的再闡發

中國詩歌傳統中，「比興」觀念原是一項非常重要的理論系統，歷代對「比興」的意義解析儘管聚訟紛紜，却仍無損其在中國詩評史上的地位。要而言之，中國詩歌原是以抒情達志爲主，其創作來源，則是外界事物挾著一股不可抗拒的力量震撼作者之心而與其性靈相結合。而這種震動人心的外界力量來源有二，一是由於自然情景所觸發，再則爲對於人事滄桑的感懷。因此表達在詩歌中的手法不外是託物以起興、擬人以比況、就物以賦志等等。所以就創作手法而言，比、興原有不同，故朱熹在詩集注中，每每喜分某篇爲「比」，某篇爲「興」，其理在此。

然而由於中國文人論事皆喜用概括性的說明，因此論詩之際，遂不自覺地將「比興」連言，用指詩歌內含有意在言外的一種寄託。雖然這種「比興」連言的意義已和其本義不盡相同，不過詩中託旨微深，優柔善入含意的重視仍有些許相似之處。但自入宋以後，由於杜詩地位驟然提高，宋人對於此種寄意遙深的「比興」觀念遂有不同的看法。

宋人推崇杜詩，雖然著眼點不一，但是以「詩史」爲譽而盛贊杜甫善於使用敍事手法來引譬取類的觀點則大致相同。基於這種認定，他們遂較看重杜詩中有關「賦」的手法而輕「比興」，所以對於杜詩的解析，往往亦以文章行之。例如「苕溪漁隱叢話」前集卷七引「詩眼」云：

「古人律詩，亦是一片文章，語或似無倫次，而意若貫珠。十二月一日詩云：『今朝臘月春意動，雲安縣前江可憐。』此詩立意，念歲月之遷易，感異鄉之飄泊。其曰：「一聲何處送書雁，百丈誰家上水舡。』則羈愁旅思，皆在目前。『未將梅蕊驚愁眼，要取楸花媚遠天。』梅望春而花，楸將夏而乃繁，言滯留之勢，當自冬過春，始終見梅楸，則百花之開落，皆在其中矣。以此益念故國，思朝庭，故曰『明光起草人所羡，肺病幾時朝日邊。』」

是將杜詩作爲文章來加以細論。況且此詩還只是律詩，而非杜甫善於敍述的古詩。至於論杜甫鋪陳時事的部分，自宋祁新唐書本傳始即推贊不斷。影響所及，宋人論杜便常喜標榜其中實錄之處。例如龔頤正解杜甫「自平」詩有云：

「杜詩『自平宮中呂太一。』按唐史有兩呂，宦官呂太一爲廣南市舶使反，故下云『收兵南海千餘日』復何疑？而說詩者紛紛不可曉，至謂唐有自平宮。」（見明倫版「杜甫研究」頁六二九）

誠然以此論杜，可以考知某些錯誤，但是這種流風一起，宋人論杜便大多偏重於杜甫詩中屬於「賦」的敍事技巧而少談「比興」，宋詩之所以傾向以文爲詩，多少都和此有關。所以有宋一代，提及杜甫北征，八哀等作，幾乎全是贊不絕口①。因此，所謂指陳時事，畢陳於詩的作品，便成了宋人推崇杜詩的最大根由。

然而過度推重這種敍事寫實的觀念，却容易走上以詩當文的境界。同時杜詩中自有連城之璧，又何苦一味追求必有出處解析杜詩？因此明人便開始針對這個觀念來予以反省，其中代表人物，當非楊慎莫屬。「升菴詩話」卷十一頁十一云：

「杜詩之含蓄蘊藉者，蓋亦多矣，宋人不能學之。至於直陳時事，類於訕訐，乃其下乘末脚，而宋人拾以爲己寶。」

已可見出楊愼在論杜觀念上有所轉變，簡言之，楊愼反對提倡杜詩中直陳時事「賦」的手法而重視含蓄蘊藉的「比興」技巧。王世貞對此論雖頗有微言②，但是這種重視杜詩中「比興」的觀念已在明代中葉以後逐漸成了一種趨勢。

這種重新注重杜詩中「比興」手法的批評趨勢，在文學批評史上而言是極具意義的。因爲前文有述，詩歌的創作來源乃是起於人對自然情景的感懷以及人事滄桑的回顧。所以我們必得承認，詩乃起於沉潛回味中所得的情感表現，而這種情感表現，必然有畢陳時事作品所不及之處。而且詩歌中所能使用的文字有限，欲在小世界中呈現出大千世界，自然非用比物連類的手法不可。因此爲文惟恐不盡，作詩惟恐太盡也就是這個道理。

杜詩中的「比興」手法雖經明人重提，但是由於擬古風氣的影響，惟重崇色，高自標擧，故清初論杜諸家亦頗有微詞。如吳喬在「圍爐詩話」自敍中即批評說：「宋雖詩詞並行，而未見及于比興之亡者也。然而言能達意，賦意猶存。弘嘉之復古者，不知詩當有意，亦不知有六義之孰存孰亡。……，幷賦義而亡之。」言下對復古者「幷賦義而亡之」深表不滿。因此，吳喬對於宋人少論「比興」的作風，批評便較明人落實，「圍爐詩話」卷一頁三有云：「詩有意而托比興以襍之，其詞婉而微，如人而衣冠。宋詩亦有意，唯賦而少比興，其辭徑以直。」從此觀點，我們不難發現，吳喬之所以重「比興」，乃因可以使詩的表現婉而微，至於辭徑以直的「賦」體是不許的。這種對「比興」的看法和重視，似乎已超越明人。除此之外，吳喬更認爲「比興」是虛句、活句，「賦」是實句。詩中若有「比興」，則實句可以成活句；若無「比興」，則虛句會成死句。基於此論，對於子美的古詩，便謂「只可一人爲之」（見圍爐詩話卷二頁十三），而對於杜詩中的排律，則引盧德水之言大爲推贊③。論究其因，則爲詩中「極意諷諫，而辭語渾然。」其他品評杜詩多首，皆大從「比興」上著眼，可見在吳喬眼中，杜詩之所以有價値，乃在於詩中的「比興」而非「賦」，這和宋人論杜重「賦」的主張是完全相異的。至於錢謙益與朱鶴齡注杜之爭，更有因對杜詩中「比興」手法意見相左而引起，可見清初諸家論杜，重視「比興」觀念的闡發已是一種習尚。

這種表現在杜詩學上的「比興」觀念之再闡發，對中國文學批評史上而言是利弊相參的。前已述及宋人雖然推尊杜詩，然而偏重杜甫指陳時事之作，因而落人口實。明人起而提倡「比興」，清初諸家承之。雖說扭轉宋人偏見論杜之病，但是過分依賴「比興」說杜，甚至過於提高「比興」地位來評論杜詩，皆非客觀的文學批評法。前者如錢謙益之史學注杜，自以爲考證周詳，然而過分濫用「比興」，亦難免穿鑿之譏，不過此事影響於批評史上並非甚鉅。蓋因杜詩流傳已久，有關杜詩之著述不下於千百種，事實眞象又豈是錢氏一人所能左右？因此如朱鶴齡、浦起龍等人，或在當時，或在後代，皆對錢氏注杜有所評議。錢、朱注杜之爭，後文將有詳論，此處勿庸先述。浦起龍對錢注杜詩過分引用「比興」之批駁，屢見於「讀杜心解」一書中④。因此依附「比興」太過而論杜，對於後人讀杜影響並不深遠。至於太過提高「比興」地位，並以之評論杜詩則影響甚大。

清初承明人之習，進而提高詩中「比興」地位，本是值得贊許之事。然而彼時正逢明室既屋之後，時代刺激的影響自然逼使學者重新思考傳統的文學觀念；又因擬古風氣的反感，令他們覺得空言與模擬兩皆無用。這個時候所要求的文學作品，便指向同一目標，亦即要求言之有物。同時對於詩的作用，看法亦隨之轉變。

前已言及，「比興」觀念的再闡發，其目的在補宋人論杜重直賦之不足，然而終極目的還是要使詩歌特有的張力浮現出來。「比興」手法的運用，由於可以達到意在言外的境界，所以自有一番迷濛之美。但是「比興」地位提高到極點之後，遂產生詩的功能只在抒情，所有類似「賦」體如言王道事功節義文章，一律被摒於門外。從此觀點出發，因而有謂杜甫爲風雅罪魁者。王夫之於「明詩評選」卷五頁卅九徐渭「嚴先生祠」詩後評云：

「詩以道性情，道性之情也。性中儘有天德、王道、事功、節義、禮樂、文章，却無分派與易、書、禮、春秋去。彼不能代詩而言性之情，詩亦不能代彼也。決破此疆界，自杜甫始。桎梏人情，以掉性之光輝，風雅罪魁，非杜其誰邪？」

船山此處即強烈反對詩用來言性情以外之事，更何況畢陳時事之作？杜甫由於決破疆界，故船山認爲風雅罪魁。

此種「比興」觀念提高後產生的理論，對中國文學批評的進展而言，實爲一種阻礙。因爲人畢竟是有情感的動物，欲其面對複雜多變的環境而不能宣洩，實在有乖人情。而且詩既是感於物而作，怎能只言性情不涉其他？況且就杜甫而言，身遭大變，終生不遇，故而詩作中偶有憤激直賦之語，亦不爲大疵。所以此種因「比興」地位提高後所產生的輕「賦」體觀念，實不足爲式。

【附　註】

① 葉少蘊「石林詩話」卷上頁十二雖有謂：「然八哀八篇，本非集中高作，而世多尊稱之不敢議，此乃揣骨聽聲耳。其病蓋傷於多也。」但是這種持論在宋朝只是少數。

② 王世貞「藝苑巵言」卷四頁五有云：「所稱皆興比耳，詩固有賦以述情切事爲快，不盡含蓄也。」這種反駁雖然有力，但是明人對於宋人專標杜甫直陳時事之作，表示不滿之情到處可見。

③ 參閱「圍爐詩話」卷二頁三二～三三。

④ 詳見「讀杜心解」卷二之一「洗兵馬」詩下批語。

第三節　元明評點杜詩的總結

杜詩之輯校集注，至南宋晚年蔡夢弼、黃鶴諸本已造其極，然而弊病亦叢生。就宋人注本而言，多隨意撿拾他人之書加以刪改而成，因而錯誤相隨，陳陳相因者屢屢見之。元人洞悉見此，遂別開生面，轉從批點入手。開此風氣影響最鉅者，當屬劉辰翁。劉氏嘗選評杜詩爲「興觀集」，後由門人採萃而成「劉須溪批點杜詩」二十卷，然此書不傳，無以知其內容大略。幸又有「集千家注批點補遺杜工部詩集」傳世①，可以得知劉氏評杜之原貌。

大致說來，劉辰翁批杜乃隨意評點，雖然重在導人靈悟，基本上仍只是一種欣賞式的批評。也就是於批點杜詩之際，個人的偏愛總會影響其對作品的判斷。因此除非天縱英才，又兼具極客觀學術涵養之人，根本甚難令人滿意。但是劉辰翁之批點手法，元明以來批點杜詩者，又幾皆奉爲圭臬，其中亦必有可取之處，現依「集千家注批點補遺杜工部詩集」中所錄之批語來加以簡論：

「望嶽」詩下評云：

「望嶽而言即『齊魯青未了』五字，雄蓋一世。『青未了』語好，『夫』字隨『何』跌蕩，非湊句也，齊魯跋涉廣。盪胸語不必可解，登高意豁，自見其趣。」（卷一）

「劉九法曹鄭瑕丘石門宴集」詩中「晚來橫吹好，泓下亦龍吟。」句評云：

「無可取。」（卷一）

「夜宴左氏莊」詩下評云：

「豪縱自然，結趣蕭散。」（卷一）

「今夕行」詩末評云：

「不深不淺語。」（卷一）

「自京赴奉先縣詠懷五百字」中，自「煖客貂鼠裘」至「霜橙壓香橘」下評云：

「雜見風味。」（卷二）

「彭衙行」評云：

「是痛定思痛，非紀行比也。」（卷二）

「送孔巢父謝病歸遊江東兼呈李白」前段評云：

「不必有所從來，不必有所指，玄玄衆妙門。」（卷二）

「無家別」中「久行見空巷，日瘦氣慘悽」句下云：

「經歷多矣，無如此語之在目前者。」（卷五）

「蜀相」詩評云：

「寫得使人不忍讀，故以爲至。」（卷七）

「越王樓歌」後評云：

「不深不淺。」（卷九）

以上所引諸條，雖僅得書中微貌，然亦不難窺見劉辰翁批點杜詩之大概。綜合諸條所批點之語而言，似乎亦有畫龍點睛之處。如「望嶽」、「彭衙行」、「蜀相」、「無家別」諸詩之評，眞是別具風味而使人可得靈悟之旨。但是其中更有不知所評者，如「今夕行」、「劉九法曹鄭瑕丘石門宴集」、「送孔巢父謝病歸遊江東兼呈李白」、「越王樓歌」等，直可見出劉辰翁使用欣賞式批評所衍生之弊：己身雖沉醉於杜詩美妙氣氛之中，而讀者仍一無所得。因此劉氏批點杜詩之法，雖爲元明兩代評杜者奉爲律令，然亦難免有所譏貶②。

劉辰翁批點杜詩於元明兩代既受重視，故而愈演愈烈，至有闡釋篇意，究論詩法，發明詩格等論著相繼問世③，然而大體皆受劉氏影響爲多。此種批杜之法，雖能擺脫前人注解之羈絆，直探杜甫詩心。但是所謂疏於考證，流於臆斷而傷於淺近之病亦大起，迨及清初，遂受攻擊。錢謙益注杜詩略例即云：

「自宋以來，學杜詩者，莫不善於黃魯直。評杜詩者，莫不善於劉辰翁。………辰翁之評杜也，不識杜之大家數，所謂鋪陳終始，排比聲韻者。而點綴其尖新雋冷，單詞隻字，以爲得杜骨髓，此所謂一知半解也。………。近日之評杜者，鉤深抉異，以鬼窟爲活計，此辰翁之牙後慧也。其橫者，並集矢於杜陵矣。余之注杜，實深有慨焉，而未能盡發也。」

黃生「杜詩概說」亦云：

「杜詩莫謬於虞註，莫莽於劉評。如黃鶴、夢弼之類，紕繆雖多，然其名不甚著，人亦未嘗稱之。惟劉與虞，公然以評註得名，反得附杜公不朽，是可恨也。」（「杜工部詩說」中所言）

至此元明風行一時之批點杜詩，遂幾無立足之地。而錢謙益更以其豐富之史學知識用於注杜，故不論箋釋典故，考證史實，皆非元明評點所能及，有清一代注杜論杜者，更無不受其影響。自此而後，所謂如元明漫批杜詩之習雖未根絕，然而亦務必求與之異，免遭時譏。因此，就文學批評史而言，清初杜詩學實爲元明評點杜詩之總結。

此種總結元明評點杜詩之習而出之以考證史實，以發明杜甫心理爲主的批評法，在中國文學批評史上自具意義。蓋因中國歷代文人論詩，主要仍受孟子「以意逆志」說的影響。也因此故，中國文學批評中特重人品與作品之間的關係。清初杜詩學既總結元明評點杜詩之習，此種「以意逆志」的批評手法遂大爲流行，所謂有性情而後有詩便成爲一種共同論調，吳喬則更有「詩以道性情，無所謂景也。」④的說法。流風所及，清人論杜，已不單從情、景兩面來敍論，而必從融景入情、寄情於景來批評。這種批評手法實非元明隨意批點之所能及，所以在中國文學批評史上亦別具貢獻。

綜合上述三節所論，清初杜詩學由於有形式批評的崛起，導致杜詩眞面目的出現，而非專求其忠君思想；經由杜詩中「比興」觀念的再闡發，使杜詩中比物連類手法再受重視，而文學的要素想像及虛構作用已是呼之欲出；元明評點杜詩的總結則兼取元明批點杜詩之長外，更加以考證事實之功，進而引出情景交融理論的重視。凡此種種，皆在中國文學批評史上擁有不可忽視之績。時至今日，我們研習杜詩，雖不以清初杜詩學中所闡述的批評法爲滿足，然而在使用近代批評術語上，有些概念之來源，仍需借助清初杜詩學乃至於清代杜詩學所昭示的批評重點，影響不可謂不大。至於總集前人批杜評杜之大成，在文學批評史上意義更是非凡。

【附　註】

① 此本今有大通書局印行，收入黃永武先生主編之「杜詩叢刊」第一輯。

② 宋濂「兪季淵杜詩舉隅序」中卽云：「子美之詩，不白於世者，五百年矣。近代廬陵大儒頗患之，通集所用事實，則見篇後，固無繳繞猥雜之病，未免輕加批抹，如醉翁寱語，終不能了了。」劉辰翁乃廬陵人，故宋濂以廬陵大儒目之。又王嗣奭「杜臆原始」中亦云：「善讀古人詩者，昔稱須溪，今推竟陵。至於評杜而多不中窾，何況其他？」兩者對劉辰翁批點杜詩之法，都有微辭，不過對於劉氏評點杜詩之流行，並未產生太大影響。

③ 元明兩代有關此種杜詩論著，請參閱洪業先生「杜詩引得」序，及葉綺蓮所著「杜工部集源流」。

④ 詳見「圍爐詩話」卷一頁十一～十二。又當時朱鶴齡、黃生諸人亦皆有此說。

第二篇　本論：清初杜詩學的理論探究

第一章　尊杜與輕杜之說理論的探究

杜詩自北宋末期流行以來，論者率皆予以極高評價。或稱其一飯不忘君，或稱其無一字無來歷，學詩者皆推崇備至。其間楊億雖亦有「村夫子」語之譏，然仍無損其地位。而江西諸子，刻意學杜，更使杜詩提昇到最高地位。詩聖之名，於是衍生。故葉適序徐斯遠文集謂：「慶曆、嘉祐以來，天下以杜甫爲詩，始黜唐人之學，而江西宗派彰焉。」（水心文集卷十二）中國文學史自詩三百而下，從未有一位作者遭受如此推崇。

入明之後，前後七子高標復古，詩必盛唐之說到處充斥，學杜風氣達於至盛，而生吞活剝之譏隨而衍生。故王李之後，公安、竟陵二派論詩，已謂蘇軾高於杜甫①。雖說起於對擬古風氣之反動，然而杜甫爲變體之說，早經何景明等人提出。明室既屋，船山、亭林輩痛心於鼎祚轉移，論學談詩，不喜空言而尚實際，影響所及，遂惡文士之情辭顯露過當而有欺人之嫌，故對杜詩亦有譏評。錢謙益雖傾力注杜，而晚好宋詩，以致宋元詩及神韻派隨之興起，故如漁洋等評解杜詩，推尊貶抑皆有。至於形式批評的崛起與「比興」觀念的闡發，對於尊杜、輕杜之說，各具影響。因此，有關清初杜詩學中尊杜與輕杜之說理論的衍變，必須予以正視。以下便分別敍論之。

第一節　尊杜之說

清初諸家尊杜之說，率皆追循前人之論，然而文學思潮已變主觀之冥想為客觀之考察，故而尊杜所論重點，亦有稍異於前人者。蓋杜詩於宋明之間，有謂集詩學之大成者；有謂風騷之後，一人而已者。究其所論，所謂尊杜，皆由杜詩中蘊有一飯不忘君之精神所致。清初諸家則不然，故其尊杜之說，自有前人所未見之眼光所在。試申論如下。

一、杜詩主於「賦」而兼「比興」

前已言及，宋人推崇老杜直陳時事之作太過，以致有以文為詩之傾向。至清初論杜諸家手中，則大不以為然，而詩重「比興」之說，再度流行，並衍為論杜之重要依據。因此，所謂唐詩之衰，自長慶始的不滿，便為汪琬所大聲疾呼。②

論詩重「比興」在清初既已蔚成風氣，批評杜詩，亦多以「比興」為之，就中尤以吳喬為最。吳喬論詩，力主詩乃心聲，非關人事。因此詩中若無「比興」，只是一味鋪寫溢美獻佞之詞，是所不取。

故常謂，詩中若兼用「比興」，以道己意，即可迥然異於宋詩③。然而吳喬論詩雖然推重「比興」，有關「比興」的涵義仍是缺乏清楚的說明。如「圍爐詩話」卷一頁十三云：

「人有不可已之情，而不可直陳于筆舌，又不能已于言。感物而動則爲興，托物而陳則爲比，是作者固已醞釀而成之者也。」

此處所言「感物而動則爲興」似乎意指外界事物影響人的心靈而使人產生創作的慾望，隱含有象徵手法之意。至於「托物而陳則爲比」，則有比喻技巧之意。換句話說，當作者見物起興之後，在內心中醞釀成一個鮮活的圖景，而出之以象徵或比喻的手法，這即是吳喬論詩所推重的技巧。基於此一論點，吳喬對於直陳其事的「賦」，便略表不滿之意④。不過他也並非完全貶低「賦」的地位，而是以爲「賦」有難易之分，若鋪寫不當，易流於直陳。故「圍爐詩話」卷五頁三云：

「賦義極易而極難，如君實『清茶淡話難逢友，濁酒狂歌易得朋。』則極易。如子美『側身天地更懷古，回首風塵甘息機。』則極難。」

又同卷頁四云：

「詩以優柔敦厚爲教，非可豪舉者也。杜詩人稱其豪，自未嘗作豪想。豪則直，直則違于詩教。」

當然這種推論未必毫無可商，蓋所謂豪舉者，又可細分成多種，不必皆以直而斥之。然而所舉「賦」有難易一事，並謂杜詩「側身天地更懷古，回首風塵甘息機」爲「賦」義之極難者，由此可見，吳喬輕「賦」之因，乃在於「賦」不易爲。所以，在他心目中，最好的詩則爲「賦」而兼有「比興」。「

圍爐詩話」卷二頁七云：「詩至十九首，方是爛然天眞，然皆不知其意。以辭求意，其詩全出賦義。乃得兼有比興，意必難知。」因此，評子美「冬日洛城北謁玄元皇帝廟」詩便推爲排律之神而引盧德水之言云：

「配極四句，諷其用宗廟之禮。碧瓦四句，諷其宮殿踰制。『世家遺舊史』，謂開元中敕升老莊爲列傳之首而不能改易子長舊史。『道德付今王』謂玄宗親注道德經，直崇玄學。『畫手』以下，謂世代寥廓而畫圖親切，冕旒旌旆，同兒戲也。『身退』以下，謂老子之要，在清淨無爲，今不死，亦當藏名養拙，其肯憑降形以博人主之崇奉乎。」⑤

簡而言之，吳喬以爲杜甫此詩乃直紀其事而極易諷諫，故可爲排律之神。盧德水此詩之解，錢謙益「讀杜小箋」亦採用之⑥，足見是爲公論。而所謂「直紀其事」者，乃爲「賦」之手法，「極意諷諫」則爲「比興」之手法。換句話說，杜甫此詩所以爲「神」，即因「賦」而兼有「比興」：諸如此類評杜之法，圍爐詩話中尚有多例，如評「舟出江陵南浦奉寄鄭少尹審」詩云：

「鳴蟹、別燕，自比也。栖托二句，賦窮途也。相喣沫者寂寥，報恩珠而浩蕩，則江陵人情相待可知。或鄭審獨有情而寄之以詩也。漲海四句，言前路也。濫叨句，言審有脊戚之待也。時憂句，必江陵幕中人有讒譖之者。結聯出審，以見寄詩之意。………。讀子美排律，即覺餘人皆繩尺之內。」（卷二頁三五）

可見吳喬推尊杜甫排律，完全著重於杜詩中有「賦」而兼帶「比興」的手法。⑦

此外，如錢謙益、盧世潅、朱鶴齡、黃生等人，亦皆以杜詩中寓有此種手法而加以推重，茲各舉數例以明之。錢謙益「讀杜小箋」卷中評「曲江對酒」詩云：

「曰『深駐輦』、『謾焚香』，則其深宮寂寞可想見矣。金錢之會，無復開元之盛，雖對酒感歎，意亦在上皇也。」

同卷評「閬州別房太尉墓」詩云：

「琯爲宰相，聽董庭蘭彈琴，以招物議。此詩以謝傅圍棊爲比，圍棊無損於謝傅，則聽琴何損於太尉乎。語出回護，而不失大體，可謂微婉矣。」

盧世潅「尊水園集略」卷六之「讀杜私言」中有云：「讀元道州春陵行兼賊退後示官吏作，感而遙同，謂復見比興體製。」又論五言律詩云：「五言律至盛唐諸家，而聲音之道極矣，然未有富如子美者。既富矣，又有用也。何言乎有用？感天地，動鬼神；訏謨定命，遠猷宸告；蒿目時艱，勤恤民隱。主文而譎諫，言者無罪，聞之者足以戒，此所謂有用文章。」此處盧世潅用以推尊杜詩者，亦因杜詩中寓有主於「賦」而兼及「比興」的手法，故評「歷歷」詩云：「雖憶開元，實痛天寶。」謂爲興言在此，而寓意在彼，只尋常尺幅之中，蘊融蕩蕩難名之情。故他人不能任贊一辭，只可焚香默誦而已。

朱鶴齡「杜工部詩集」卷一評「同諸公登慈恩寺塔」詩有云：「回首二句，公即所見而追感昭陵。『叫虞舜』寓意太宗，蒼梧雲愁，以二妃比文德；瑤池日宴則隱刺貴妃也。………。末以黃鵠哀鳴自比，而嘆謀生之不若陽雁，蓋憂亂之詞。」卷三評「奉同郭給事湯東靈湫作」則云：「此詩直陳溫湯事而風刺自見。」並謂可與「同諸公登慈恩寺塔」及「赴奉先縣詠懷五百字」參看。卷四「收京三首」之一評云：「玄宗晚節怠荒，深居九重，政由妃子，以致播遷之禍。公不忍顯言而寓意于仙人之樓居，因貴妃嘗爲女道士，故擧此況之。」

黃生「杜工部詩說」卷一評「九成宮」謂：「此詩諷明皇不鑒前轍，馴至播遷，意在言外。」卷四「歸燕」詩後評云：「杜公詠物諸詩，皆因所見以起興，與後人泛泛拈題者自別。」同卷「琴臺」詩後云：「杜公此詩，意實譏之而辭若慕之。即起語十字，已爲妙於立言。結處含辭婉至，深達比興之旨。……。而豈後世輕薄文士，道學頭巾，敢望其後塵哉。」

根據上述所擧之例，足以見出清初諸家論杜尊杜，率皆起於杜詩中寓有主於「賦」而兼及「比興」的手法。他們這種論點，基本上是源於對宋人特重杜詩中直陳其事的不滿。而這種「比興」觀念的推重，也因而產生對詩史觀念的認定不同。在上述諸例中，可以明顯見出，清初諸家論杜乃在藉由「比興」之法來以意逆志，追尋杜甫創作時的主要憑藉。因此，亦不可避免地落入詩教中一力主含蓄、溫柔敦厚。所以有時便會形成曲爲附會，流於主觀的臆斷而非客觀的批評。所幸他們論杜雖然推重「比興」，但是仍舊注意「賦」的作用，因而不致過偏。是以王漁洋於「師友詩傳錄」頁十四有云：

「至杜少陵乃大懲厥弊，以雄辭直寫時事，以創格而紓鴻文，而新體立焉。較之白太傅諷諭詩、秦中之屬，及王建、張籍新樂府，倍覺高渾典厚，蒼涼悲壯。此正一主於賦，而兼比興之旨者也。以貫六義，無遺憾矣。」

漁洋此論，實乃行家之見。因此，綜合上述所言，清初諸家所以推尊杜詩，即因杜詩中寓有「賦」而兼及「比興」之旨所致。換句話說，杜詩中由於含意溫婉，即令直率中亦帶有含蓄，所以顯得高渾典厚而爲諸家所尊崇。

二、杜甫集詩之大成

杜甫集詩之大成一說，早經宋代秦少游提及。「淮海集」卷廿二「韓愈論」中云：「杜子美之於詩，實積衆家之長，適其時而已。………。孔子之謂集大成，嗚呼，杜氏、韓氏，亦集詩文之大成者歟。」迨及清初，論杜諸家，亦皆遵循此論，如施閏章「原詩序」中云：

「後漢魏而雄於詩者，莫如子美。其自敍曰：『讀書破萬卷，下筆如有神。』故樂府五言諸體，不爲擬古之作，即事命篇，意主獨造，而學集其大成，以是爲不可及。」（學餘堂文集卷三）

所謂「不爲擬古之作」，即指杜詩不蹈襲前人之語，「意主獨造」則謂杜詩必變化前人之語而以己意行之，故能集其大成。基本上，此種推尊杜甫爲集詩之大成的理論，乃是起於對擬古風氣的反感，故和秦少游之論不盡相似。蓋秦少游之論，只謂杜詩「實積衆家之長，適其時而已。」並無其他用意。此外，黃生「杜工部詩說」中之「杜詩概說」亦嘗論杜詩所以集大成之因：

「杜詩所以集大成者，以其上自騷雅，下迄齊梁，無不咀其英華，探其根本。加以五經三史，博綜貫穿。如五都之列肆，百貨無所不陳；如大將之用兵，所向無不如意。其材之所取者博，而運以微茫窈眇之思。其力之所自負者宏，而寓以沈鬱頓挫之旨。……。此所以兼前代之制作，而爲斯道之範圍也與！」

黃生此處所言杜詩所以集大成之因，除了總集前人之長外，又論及杜甫本身博學所至。雖然前述施愚山亦曾提及杜甫自敍之「讀書破萬卷，下筆如有神」來解說，但是不及黃生此處所學之詳盡。而且除此之外，黃生所謂「運以微茫窈眇之思」及「寓以沈鬱頓挫之旨」兩句，皆謂杜甫擁有過人的才思及沈鬱頓挫的氣格，所以能集詩之大成。此兩點著論十分重要，蓋一般人若無老杜此種過人的才思和格調，就算讀破萬卷書亦無益。所以黃生之論，可謂既博且細。又王漁洋「帶經堂詩話」卷四亦有云：

「詩至工部，集古今之大成，百代而下，無異詞者。七言大篇，尤爲前所未有，後所莫及。蓋天地元氣之奧，至杜而始發之。」

漁洋此論，除推杜甫爲集詩之大成外，並特重其七言大篇，因此屢言杜甫七言爲千古標準，惟韓文公一人學得。此種推重，盧德水亦嘗言之，其「尊水園集略」卷六「讀杜私言」論七言古詩即謂「歌行之有子美也，豈非天哉，涉入不得其門徑，迎□不見其首尾，世所以題評者，亦云殫矣。」並因而推贊「從有天地以來，僅一子美。」姑不論此種推贊是否過當，然而可以見出，王漁洋之所以謂杜甫集詩之大成意義有二，一爲杜詩兼有昔人之長，此爲公論；二爲杜詩貴有前人所未及處。此種集大成之論，又較施、黃二人爲勝。蓋因只集前人之長而無所獨造，只可謂杜詩中有衆多古人而已。今漁洋謂老杜七言大篇爲前人所未有，此則爲杜甫兼及前人之長而融爲已有之後，並挾其偉大的創造力和讀書破萬卷的功力創製而成，眞正做到「兼前代之制作，而爲斯道之範圍。」所以漁洋此論，甚具意義。

根據以上所論可知，清初諸家尊杜之說，多以杜甫集詩之大成來加以推贊，而其中著眼點亦各有所異。除此之外，如申涵光謂：「古來詩人，各據一勝，惟少陵氏天人萬象，無所不包納，其才如海。」（「聰山集」卷二「王幼輿詩引」）亦是就杜詩集大成之觀點來加以推重。此種論點雖說始於秦少游，然而降至清初，用意已有不同。甚至可以說清初諸家所以屢學杜甫集詩之大成來加以申論，其目的即在於駁斥明人步學杜詩以致蹈襲的惡習。因爲杜甫雖集詩之大成，但是發諸於詩，却沒有古人的影子在內。就此一觀點而言，清初諸家眞可謂優於取證。

三、杜詩變化而不失爲正

葉燮「原詩」頁四云：「杜甫之詩，包源流，綜正變。自甫以前，如漢魏之渾朴古雅，六朝之藻麗穠纖，澹遠韶秀，甫詩無一不備。然出於甫，皆甫之詩，無一字句爲前人之詩。」除了提出杜甫集詩之大成外，更以「綜正變」一語來推重之。此種正變說之理論，由於已將杜詩置於文學史的流變中來加以批評，因此特別值得深思。然而何謂正變呢？且看「原詩」頁四所云：

「且夫風雅之有正有變，其正變係乎時，謂政治風俗之由得而失，由隆而汚。此以時言詩，時有變，而詩因之。時變而失正，詩變而仍不失其正，故有盛無衰，詩之源也。吾言後代之詩，有正有變，其正變係乎詩，謂體格、聲調、命意、措辭、新故，升降之不同。此以詩言時，詩遞變而時隨之。故有漢魏六朝唐宋元明之互爲盛衰，惟變以救正之衰，故遞衰遞盛，詩之流也。」

根據此段論述，我們可以發現葉燮所謂杜詩「包源流」即是包含詩變而不失其正的風、雅，以及變以救正的漢魏六朝。而値得注意的是葉燮所言後代詩之正變，已非如風、雅之「時有變，而詩因之」，而是由「體格、聲調、命意、措辭、新故升降之不同」形成的。所以「正」是指遵循傳統所遺的風格，「變」則是新創的風格。謂杜甫「綜正變」即是說杜詩既含寓傳統所遺的風格，又能出以獨創的風格，所以謂「然出於甫，皆甫之詩，無一字句爲前人之詩也。」

此種尊杜理論的建立，仍是起於對明代擬古風氣的反感，因此「原詩」頁五有云：「今之人固羣然宗杜矣，亦 知杜之爲杜，乃合漢魏六朝並後代千百年之詩人而陶鑄之者乎！」對於學杜而不知其變者深致不滿之意。然而詩若只一味求變而不循其正，亦有衍生流弊的可能。譬如公安三袁不滿於明代擬古之風，遂標出性靈之說以求變。結果矯枉過正而流於輕巧，變粉飾爲本色，名爲救七子之弊，而其弊又過之。因此葉燮又提出杜甫「變化而不失其正」一語來推尊之。其意先取造宅爲譬，謂造宅若欲避免可厭，其道在于善變化，而變化之道爲：

「終不可易曲房于堂之前，易中堂于樓之後，入門即見厨而聯賓坐于閨闥也。惟數者一一各得其所，而悉出于天然位置，終無相踵沓出之病，是之謂變化。變化而不失其正，千古詩人，惟杜甫爲能。」（「原詩」頁八）

由於這個原因，葉燮更進而尊杜甫爲「詩之神」。杜詩由於能變化而不失其正，因此對於古人得意處不但能心領神會，得其神理，更能匠心獨造，役用古人。諸如此種論點，朱鶴齡「閒情集序」中亦有云：

「自漢魏至三唐，才人疊跡，綺靡之製，窮極纖渺；泝波討源，莫不同祖風騷，………。子美特變本加厲爾。」（「愚菴小集」卷八）

即謂杜詩源自風騷，故有詼詭瓌麗，思情幽渺，以及衷情纏綿愛君憂國之作。然而其特色仍在「變本加厲」，「本」者，即杜甫所祖述之風騷。「變本加厲」即是由風騷之體貌風格中加以衍變，並出以己身之所獨創。而在衍變過程中，杜甫由於熟精其理，故有神明變化之功。此外馮班「誡子帖」中亦云：

「五言始於漢、盛於魏，曹植，千古之師也。勿云不及蘇、李，蘇、李作用少也。詩人說色說酒說山水，皆在晉末，陶酒、鮑色、謝山水，而對偶用事，顏延之爲祖，此後世詩人之祖也。子美中興，使人見詩騷之義，一變前人而前人皆在其中。惟精於學古，所以能變也，此曹、王以後一人耳。」（「鈍吟雜錄」卷七）

馮班此論，亦是推尊杜甫「精於學古，所以能變」，基本上和葉、朱二人的意見是相同的。由此可知，以杜詩變化而不失爲正來加以推重，在清初諸家中亦是常論。至於他們所以提出此一理論來推尊杜詩，基本上仍是爲了打擊不精於學杜而只知摹擬仿效的擬古風氣。

四、杜詩中有性情

詩重性情，原本即是公論，所謂有性情而後有詩早成中國文學評論中一個不變的法則。清初諸家尊杜，亦皆起於杜詩中有眞性情所致，如朱鶴齡「輯注杜工部集序」云：

「志者，性情之統會也。性情正矣，然後因質以緯思，役才以適分，隨感以赴節。雖有時悲愁憤激怨誹刺譏，仍不戾溫厚和平之旨。………。子美之詩，惟得性情之至正而出之，故其發於君父、友朋、家人、婦子之際者，莫不有敦篤倫理，纏綿菀結之意。………。自古詩人，變不失貞，窮不隕節，未有如子美者。非徒學爲之，其性情爲之也。」

朱鶴齡此論，直可謂清初諸家推尊杜詩中有性情之理論的代表宣言。杜詩由於有性情，所以縱有憤激之語，亦不失和平之音；發諸於君父、友朋、家人，便有纏綿之情；以致變不失貞，窮不隕節。凡清初諸家論杜尊杜者，可說無出此三項者。如申涵光「嶼舫詩序」云：

「即如杜陵一生，褊性畏人，剛腸嫉惡；芒刺在眼，除不能待。其人頗近嚴冷，與和平不類也。而古今言詩者宗之，惡惡，得其正，性情不失，和平之音出矣。」（「聰山集」卷一）

此處即謂杜甫雖「嫉惡懷剛腸」，然而由於性情不失，故有和平之音，因此申涵光謂其爲古今言詩者宗之。杜詩既有和平之音，故雖屢有指斥之言，終不爲後人所非，故毛奇齡「施愚山詩集序」亦謂：

「杜以仲尼原憲作抵排之語，而讀者終不以爲非，何則？其旨微也。」（「西河文集」序六）而所謂

「和平之音」和「旨微」，原都也是溫柔敦厚之意。因此盧世㴶「讀杜私言」云：

「今觀子美詩，猶信子美溫柔敦重，一本愷悌慈祥，往往溢於言表。他不具論，即如『又呈吳郎』一首，極煦育鄰婦，又出脫鄰婦；欲開示吳郎，又迴護吳郎。七言八句，百種千層，非詩也，是乃仁者也。惻隱之心，詩之元也。詞客仁人，少陵獨步。」（「尊水園集略」卷六）

這種論調，已非就杜詩中的藝術技巧來加以闡發，而從其性情擴充至民胞物與之心的強調。尊杜之說，達於極點，而且已與詩教合。故吳喬謂：

「問曰：何爲性情。答曰：聖人以思無邪蔽三百篇，性情之謂也。………。杜詩所以獨高者，以不違無邪之訓耳。」（「圍爐詩話」卷一頁十四～十五）

明顯可以見出，杜詩因具性情，已被視爲經典之作了。因此宋人對杜詩的批評如忠愛悲憫、一飯不忘君等語，皆再三被人提出品評。可以說以性情爲主來贊揚杜詩中溫柔敦厚之旨的理論，在當時十分盛行。

清初諸家論杜既主性情進而贊揚其篤於綱常倫理，因此對於李夢陽等人學杜，便亦有同情之聲。如朱彝尊「與高念祖論詩書」中有云：

「惟杜子美之詩，其出之也有本，無一不關乎綱常倫紀之目，而寫時狀景之妙，自有不期工而工者。然則善學詩者，舍子美其誰師也歟？明詩之盛，無過正德，而李獻吉、鄭繼之二子，深得子美之旨。論者或詆其時非天寶，事異唐代，而強效子美之憂時。嗟乎！武宗之時，何時哉？

使二子安於耽樂而不知憂患，則其詩雖不作可也。」（「曝書亭集」卷卅一）

這種說法完全從詩與時代間的關係來立論，也就是認爲詩若能反映時代亂離之感，雖有摹擬之嫌，也可以稍稍寬恕。已經可以看出十分重視詩中所表現的思想，至於寫作技巧則僅謂「而寫時狀景之妙，自有不期工而工者。」一語。

平心而論，這種由杜詩中寓有性情之說而引出對其思想的推崇備至，對於杜詩的藝術欣賞而言，有時亦會形成一些阻礙。不過幸好清初諸家論杜尊杜，雖推重其詩中性情的表現，但是有關章法、結構等亦不忽視，因而尚不致過偏。例如盧世㴶雖以子美詩中有惻隱之心而推爲獨步，但是品評杜詩時，仍是屢有精闢之解。例如「讀杜私言」中論五言古詩內謂：

「最初望東岳，似稍緊窄，然而曠甚。最後望南岳，似稍錯雜，然而肅甚。固不必登峰造極，而兩岳眞形，已落子美眼底。」（「尊水園集略」卷六）

其他如申涵光之說杜，朱鶴齡之注杜，亦皆不乏精闢之論。所以清初諸家尊崇杜詩中性情的理論，並未流於偏頗，這是前人所不及的。

五、杜詩中兼有諸家，諸家詩中不能兼有杜

清初論杜者旣已推杜甫爲集詩之大成，又謂其變化而不失爲正等等，於是便對高棅於「唐詩品彙」中未推杜詩爲正宗而推爲大家，頗表存疑。黃生「杜工部詩說」之杜詩概說中云：

「高廷禮『品彙』，於盛唐列杜爲大家，其餘如太白、王、孟、高、岑、龍標、新鄉諸人，則列爲正宗，似乎尊杜另置一席，而其實不然。蓋正宗猶正統大宗之意，而盛唐之名流未能成家者，但目爲名家、爲羽翼，其旨嚴矣。然則大家之目，非以其篇章浩瀚，句調恢奇，實居正變之間而不敢列之正變，特創斯目以尊異之乎！予謂杜之所以爲大家者，以其能集詩流之成也。是故杜詩中兼有諸子，諸子詩中不能兼有杜。而乃外之，使不得居正宗之列，將無文予而實不予耶？」

此論雖爲少陵說項，然而却曲解高氏本意。蓋少陵之詩，在有唐一代實獨具面貌，與諸家都不相似，故唐人選唐詩者，多不見錄。自宋人大力鼓吹，後世之人遂不敢輕加質疑。故高棅之所以列杜甫爲大家而不入正宗，實因杜詩與唐音本有不同，而非如黃生所言「文予實不予」。不過其以「杜詩中兼有諸子，諸子詩中不能兼有杜」一語來推尊杜甫，則爲持平之論。有唐一代詩人，譬若孟浩然之清雅、王維之精緻、高、岑之悲壯等等，尋於杜詩之中，莫不皆有。然而就杜詩中之沉鬱頓挫，隨時斂捷，則非諸子詩中所有。因此盧世漼「讀杜私言」中云：「五言律至盛唐諸家而聲音之道極矣，然未有富如子美者。」（「尊水園集略」卷六）朱彝尊「王學士西征草序」亦云：「唐之有杜甫，其猶九達之逵乎！」（「曝書亭集」卷卅七）由此可見，其謂杜詩中兼有諸家，諸家詩中不能兼有杜，當爲實情。

此種論點至錢謙益更是大加闡揚，並謂自唐以後，詩家之途轍，總萃於杜甫。其「曾房仲詩敍」中云：

「大曆後以詩名家者，靡不繇杜而出。韓之南山、白之諷諭，非杜乎？若郊，若島，若二李，若盧仝、馬異之流，盤空排奡，非得杜之一枝乎？然求其所以爲杜者，無有也。以佛乘譬之，杜則果位也，諸家則分身也。」（「初學集」卷卅二）

牧齋此處所論，不但同意杜詩兼有盛唐諸家之長，而且自大曆以後爲詩者，莫非皆爲杜之一枝一葉。此種推崇，比諸黄生之說，更是有過之而無不及。李鄴嗣「杜工部詩選序」中甚至謂：「唐人之詩，盛于開、天間，即如李白、王維、高、岑諸君，俱藉杜陵而起，而唐人有韻之文，終推杜公第一。近日竟陵鍾惺選唐詩，喜錄其不甚有名者，若王季友、孟雲卿詩最佳。不知兩君蚤經杜公品目，已著名字。然後知此老下筆有神，惟能得諸家之妙而集其成也。」（「杲堂文鈔」卷一）由此可見，清初諸人推尊杜甫，亦是由於老杜能兼諸家之長，而諸家却不能兼杜之因所致。

綜合上述五點而論，清初諸人尊杜之說可謂盛矣極矣！以爲杜詩主於「賦」而兼「比興」雖說起於對宋人重「賦」的不滿，但是並未因而輕視「賦」的作用，所以批評不致太偏。認爲杜甫集詩之大成，亦和秦少游所謂「適其時」說法不同，而是欲對擬古風氣攻擊的取證。至於指出杜詩變化而不失爲正一說，能從文學流變中來批評杜詩，並予以應有之地位，可說是眼光獨具。論杜詩中有性情之說，雖屬公論常談，然而評杜析杜之時，亦能不全受束縛，殊爲難得。而杜詩中兼有諸家，諸家詩中不能兼有杜的說法，更將杜甫地位提昇到極至。不過有一點必須加以承認，清初諸人儘管從各方面來推尊杜詩的地位，但是却非盲目尊杜，而是出於本身客觀比較考察的結果。就此點而言，即遠非宋人所及。

【附註】

①袁宏道「瓶花齋集」卷九答陶石簣，陶望齡「歇庵集」卷十五與袁六休書之三，皆謂宋詩妙過唐詩，且推東坡於老杜之上。竟陵論詩雖反公安，譚元春亦有「東坡詩選」，足見其嚮往之情。

②汪琬「堯峯文鈔」卷廿八「吳道賢詩小序」中云：「唐詩之衰也，自長慶始。………。長慶之言詩也，率皆巧於命意，工於措辭，愈工愈巧以趨一時之風尚，而詩於是乎始變矣。」由於唐自白居易始，大力鼓吹歌詩合爲時而作，影響所及，作詩便重「賦」而少「比興」，故汪琬有斯言。

③詳見「圍爐詩話」卷五頁二～三。

④參見「圍爐詩話」卷一頁十二～十三。

⑤同上，卷二頁三二～三三。

⑥參看「讀杜小箋」卷上頁二。又錢謙益於「讀杜小箋」前云：「題曰讀杜詩寄盧小箋，明其因德水而興起也。」此書既明言受盧世㴶之影響，有關此詩之解，必是從盧德水處而來，故兩者內容大同小異。

⑦吳喬此種推尊杜甫排律之法，「圍爐詩話」中屢屢舉例言之，參閱卷二中所論。

第二節　輕杜之說

清初諸家雖然極爲尊杜，然而由於時值明室既屋之後，整個學術界正在作總反省；再加上擬古風氣的反感以及宋元詩和神韻派的興起，對於杜詩的批評，遂逐漸由宋人的規範中衍化而出。另方面杜詩本身由於鉅細靡遺，勢必有挾泥沙以俱下者；然而杜詩因有法可循，故趨赴者日多，弊病亦隨而衍生。如宋陳師道「後山詩話」載蘇軾之言謂：「學詩當以子美爲師，有規矩，故可學。………。學杜不成，不失爲工。」在這種號召之下，遂導至後代學者不加取捨，浮濫於是源生。因此清初諸家雖有極爲尊杜之說，卻也逐漸有了輕杜的議論。以下便就此種輕杜之說細加說明。

一、杜甫誕於言志

此項論點，究其始則出自於新、舊唐書本傳。新唐書本傳謂：「甫放曠不自檢，好論天下大事，高而不切。」舊唐書本傳則云：「甫性褊躁無器度，恃恩放恣。」至宋代葛立方「韻語陽秋」更云：「老杜高自稱許，有乃祖之風。上書明皇云：臣之述作，沈鬱頓挫，楊雄、枚皐，可企及也。壯遊詩則自比于崔、魏、班、揚。又云：『氣劘屈賈壘，目短曹劉牆。』贈韋左丞則曰：『賦料揚雄敵，詩看子建親。』甫以詩雄于世，自比諸人，誠未爲過。至『竊比稷與契』則過矣。史稱甫好論天下大事，高而不切，豈自比稷契而然邪！」（卷八頁四）

此處已對杜甫自比稷契表示不以爲然。這種批評至王夫之手裏，更是尖銳至極。原來船山生當明室覆亡之際，故對明末空疏之學痛加貶責，其思想遂輕空言而重實踐。再者，船山認定詩之教乃在「導人於清貞而蠲其頑鄙」，而非用來言貨財之不給、居食之不厚以及游乞之未厭。基於此論，遂提出杜甫誕於言忘的說法，其「詩廣傳」卷一頁十三云：

「嗚呼！甫之誕於言志也。將以爲游乞之津也，則其詩曰『竊比稷與契』；迨其欲之迫而哀以鳴也，則其詩曰『殘杯與冷炙，到處潛悲辛。』……。甫失其心，亦無足道耳。韓愈承之，孟郊師之，曹鄴傳之，而詩遂永亡於天下。」

這種立論可以見出，船山論詩根本反對緣飾太過，而杜甫由於終身不遇，到處投贈，表現於詩文中也實有此病。故而船山謂其誕於言志，要非無據。如「奉贈韋左丞丈人廿二韻」中云：「自謂頗挺出，立登要路津。致君堯舜上，再使風俗淳。」即頗有欲一步登天之望。「贈韋左丞丈濟」末云：「老驥思千里，饑鷹待一呼。君能微感激，亦足慰榛蕪。」望人提攜之心，可謂切矣。至於對哥舒翰先美後刺，更是爲人所議。而「進雕賦表」中所言：「有臣如此，陛下其舍諸！伏惟明主哀憐之，無令役役便至於衰老也。」已近乎乞憐之哀語，無怪於船山會深致不滿。不過船山此擧，亦有其苦心所在。前已述及船山由於受時代刺激的影響，故對空談無根者深加駁斥。其思想遂一反宋明諸儒「由末探本」之逆求，而轉爲重道德主體發用的「由本貫末」之順取，並進而建立內聖外王之功。所以其自題居壁云：「六經責我開生面，七尺從天乞活埋。」故其一生壯志，在於統貫及扭轉宋明理學。影響所至，船山論詩遂惡文士之情采放蕩，必求重道兼性情之正，故對老杜之放志高論便不以爲然，甚至進而懷疑杜甫人品、心術、學問、器量皆有可議。如「唐詩評選」卷三頁二十「漫成」詩後評云：

「杜又有一種門面攤子句，往往取驚俗目，如『水流心不競，雲在意俱遲。』裝名理爲腔殼；

如『致君堯舜上，力使風俗淳。』擺忠孝爲局面。皆此老人品、心術、學問、器量大敗闕處。或加以不虞之譽，則紫之奪朱，其來久矣。」

誠然老杜詩中頗有放志高論之處，然而船山此種批駁也未免過當。一般而言，詩人之情愈眞者，表現於詩中的情感便無所保留，而其作品則愈感人。故王國維「人間詞話」中嘗云：「詞人者，不失其赤子之心也。」比諸中國文學史上著名作者，無不皆然。如李白有「鳳歌笑孔丘」之狂，李後主有「揮淚對宮娥」之懦，然皆無損其於文學史中之地位，蓋因所表達者爲眞感情。老杜一生行事亦然，故而喜樂哀怨等情表現在詩中，無不淋漓盡致。如「醉時歌」中云：「得錢即相覓，沽酒不復疑。忘形到爾汝，痛飲眞吾師。」「雨過蘇端」詩中云：「杖藜入春泥，無食起我早。諸家憶所歷，一飯跡便埽。蘇侯得數過，歡喜每傾倒。也復可憐人，呼兒具梨棗。」「官定後戲贈」則謂：「耽酒須微祿，狂歌託聖朝。」由此可見他是個感情眞率的人，所以非但不能遂其匡正天下之願，竟連稚兒都因飢餓而死①。

然而一旦唐室傾頹，世局大變，他却能收斂此種放曠不自檢的態度而冒險奔赴行在，充分表現出儒者臨大節而不可奪的精神！單就此點而言，船山疑其人品、心術、學問、器量有大敗闕之處，即爲過當。何況老杜的愛國情操如「明朝有封事，數問夜如何。」（「春宿左省」）「公若登臺輔，臨危莫愛身。」（「奉送嚴公入朝十韻」）皆爲歷代學者所津津樂道，豈可一概抹煞！因此而論，杜甫之所以誕於言志，實起於性情之率眞。惟其性情之眞，故能將所見、所聞、所感皆發諸於詩而動人心弦。

此乃杜甫爲詩人之長處，卻爲從政事功之短處。所以船山謂杜甫誕於言志則可，謂其人品、學問等有大敗闕處則萬萬不可。

船山直斥杜甫誕於言志除了受時代刺激而不喜空言的原因之外，和他的詩論也頗有關係。因爲船山主張詩只應用來宣洩性情，而不應有其他功利意圖，尤其酬答贈賦之作，容易形成游乞之聲。詩一沾上游乞之聲，自然志趣、風格皆易趨於卑下。因而「詩譯」中便云：

「始而欲得其歡，已而頌之，終乃有所求焉，細人必出於此。鹿鳴之一章曰：『示我周行』，二章曰：『示民不恌，君子是則是效。』，三章曰：『以燕樂嘉賓之心。』異於彼矣。此之謂大音希聲。希聲，不如其始之勤勤也。杜子美之於韋左丞，亦嘗知此乎？」（木鐸本「薑齋詩話箋注」頁十四）

此處正中古今投贈詩之弊，杜詩當然亦不例外。其中所舉杜甫「奉贈韋左丞丈廿二韻」一詩，即是老杜爲向韋濟請求推挽之作，因此便有「自謂頗挺出」以下等放志乞憐之語出現，而這是船山所深以爲不可的。

綜而言之，船山所以直指杜甫誕於言志之因有二，一爲受時代刺激，因而力主載之空言，不如力於行事觀念的影響。二則認爲詩之敎在於導人於清貞而非用以游乞贈答，否則流於卑下。其中雖有批駁過當之處，然而仍不失其客觀分析之地位。而最具意義的乃是全就杜詩來加以析論，而不受其爲人傳誦的忠君愛國思想所束縛，這是十分難能可貴的事。

二、杜甫爲風雅罪人

船山於「明詩評選」卷五頁卅九徐渭「嚴先生祠」詩後評云：

「詩以道性情，道性之情也。性中儘有天德、王道、事功、節義、禮樂、文章，却無分派與易、書、禮、春秋去。彼不能代詩而言性之情，詩亦不能代彼也。決破此疆界，自杜甫始。桎梏人情，以掩性之光輝，風雅罪魁，非杜其誰邪？」

其中提出了杜甫爲風雅罪魁的說法。乍看之下，眞使人爲之震驚！蓋因歷來評杜者幾皆給予杜詩極高評價，縱有所貶，亦無如此論之激烈。然而細繹船山所言，似乎亦有一得之見。船山治學雖常出入經史百家之中，但對文學—尤其是詩的特性和界限却十分清楚。在他以爲，詩只可用以道性情。但是船山所指可道之性情和上節清初諸家尊杜所言之性情不同，因爲他主張性中儘有天德、王道、事功、節義等事，但是不能取代詩中的言性之情。換句話說，船山以爲詩應以抒情爲主，而不應在詩中大談王道事功等事。然而杜甫却決破此一界限，因而導致有「桎梏人情，以掩性之光輝」的可能，所以推原禍始，歸罪杜甫爲風雅罪魁。

這種觀念的來源，其實和當時「比興」的被重視有密切的關係。前已言及，宋人特重杜甫直陳時事的作品而較不重其「比興」，以致有以文爲詩的傾向。然而詩的主要功能乃在抒發情感，其中所含寓的思想則是伴隨而來的，本非作詩者所原欲呈現者。在這種新觀念中，「比興」地位自然比「賦」

要被重視。而宋人所樂道的杜甫條陳時事之手法，便逐漸被看輕，甚至以之爲其病痛所在。這種情形，在明代末期乃是一種普遍的觀念，例如陳子龍「左伯子古詩序」中云：

「有唐杜子美，當天寶之末，親經亂離，其發爲詩歌也，序世變，刺當塗，悲憤峭激，深切著明，無所隱忌，讀之使人慷慨奮迅而不能止。然而論者或曰：『是無當於風騷之旨也。風人之義，隱而不發，使言之者無罪；而離騷以虬龍鸞鳳比君子，飄風雲蜺喻小人，其旨無取於彰顯。子美皎然不欺其志，磨切之言，無乃近於悻直。』」（「安雅堂稿」卷四）

其中或曰以下一段，即是代表當時對杜詩近於悻直的不滿。在這種風氣之中，船山對於杜詩中言王道事功之法，自然亦有微詞。何況自杜甫決破此疆域之後，更爲許多後人加以仿效，故而船山力加駁斥，如「夕堂永日緒論」內編有云：

「門庭之外，更有數種惡詩，………。似塾師、游客者，衞風、北門實爲作俑。彼所謂政散民流，誣上行私而不可止者，夫子錄之，以著衞爲狄滅之因耳。陶公『飢來驅我去』誤墮其中，杜陵不審，鼓其餘波。嗣後啼飢號寒，望門求索之子，奉爲羔雉，至陳昂、宋登春而醜穢極矣。學詩者一染此數家之習，白練受汚，終不可復白，尙戒之哉。」（木鐸本「薑齋詩話箋注」頁一四四～一四五）

由此可見，船山之所以評杜甫爲風雅罪魁，亦非毫無因由，無的放矢。

從此一理論出發，我們可以發現船山評論杜詩，凡是涉及王道事功而有敍述之嫌的作品，皆不予好評。如「夕堂永日緒論」內編云：

「若杜陵長篇，有歷數月日事者，合爲一章，大雅有此體，後唯焦仲卿、木蘭二詩爲然。要以從旁追敍，非言情之章。」（木鐸本「薑齋詩話箋注」頁五七）

此論雖不無可議②，然却見出船山論詩重情之一斑了。

不過船山這種理論，並非全然無視於杜詩的價値所在，他只是認爲詩以達情爲主，而非用來言王道事功，否則文章何用？杜詩並非不佳，然而其中有甚多直陳王道事功之作，後人不審，遂以爲是杜詩之精髓所在而爭相倣效，此乃詩學之弊。因此追原禍始，謂杜甫爲風雅罪魁，並非一味排斥杜詩。若曰不信，請看船山集中，亦有效杜詩而成之句，如「薑齋詩賸稿」頁二「悼亡」四首之四云：

「記向寒門徹骨迂，收書不惜典金珠。殘帷斷帳空留得，四海無家一腐儒。」

末句的「四海無家一腐儒」即和老杜「江漢」詩中的「乾坤一腐儒」句意相似。又「柳岸吟」頁七的「讀文中子」二首：

「樂天知命夫何憂，不道身如不繫舟。萬折山隨平野盡，一輪月湧大江流。」

「天下皆憂得不憂，梧桐暗認一痕秋。歷歷四更山吐月，悠悠殘夜水明樓。」

前一首的「萬折山隨平野盡，一輪月湧大江流。」是採自杜甫「旅夜書懷」中的「星隨平野闊，月湧大江流。」後一首的「歷歷四更山吐月，悠悠殘夜水明樓。」則是取自杜甫「月」詩中的「四更山吐月，殘夜水明樓。」此外，船山「憶得」集最末亦有「倣杜少陵文文山作七歌」詩。可見船山雖直斥杜甫爲風雅罪魁，對於杜集中其他寓情帶景之作，仍是十分推重。

經由以上論述，我們對於船山之所以謂杜甫爲風雅罪魁已能諒解，而且還對船山所謂詩以達情爲主的主張感到十分有興趣，因爲這種主張又再度說明了何以中國的敍事詩不發達之原因——一種趨向抒情的文學傳統。

三、杜甫開以詩當文之風

杜甫詩以長篇見名於世，歷來論杜者皆津津樂道之，然而由於韻多篇長，亦難免產生韻重意複的情形。而且長篇陳述，指事類情，名其爲詩，實已兼具古文結構，如黃生「杜工部詩說」卷一評「北征」詩云：

「此詩分四大段，辭闕一段，在路一段，到家一段、時事一段。………。尤妙在末後一段，本是辭闕時一副說話，却留在後找完，以成一篇大局，自是古文結構。他人不論，即文家巨擘如昌黎見之，亦當汗流氣懾矣。」

即將「北征」詩比喻成古文結構來加以分析，而且譽贊特高，謂連韓愈之善爲古文都將自嘆弗如。事實上，這種比喻即是針對「賦」的說明，也就是說老杜的「北征」詩中擁有極佳「賦」的手法。這種批評原本是極爲正常且合理，因爲清初諸家所以尊杜原因之一，即是由於杜詩主於「賦」而兼及「比興」。所以極力贊揚「北征」詩中「賦」的手法，對他們而言，並不矛盾。黃生甚至在杜甫其他詩中，也用同樣的理由來予以分析推贊，例如「杜工部詩說」卷三評「縛雞行」云：「八句用六雞字，不覺其煩。蟲雞、雞蟲掉轉用，皆得古文之法。」卷四評「銅瓶」詩云：「突起一句，隨手撇開，至結尾始挽合，與羣盜至今日作篇法相同，乃古文遙呼徐應之法。」所可注意者，所謂詩中有古文之法，已被用來批評律詩了。但是黃生對於「銅瓶」詩又云：「此宮中之物，亂後散於民間，或有得其缺折之餘者，故因所見以起興，章法怪怪奇奇，注家多不識，余特表而出之。」換句話說，「銅瓶」詩也含有「比興」，至於「賦」的部分，由於章法怪奇，所以黃生特別標出而論。其他如對「北征」詩的解析亦同。

但是杜詩中這種寓有古文之結構章法，是否可讓後人學習仿效呢？吳喬「圍爐詩話」卷二頁十～十一云：

「詠懷、北征，古無此體，後人亦不可作，子美一人爲之可也。退之南山詩，已是後生不遜。詩貴出于自心，詠懷、北征，出于自心者也。南山欲戰子美而覓題以爲之者也。山谷之語，只見一邊。」

吳喬此論雖謂如詠懷、北征等體，後人不可作，但是並未詳敍理由，只云詠懷、北征乃出于杜甫之心，而南山只是韓愈欲戰子美而覓題爲之者，所以是「後生不遜」。韓愈南山詩是否出於有意欲戰子美而作，今已不可考。不過就吳喬所謂「賦義極易而極難」（「圍爐詩話」卷五）的主張而言，想必怕後人學詠懷、北征等體不愼，而落入「極易」之境，「賦」而極易，便有以詩當文的可能而失去含蓄溫婉的特質。因此吳喬便直謂杜甫詠懷、北征之體，後人不可作。

由黃生、吳喬等人的立論，可見杜詩中原有所謂以詩當文的根苗，只不過杜甫鋪述得體，言由心生，因此黃、吳二人不得不推重而以「後人不可作」來自圓其說。但是葉燮在「原詩」中卻直接了當地指出：

「從來論詩者，大約伸唐而絀宋。有謂唐人以詩爲詩，主性情，於三百篇爲近。宋人以文爲詩，主議論，於三百篇爲遠，何言之謬也。唐人詩有議論者，杜甫是也。杜五言古議論尤多，長篇如赴奉先縣詠懷、北征及八哀等作，何首無議論？而獨以議論歸宋人，何歟？………。如言宋人以文爲詩，則李白樂府長短句何嘗非文？杜甫前後出塞及潼關吏等篇，其中豈無似文之句？爲此言者，不但未見宋詩，並未見唐詩。」（頁三三～三四）

此論已坦然指出，不僅宋人以文爲詩而有議論，杜甫亦同，而且還特別舉出杜詩中詠懷、北征、八哀等長篇爲證來說明。但是葉燮卻忽略了宋人的以文爲詩是一種風尚，而且可以說是起於對杜甫詠懷、北征、八哀等詩的推贊而起的。如謂余不信，請看宋人對杜甫這些詩的評價。「石林詩話」云：

「長篇最難，晉魏以前，詩無過十韻者，蓋常使人以意逆志，初不以敍事傾倒爲工。至述懷、北征諸篇，窮極筆力，如太史公紀傳，此古今絕唱。」（「苕溪漁隱叢話」前集卷十一）

葉少蘊雖然不欣賞杜甫的八哀詩，但是對述懷、北征諸篇卻推崇備至，其原因則謂「如太史公紀傳」。也就是極欣賞其中敍事手法的使用。「少陵詩總目」則云：

「八哀詩維古風中最爲大筆，崔德符嘗謂斯文可以表裏雅頌。」（「苕溪漁隱叢話」前集卷十

一）

既謂八哀詩可表裏雅頌，自然非熟讀不可。宋人既對北征、八哀等詩極力推崇，吸取其中敍事的手法來爲詩是極其自然之事。因此，追源溯流，宋詩所以有以文爲詩的傾向，當由杜甫所啓。故施閏章「蠖齋詩話」中便引鄭氏之言云：

「長篇沉著頓挫，指事陳情，有根節骨格，此老杜獨擅之長。宋人每每學之，遂以詩當文，冗濫不已，詩遂大壞，皆老杜啓之。」（頁八）

將宋人以詩當文後所衍生的流弊，全都歸罪於杜甫。此論雖激，要非無的。

綜合以上所論，清初諸家雖然推重杜甫長篇之作而謂有古文結構在內。但是由於這種以敍事爲主的長篇大作，深爲注重直陳其事的宋人所喜，因而形成宋人以詩當文之習。所以清初論杜諸家中，亦有推原禍始，將宋後詩道大壞之因歸罪於杜甫者③。雖說此論稍激，然而就杜詩而論，正如葉燮所言，不但有似文之句，亦有議論之詩。其中尤以將議論落實在詠物詩中的作法，更爲常見④。所以因不滿宋人以詩當文之弊，進而追究杜甫首開風氣之責，這是可以體諒的。

四、杜詩傷於太盡

杜詩雖然博大精深，鉅細靡遺，然而由於半生飢走天下，沉鬱之情潛積於內，哀怨之言併出於外，雖有時號稱痛快，然亦導致傷於太盡之評。施閏章「蠖齋詩話」中即謂：

「杜不擬古樂府，用新題紀時事，自是創識。就中潼關吏、新安、石壕、新婚、垂老、無家等篇，妙在痛快，亦傷太盡。垂老別云：『老妻臥路啼，歲暮衣裳單。孰知是死別，且復傷其寒。』曲折已明，又云：『此去必不歸，還聞勸加餐。』觀王粲七哀：『路逢饑婦人，抱子棄草間。未知身死處，焉能兩相完。驅馬棄之去，不忍聽此言。南登灞陵道，回首望長安。』醞藉差別。」（頁十九）

經由此段立論，我們不難發現，杜甫五言古所以被指爲傷於太盡之因，乃在於不夠醞藉，故遜於王粲七哀之作。也就是杜甫表現於詩中的感情雖然沉著痛快，但是著意太過而經常出現重複之意。但是黃生對此却有不同的看法，其「杜工部詩說」卷一評「垂老別」云：

「孰知二句，夫傷妻也；此去二句，妻勸夫也。不得病其意複。」

兩者意見顯然不同。然若仔細推敲，黃生的著眼點顯然與施愚山不同。爲便於論述，抄錄此詩於下：

「四郊未寧靜，垂老不得安。子孫陣亡盡，焉用身獨完。投杖出門去，同行爲辛酸。幸有牙齒存，所悲骨髓乾。男兒既介冑，長揖別上官。老妻臥路啼，歲暮衣裳單。孰知是死別，且復傷其寒。此去必不歸，還聞勸加餐。土門壁甚堅，杏園度亦難。勢異鄴城下，縱死時猶寬。人生有離合，豈擇衰盛端。憶昔少年日，遲回竟長嘆。萬國盡征戍，烽火被岡巒。積屍草木腥，流血川原丹。何鄉爲樂土，安敢尚盤桓。棄絕蓬室居，塌然摧心肝。」

全篇寫戰亂日久，傷亡殆盡，故征戍及於老翁之悲痛。然而施愚山何以謂其傷於太盡？欲究其因，請

先從「醞藉差別」一詞說起

清初諸家論詩，鮮有不力主詩貴溫柔敦厚，含蓄醞藉者，所以他們才會特重「比興」（已如前述）。因此凡是詩過直率者，皆不與好評，蓋因詩帶直率則容易流於粗淺傷盡而無言外之意。杜甫「垂老別」一詩，言情固極痛快，然而却頗帶直率而傷於太盡。施愚山的看法即是認爲此詩至「孰知是死別，且復傷其寒」句，全詩所欲表達之情已結，如就此轉入「土門壁甚堅」以下，則意自連貫而不重複。而且已云「孰知是死別」，再云「此去必不歸」，非但句義重用，而且幾無含蓄之意。簡言之，杜甫此詩雖然表達感情十分沉着痛快，但也因鋪敍太過以致於剝奪讀者想像的權利。而黃生所以認爲意不重複，只是單就自身欣賞的觀點認爲「孰知是死別，且復傷其寒」二句是夫傷妻；「此去必不歸，還聞勸加餐」二句則是妻勸夫，故不得病其意複。殊不知此四句之主宰皆爲老翁一人，「孰知是死別」是老翁自語，「此去必不歸」亦是老翁自料語，黃生以「夫傷妻」、「妻勸夫」解之，未免涉嫌割裂。因此仍以施愚山所言爲是。

杜詩中此種因寫情極至而傷於太盡的作品，固不只施閏章所舉之五古，即五律中亦有，如「舍弟占歸草堂檢校聊示此詩」云：

「久客應吾道，相隨獨爾來。孰知江路近，頻爲草堂迴。鵝鴨宜長數，柴荊莫浪開。東林竹影薄，臘月更須栽。」

此詩已不僅於傷之太盡，簡直就是一封條舉事務的家書。至於所謂蘊藉，則更爲無有。因此吳喬「圍爐詩話」引鍾惺之言且評云：

「『弟占歸草堂詩』，鍾伯敬云：『家務瑣屑，有一片骨肉友愛在其內。』此言最得，而鍾之受病亦在此，只見子美細處，不見其大也。」（卷二頁四二）

所謂「家務瑣屑」即指此詩描寫家務之事十分詳盡。但是吳喬隨而批評鍾惺之病，即在只學子美此種細處而不見其大。言下之意，對杜甫此種描寫太盡之詩，雖然未置可否，却以爲後人不可學。

因此，就杜詩而言，有傷於太盡之作當是實情。不過由於杜甫才高情深，因此雖有傷於太盡之嫌，讀來仍覺沉著痛快。例如「醉時歌」中的「儒術於我何有哉，孔丘盜跖俱塵埃。」已不僅是太盡之言而是憤激之語，但是由於氣勢雄奇，故而不覺其非。後人如若不察，單學其皮毛而無其神髓，則亦難免爲智者所譏。

綜合以上四點而論，清初諸家輕杜之說，實際上即是代表著他們對於舊有文學理論的反省與考察。無論前人評杜尊杜之理論如何充斥，他們仍是擁有本身一己之見。其中如王船山純粹從文學言情的觀點來一口否定杜詩中言王道事功的作法，更是大胆新異之論。姑不究其所言是否過偏，但是此種嚴肅的批評態度已是值得敬佩！至於責杜詩開以詩當文之習，不將罪責全都推予宋人，可見頗具文學演進之正確觀念。論杜詩有傷於太盡之作，即是提出如何正確欣賞及學習杜詩，勿只得其細而遺其大。凡此種種，皆可見出清初諸家評杜之時，已能摒棄情緒化的語言而出以較爲客觀之臆斷。因此雖有輕杜之說，却仍無損於杜詩於中國文學史中之地位。

【附註】

①杜甫「赴奉先縣詠懷五百字」有云：「入門聞號咷，幼子餓已卒。」

②參見戴鴻森於本論後之案語，木鐸本「薑齋詩話箋注」頁五八。

③他們所謂宋後詩道大壞，即是認爲宋人多學杜詩中的「賦」體而不學「比興」。這個觀念尤以吳喬爲最。請參看「圍爐詩話」。

④此點原爲杜甫欲擴大詠物詩的內容所致，詳見簡恩定「杜甫詠物詩研究」頁九七～一〇二，東海大學七十二年碩士論文。

第二章 杜甫詩聖地位的總檢討

杜詩自北宋末期流行以來，論者率皆予以推崇備至，楊萬里更以「詩聖」徽號來加以推尊，使得杜詩的地位光芒萬丈，如日中天！但是宋人推崇杜詩，雖不乏精闢之見，而情緒化的推贊詞亦不少，因此當時人如葉少蘊、陸游等已有不滿之聲。經明入清，由於客觀學術風氣的影響，政治環境的轉移，遂對宋人心目中的杜甫詩聖地位提出總檢討。這種檢討，只是一種客觀性的反省，並非欲動搖杜甫詩聖的地位。換句話說，清人是就杜詩探索其眞精神之所在，而不願人云亦云，盲目地尊崇杜詩。此種對於杜甫詩聖地位的總檢討，大致可以就三方面來加以論述：㈠杜詩中尊君觀念的承襲與轉移。㈡無一字無來歷的質疑。㈢杜詩爲變體之說的闡述。以下便分別加以細論。

第一節 杜詩中尊君觀念的承襲與轉移

推崇杜詩中尊君觀念者，當以蘇軾所言爲最，「東坡集」卷廿四「王定國詩集敍」中謂：「古今詩人衆矣，而杜子美爲首，豈非以其流落飢寒，終身不用，而一飯未嘗忘君也歟。」自此而後，凡言杜詩之尊君觀念者，率皆奉此爲圭臬，而所謂「一飯不忘君」一語，遂成爲杜詩中思想的最大特色。降及明末清初，此種推崇之語，仍時見於各家論著中。然而由於客觀學術風氣的自覺，此種推崇杜詩中尊君思想的觀念也漸有轉移的傾向。他們認爲杜詩中雖然不乏忠君愛國的作品，但是諷諭朝廷不善之作亦是爲數不少。基於此一論調，他們評論注解杜詩，亦能坦然指出杜詩中譏刺君權時政之處，而不爲宋人尊君思想所囿，所以「比興」觀念的闡述又逐漸受到重視。以下便就承襲與轉移兩部分來予以析論。

一、杜詩中尊君觀念的承襲

自蘇軾提出杜詩由於寓有「一飯不忘君」的忠愛思想，故推爲古今詩人之首的觀念之後，歷來評杜者亦皆津津樂道之，其中尤以宋人爲最。例如孔武仲「書杜子美哀江頭後」云：

「自晉宋以來，詩人氣質萎敝而風雅幾絕，至唐之諸公磨洗光耀，與時爭出，凡百餘年，而後子美傑然自振於開元、天寶之間。既而中原用兵，更涉患難，身愈困苦而其詩益工，大抵哀元元之窮，憤盜賊之橫，褒善貶惡，尊君卑臣，不琢不磨，闇與經會，蓋亦騷人之倫而風雅之亞也。」（「宗伯集」卷十六）

其中「褒善貶惡，尊君卑臣」一語，正是宋人對杜詩所下的普遍注脚。又魏泰「臨漢隱居詩話」頁二

〜三中謂劉禹錫、白居易咏馬嵬之事，雖爲世所稱，然而「造語蠢拙，已失臣下事君之禮也。老杜則不然，其『北征』詩曰：『憶昨狼狽初，事與古先別。不聞夏商衰，中自誅褒妲。』方見明皇鑑夏商之敗，畏天悔過，賜妃子死，官軍何預焉！」此種議論，完全著重在杜詩中尊君觀念的闡揚，儘管與史不合，但是可守臣下事君之禮。因此，李綱在「讀四家詩選四首並序」中賦詩一首謂：

「杜陵老布衣，飢走半天下。作詩千萬篇，一一干教化。是時唐室卑，四海事戎馬。愛君憂國心，憤發幾悲咤。孤忠無與施，但以佳句寫。」

亦是以愛君憂國，作詩干教化來推崇杜詩。這種杜詩中尊君觀念的推崇，甚至演成李、杜詩優劣的主要分別，如羅大經「鶴林玉露」卷十八云：「李太白當王室多難，海宇橫潰之日，作爲歌詩，不過豪俠使氣，狂醉於花月之間耳。社稷蒼生，曾不繫其心膂，其視杜少陵之憂國憂民，豈可同年語哉！」此種評論標準儘管有待商榷，但是正可見出宋人推重杜詩中尊君觀念之一斑了。

明人論杜詩，亦不乏準此出發者，如方孝孺「成都杜先生草堂碑」中云：

「少陵杜先生，……。其言包綜庶類，凌跨六合，辭高旨遠，兼衆長而挺出，追風雅以爲友。蓋有得乎史記之敍事，離騷之愛君，而憂民閔世之心，又若有合乎成相之所陳者，微意所屬，時以古昔命世聖賢自儗。」（「遜志齋集」卷廿二）

此處不僅推重杜詩中的尊君思想，而且將其來源皆一一指出，並爲杜甫「竊比稷與契」的放言大志說項。因此，明人對於李、杜之優劣，往往亦從此出發，如劉定之謂：「子美當安史作亂時，徒步從肅宗，其詩拳拳於君臣之義。太白於其時從永王璘，欲乘危割據江表，叛棄宗社，作猛虎行云……。其辭意視祿山思明反噬其主，比於劉、項敵國相爭，尙安知君臣之大倫歟？」（「皇明文衡」卷五十六）所以就明人評論杜詩而言，亦是推重其忠君憂時之思想，此亦承自宋人之說而來。

降及清初諸家論杜，此種尊君觀念之承襲更是達於極點，如盧世漼「讀杜私言」謂：「子美一生戀主憂民，血忱耿烱，與日月齊光，有口者皆能言之。而忍窮負氣東柯西枝間，食柏餐霞稜如鐵，又一飯不忘，數椽必憶，低回感謝，足以寬鄙敦薄。」（「尊水園集略」卷六）基於此一論點，盧氏論杜，大都以忠君信友爲著眼點。如「讀杜私言」中有云：「赴奉先縣及北征，肝腸如火，涕淚橫流，讀此而不感動者，其人必不忠。」又評「兩當縣吳十侍御江上宅」詩云：「末云『余時忝諍臣，丹陛實咫尺。相看受狼狽，至死難塞責。』服善悔過，吐胆輸心，具如是胸襟，自然忠君信友易有之修辭。」又論五言律詩中謂：「兩次收京，一再觀兵，及夕烽警急，王命提封，征夫送遠，東樓西山，散愁遣懷，有感有嘆，種種關係，竟是奏疏。」凡此種種評論，無不皆重老杜詩中含寓之尊君思想。錢謙益「讀杜小箋」既自謂應盧德水之請而成，因此小箋、二箋中評論杜詩，雖屢有錢氏史學注杜之弊，但有關杜詩中尊君思想的闡揚，仍與盧世漼相類似。如「讀杜小箋」卷上評「上韋左相二十韻」詩云：「見素雖不能用公言，然公之謀國，用意深切如此，千載而下，可以感嘆也。」至於朱鶴齡輯注杜詩，所謂尊君觀念的推崇仍是不變，其序有言：

「子美之詩，惟得性情之至正而出之，故其發於君父友朋家人婦子之際者，莫不有敦篤倫理、纏綿菀結之意。極之履荊棘，漂江湖，困頓顛蹶，而拳拳忠愛不少衰。」

由於對杜詩中尊君觀念的推崇，朱鶴齡並進一步指出杜甫的北征、詠懷，前、後出塞及新安吏諸篇，乃爲杜詩之根柢。(「汪周士詩稿序」，「愚菴小集」卷七)這種說法雖是承自宋人，然而比之泛言一飯不忘君的說法，實更爲精細。

此種杜詩中尊君觀念的推重，到了黃生手中，更是變本加厲，凡是指云杜詩中對君上有所譏切者，一律加以貶斥。其「杜詩概說」中云：

「杜公屢上不第，卒以獻賦受明皇特達之知，故感慕終身不替。雖前後鋪陳時事，無所不備，於其君荒淫失道，惟痛之而不忍譏之，此臣子之禮也。乃說者不得公心，影響傅會，輒云有所譏切，此註杜大頭腦差失處。妄筆流傳，杜公之目，將不瞑於地下矣。」

此論直可當杜詩中尊君觀念的一篇嚴正宣言，因此黃生評杜，多以此觀點出發。如評「哀江頭」云：「此詩半露半含，若悲若諷，天寶之亂，實楊氏爲禍階，杜公身事明皇，既不可直陳，又不敢曲諱，如此用筆，淺深極爲合宜。」(「杜工部詩說」卷三)除此之外，黃生對於杜詩中之寓意，亦多解成老杜一片忠愛之情。如評「喜達行在所」三首曰：「爲公計者，潛身晦迹，以待王師之至，亦何不可？而必履危蹈險，以歸命朝庭，豈非匡時報主之志，素存於中，不等諸人之碌碌。」評「天河」詩則云：「賦而比也，一二所謂士窮見節義，世亂識忠臣也。」凡此種種皆可見出黃生推崇杜詩中尊君思想之大略。

此外清初諸家論杜，更有以爲杜甫之詩，由於不忘君父，有本有綱常，所以爲工。如侯方域「戴黃門詩序」云：「昔杜少陵生李唐肅代之間，間關氛祲，曾無虛日；而避蜀逃秦，能以忠義自持。一飯一吟，不忘君父，故其詩多憂悄之思，雄鬱之氣，亘古彌今，卓然不朽。」（「壯悔堂文集」卷二）朱彝尊「與高念祖論詩書」中謂：「惟杜子美之詩，其出之也有本，無一不關乎綱常倫紀之目，而寫時狀景之妙，自有不期工而工者。」（「曝書亭集」卷卅一）侯、朱二人之論，除了推崇杜詩中的尊君觀念之外，更認爲杜詩所以有不期工而工之妙，以致於亘古彌今，卓然不朽之因，乃是肇於其中所含的尊君觀念。此種理論，已將杜詩中尊君思想推到極至。換句話說，在他們眼中，杜詩之所以偉大，乃在於以尊君思想爲本，至於其他原因都只是旁枝小葉。

經由以上論述，我們不難發現杜詩中尊君觀念自宋至清之間承襲的痕跡來。東坡首倡杜詩有一飯不忘君的忠愛思想，隨即在南宋蔚成一股批評熱潮。此後經明入清，評杜論杜者率皆依循此一軌迹而進，至清初更是加以發揚光大，甚至直認爲杜詩所以佳妙乃因寓有忠君思想所致。誠然杜詩中含蘊有諸多尊君之作，然而此種將杜詩成就之因完全加以歸屬，而否定其寫作技巧的功力，已是流於偏見。探究此種推崇杜詩中尊君觀念自宋至清承襲之因其實十分簡單，蓋專制帝王每每喜歡臣下輸心不悖，而杜詩中也確實寓有許多忠愛之情，因此諸家大加鼓吹，演成風氣，此亦理之必然，無足多怪。

二、杜詩中尊君觀念的轉移

清初諸家論杜，雖然有承自宋人推崇杜詩中尊君觀念的說法，然而由於時代潮流的遞嬗，以及學術風氣的自覺，再加上政治環境的衝擊，對於杜詩中尊君觀念的推崇遂漸有轉移之勢。再就杜詩本身而論，老杜身遭大變，半生潦倒，雖然天性根於忠愛，亦不可能毫無指斥諷諭之論。何況有唐之衰，實自安史之亂始，而安史之亂則肇因於玄宗寵幸楊氏所致。老杜既生逢其間，自然亦有不平之音，何必一意曲加諱避。因此，清初諸家雖對杜詩中尊君思想屢加推崇，至於其中諷譏君上之處，亦是毫不曲諱，坦然指出，其中最具代表性的人物當屬錢謙益。

事實上，此種轉移雖說至清初方見大盛，而其端倪則可溯自明初。如宋濂在「俞季淵杜詩舉隅序」中即嘗云：

「杜子美詩實取法三百篇，………。註者無慮數百家，奈何不爾之思？務穿鑿者，謂一字皆有所出，………。騁新奇者，稱其一飯不忘君，發爲言辭，無非忠國愛君之意；至於率爾咏懷之作，亦必遷就而爲之說。」（「宋文憲公全集」卷十七）

宋濂此論已對歷來註杜者動輒稱其一飯不忘君之說感到不滿，降至錢謙益箋注杜詩，遂運用其豐富之史學知識於杜詩注上，凡是杜詩中有所指斥之處，皆一一條陳而出，對杜詩中尊君觀念一味推崇的風氣於是開始轉移。例如「後出塞」五首之四云：「主將位益崇，氣驕凌上都。邊人不敢議，議者死路衢。」錢謙益引「安祿山事蹟」云：

「（祿山）自歸范陽，逆狀漸露，使者至，稱疾不見，嚴介士于前後，成備而後見之，無復人臣之禮。中使馮神威齎璽書召祿山，祿山踞床不起，但云聖人安穩。或言祿山反者，玄宗縛送祿山，道路相目，無敢言者。奏還者告祿山反，乃囚于商州，將送之，遇祿山起兵，乃放之。」（「杜詩錢注」卷三）

在這段注文中，錢謙益毫不保留地指出，安祿山之所以始驕終叛之因，乃由於玄宗的縱溺所致，這和黃生所言杜甫曲意爲明皇諱大相逕庭。然後我們再看宋蔡夢弼會箋之「草堂詩箋」對此詩的評語：

「主將謂祿山也，時祿山爲漁陽節度，所領皆突騎兵，還賞賚無貲。玄宗御承天門，率百官迎迓。祿山恃功高，氣凌公卿，誰復敢議其事者哉。」（卷六）

對於祿山受寵之經過，只是輕輕一語帶過，根本見不出「邊人不敢議，議者死路衢。」的眞正原因。換句話說，「草堂詩箋」仍是一味緊守杜詩中尊君觀念的維護，不敢稍加引伸。至於黃生的「杜工部詩說」中評論此詩，仍是站在維護杜詩中的尊君思想之立場而發，其謂：「此首諷祿山奢僭事，隱其名者，爲明皇諱也。」雖然指出爲明皇諱一語，然而維護杜詩中的尊君觀念則與宋人無異。因此，我們可以看出錢謙益對這種尊君觀念的曲意維護，已經逐漸轉移，他的目的正是欲探求出杜詩的眞精神。

又「冬日洛城北謁玄元皇帝廟」箋云：

「配極四句，言玄元廟用宗廟之禮爲不經也。碧瓦四句，譏其宮殿踰制也……。『道德付今王』，謂玄宗親注道德經，及置崇玄學，然未必知道德之意，亦微詞也。畫手以下，記吳生畫圖，冕旒旌旆，炫燿耳目，爲近於兒戲也。老子五千言，其要在清靜無爲，理國立身，是故身退則周衰，經傳則漢盛。即令不死，亦當藏名養拙，安肯見人降形，爲妖爲神，以博世主之崇奉也。身退以下四句，一篇諷諭之意，總見於此。」（「杜詩錢注」卷九）

此段議論亦是直指杜甫意在諷諭玄宗，並無宋人所謂尊君之意。雖然出之以微詞，但是譏刺之意隱含於字裏行間。「草堂詩箋」對於此詩，僅是一一注明其典故出處，並無一語言及諷諭之事。朱鶴齡輯注杜詩，對於此詩之寓意，亦採錢箋之說。由此可見，錢謙益此論甚爲當時注杜諸家的認同。再如「哀王孫」箋云：

「當時降逆之臣，必有爲賊耳目，搜捕皇孫妃主以獻奉者，不獨如孝哲輩爲賊寵任者也。故曰：『王孫善保千金軀』，又曰：『哀哉王孫愼勿疎』。危之也，亦戒之也。」（「錢注杜詩」卷一）

此段話中，僅見出錢箋以爲「哀王孫」一詩主旨乃在替流落民間的王孫感到躭心，並未有任何尊君觀念存於其中。然而宋張戒評此詩却云：

「觀子美此詩，可謂心存社稷矣！………。以龍種與常人殊，又囑王孫，使善保千金軀，則愛惜宗室子孫也。………。其哀王孫如此，心存社稷而已。」（「歲寒堂詩話」卷下）

必欲將愛惜宗室子孫而推至心存社稷，此乃宋人推崇杜詩中尊君觀念之習尚所致。錢箋僅云「危之也，亦戒之也。」則較合詩中之情，由此亦更顯出此時尊君觀念在杜詩評論中已非第一要項。除此之外，錢箋對於杜詩中的隱意，率皆直陳而出，例如「憶昔」二首箋曰：「憶昔之首章，刺代宗也。」（「

錢注杜詩」卷五）「至德二載，甫自金光門出，間道歸鳳翔。乾元初，從左拾遺移華州掾，與親故別，因出此門，有悲往事」詩云：「蓋深嘆肅宗之少恩也。」（「錢注杜詩」卷十）「寄張十二山人彪三十韻」詩云：「肅宗賞功，獨厚於靈武從臣，故曰：『文公賞從臣』，引介子推之事以譏之。」凡此種種，皆直接點出杜詩中之微意，而非一味地訴說其尊君思想。牧齋由於精通史學，因此作來十分勝任而且令人信服。

此外金聖嘆以分解說的選批杜詩，更是不受宋人尊君觀念所左右，其中評語，此之錢箋更有過之而不及。例如「冬日洛城北謁玄元皇帝廟」批云：「只爲與之同姓，便以巍巍天王之尊，遙認一千餘年前茫茫不可知之人，尊之曰聖太祖玄元皇帝，又爲立廟，已極可笑；乃又甚而至於畫其高祖、太宗、高宗、中宗、睿宗，五世祖考之像於其廟壁。嗟呼！漢武好仙，尚冀長生，今此又爲何哉？」（「聖嘆選批杜詩」卷一）如此批評之語，已不知將玄宗置於何地，又何來尊君之有？而且金聖嘆選批杜詩，完全按照形式來加以分解，頗似近代的形式批評法，其終極目標即是分解出杜詩中的藝術技巧所在，因此杜詩中是否寓有尊君觀念對他而言並非是件十分重要的事。

根據以上所論，我們可以發現清初的錢謙益、金聖嘆諸人，評注杜詩已從宋人推崇的尊君觀念中轉移而出。錢箋屢屢指出杜詩中某首爲刺玄宗，某首爲譏肅宗，雖然亦有引申過當之處，但是基本上已非一意曲諱，奢談尊君的宋人可比。聖嘆的分解說更是脫出尊君觀念的窠臼，使得杜詩的藝術精神呈現出來，這種貢獻都是十分重大的。

綜上兩點而言，清初諸家論杜者雖然產生尊君觀念的承襲與轉移兩種不同路綫，但是事實上並不衝突。主要原因乃在於杜甫集中，實亦有不少表達忠君憂時的作品，這些是無法任意加以推翻的。所以錢箋雖然對於杜詩中的尊君觀念看法有所轉移，在眞正屬於忠君憂時的作品之內，也只好同意宋人之說。如「北征」詩後，即引魏泰「臨漢隱居詩話」之說，謂乃明皇畏天悔禍，賜貴妃死，官軍何與？（詳見「杜詩錢注」卷二）來說明老杜不失事君之禮。不過這種由承襲到轉移的情形，正可見出杜詩的研究已經逐漸走出一個新方向，那就是實事求證，援史論詩，而錢謙益提倡之功是不可沒的。

第二節　無一字無來歷的質疑

杜詩在唐代雖有元稹的大力鼓吹，謂爲盡得古今之體勢而兼昔人之所獨專，但是終唐一代，未受重視是實。所以宋張戒「歲寒堂詩話」卷上才會有「子美之詩，得山谷而後發明」的評語。此處所謂「發明」，近人龔鵬程先生曾謂：「所謂『發明』，二字眞可深思，在這些人選取並決定它們的價値之前，它們的美感價値並未被肯定或確定。」①這種論點固然合理，但却未盡切實。因爲張戒之所以謂「子美之詩，得山谷而後發明」一語，始意並非全然謂黃山谷肯定或確定杜詩的美感價値，而是指出山谷極愛杜詩，並進而陳述其無一字無來處的重要性。故蔡夢弼「草堂詩話」卷一頁四引山谷詩話曰：

「子美作詩，退之作文，無一字無來處。蓋後人讀書少，故謂杜韓自作此語。」

又宋陳師道「後山詩話」頁三載蘇軾之言云：

「學詩當以子美爲師，有規矩，故可學。……。學杜不成，不失爲工。」

同書引黃山谷之言云：

「杜之詩法出審言，句法出庾信，但過之爾。杜之詩法，韓之文法也。詩文各有體，韓以文爲詩，杜以詩爲文，故不工爾。」

由此可見，所謂「發明」應是指杜詩的規矩（即法）而言，而詩法的闡揚本是江西詩派的一大特色。並且自此而後，說解杜詩者，皆津津樂道其無一字無來歷的特性，遂至穿鑿附會，無所不用其極。譬如「望嶽」詩中云：「會當凌絕頂，一覽衆山小。」自是登高所見之景，本不必強尋出處，然而「王十朋集百家注編年杜陵詩史」中却引王洙之言謂：「孟子曰：『孔子登東山而小魯，登太山而小天下。』楊子升東岳而知衆山之迤邐也。」師尹更進一步引申成「當安史之亂，僭稱尊號，天子蒙塵，其朝宗之義爲如何？甫望岳之作末章云：『一覽衆山小』，固知安史之徒，乃培塿之細者，又何足以上抗巖巖之大也哉！」（卷一）這種先替杜詩強尋出處，而後再加以引申附會，在宋人注本中，可以說是習以爲常。再如「奉贈韋左丞丈二十二韻」中「儒冠多誤身」一語引王洙言曰：「前漢酈食其傳：『沛公不喜儒，諸客冠儒冠來者，沛公輒解其冠，溺其中。與人言，常慢罵。』又引趙次公言曰：「以孔子有絕糧削迹之事，則儒冠誤身可知矣。」（卷二）這種爲解杜詩而汲汲於穿鑿字句之來歷，眞是令人發笑！若按照此種說法，杜詩中此類相似的句子甚多，如「多病休儒服」（敬贈鄭諫議十韻），「有儒愁餓死」（奉贈鮮于京兆二十韻）、「儒術豈謀身」（獨酌成詩）、「儒生老無成」（客居）、「乾坤一腐儒」（江漢）、「懍欲衝儒冠」（義鶻行）難道杜甫在創作這些詩句時都會同時聯想到漢書酈食其傳及孔子絕糧之事，然後才形諸於文字？因此崇奉杜詩無一字無來處之風在宋代雖然極盛，亦偶有不滿之聲。如朱弁「風月堂詩話」卷下載云：

「客又曰：僕見世之愛老杜者，嘗謂人曰：此老出語驚人，無一字無來處。審如此言。則詞必有據，字必援古，所由來遠，有不可已者。予曰：論考源流事，今言詩不究其源，而踵其末以爲標準。不知國風雅頌，祖述何人？此老句法妙處，渾然天成。如虫蝕木，不待刻彫，自成文理。其鼓動鎔寫，殆不用世間橐籥。近古以還，無出其右，眞詩人之冠冕也。」（廣文本頁五三）

已經指出，杜詩之妙，乃在於渾然天成，自成文理，而非以故實相誇。明顯見出朱弁對時人謂杜詩無一字無來處的說法已表不滿。

降至清初，對於這種無一字無來處的質疑之風更是大爲流行。錢謙益於注杜詩略例中便發出抨擊之聲，並舉出宋人注杜之失有八：一曰僞託古人，二曰僞造故事，三曰傅會前史，四曰僞撰人名，五曰改竄古書，六曰顚倒事實，七曰強釋文義，八曰錯亂地理。凡此八種，皆在駁斥宋人解杜詩必欲強尋其來處及皆有比託之病。因此錢氏在其箋注杜詩中，便屢屢加以痛斥。此種對宋人無一字無來歷的質疑，又可分成

一、妄引杜詩出處之辨。二、注杜不必皆有出處二點來加以論述。

一、妄引杜詩出處之辨

宋人既然大加宣揚杜詩無一字無來歷之特色，因此注解杜詩之時便不暇考證，一有資料，立即予以運用而不知其誤。錢謙益則運用其豐富的史學知識，一一加以辨正。如「遊龍門奉先寺」一詩，「王十朋集百家注編年詩史」引師尹注云：「今龍門縣在府東一百八十里，古耿國有龍山，即禹所鑿。」（卷一）「草堂詩箋」則謂：「龍門，山名。禹貢：在河東之西界。」（卷一）兩者所言皆略同。錢謙益則引「太平寰宇記」、「左傳」、「元和郡國志」、「河南總志」及傅毅「反都賦」來加以辨正，並謂「舊注妄引禹貢河東之龍門，今削之。」（詳見「錢注杜詩」卷一）又「飲中八仙歌」中之「李白一斗詩百篇，長安市上酒家眠。天子呼來不上船，自稱臣是酒中仙。」此段錢箋謂：「玄宗泛白蓮池，命高力士扶白登舟，此詩證據顯然。注家謂關中呼衣襟爲船，不上船者，醉後披襟見天子也，穿鑿可笑。趙次公云：『白在翰苑被酒，扶以登舟，則竟上船矣，非不上船也。』此尤似兒童之語。夫天子呼之而不上船，正以扶曳登舟，狀其酒狂也，豈竟不上船也。」（「杜詩錢注」卷一）

並先引范傳正李翰林新墓碑中所言之事爲證，尤其可信宋人之注爲誤②。因此朱鶴齡輯注杜詩，亦從錢說。（詳「杜工部詩集」卷一頁廿二）同時，朱鶴齡對於「蘇晉長齋繡佛前，醉中往往愛逃禪。」

兩句之舊注亦有微言，按「王十朋集百家注編年杜陵詩史」卷一引師尹注云：「蘇晉學浮屠術，嘗得胡僧慧澄繡彌勒佛一本。晉寶之，嘗曰：『是佛好飲米汁，正與吾性合，吾願事之，他佛不愛也。』」朱鶴齡謂：「此事不知何本，米汁語未見佛書，疑亦僞撰。」雖未直接指斥，但是已疑其出處非眞。錢謙益此段之下無注文，極可能因此削去不錄。蓋其注杜詩略例已言截長補短，略存什一而已。又「幽人」詩中「往與惠詢輩，中年滄洲期。」錢謙益以爲：

「舊注：惠昭、荀珏。固屬僞撰，而以爲惠遠、許詢，亦謬。玄度正可與支公並用，杜詩亦屢見之。且自昔多稱遠公，不言惠也。」

此說朱鶴齡引何雲之論亦同（詳見「杜工部詩集」卷二十頁十八）。何況錢謙益又引杜甫逸詩中有「送惠二過東溪」詩云：「空谷滯斯人。」又云：「黃綺未稱臣。」與「幽人」詩之「中年滄洲期」句正合。依此而論，所謂「惠詢」，亦可能爲「惠二」之名。因此舊注所言實非。再如「過郭代公故宅」詩錢箋云：

「吳若本注云：『明皇與劉幽求平韋庶人之亂，正在神龍後，元振常有功其間而史失之，微此詩無以見。』不知元振爲宗楚客等所嫉，出之安西，幾爲所陷。楚客等被誅，始得徵還，何從與平韋后之亂？此泥詩而不考之過也。」（「錢注杜詩」卷五）

此種論證之法，無疑展現出錢謙益深厚之史學知識，故能直斥舊注之信詩太過。宋人由於太重杜甫爲詩史之說，故往往自陷附會而不知自拔，甚至有欲求出處而不惜曲爲之說者。如「三絕句」之「前年渝州殺刺史，今年開州殺刺史。」錢謙益引師古及黃鶴之說，並駁之云：

「師古云：『吳璘殺渝州刺史劉卞，杜鴻漸討平之。翟封殺開州刺史蕭崇之，楊子琳討平之。』黃鶴云：『事在大曆元年與三年。』考杜鴻漸傳，無討平吳璘事。大曆三年，楊子琳攻成都，爲崔寧妾任氏所敗，何從討平開州？天寶亂後，蜀中山賊塞路，渝開之亂，史不及書而杜詩載之。師古妄人，因杜詩曲爲之說，並吳璘等姓名，皆師古僞撰以欺人也。注杜者之可恨如此。」

（「錢注杜詩」卷五）

由此可見，宋人爲了欲達成其無一字無來歷的論點，竟然僞撰事實用以注杜，難怪錢謙益會斥爲可恨了。

除了以上所舉之例外，錢注杜詩中更有許多指斥宋人妄求出處之弊。例如「課伐木」詩序中之「夔人屋壁」一句謂：「朱仲晦曰：『夔人，正謂夔州人耳。』而山谷乃有黑月虎夔藩之語。……。不知山谷何所據也。」（「杜詩錢注」卷六）「壯遊」詩注中又指斥蔡夢弼、黃鶴注解之愚（詳見「杜詩錢注」卷七）。凡此種種，皆可見出錢謙益深厚之史學修養及注杜眼光，故能對於宋人妄引杜詩出處之失大加辨正。

朱鶴齡輯注杜詩，由於曾受錢氏啓迪之功，故而對於宋人妄引杜詩出處之辨，亦頗精確可信。例如卷十二「三絕句」之三：「殿前兵馬雖驍雄，縱暴略與羌渾同。聞道殺人漢水上，婦女多在官軍中。」後云：

「師古注：『時天子命陸瓘以三千神策軍彈壓蜀亂。』徧考史鑑，俱無此事。凡師古所引唐史拾遺，皆出僞誤。」

此種駁斥之法，有如錢謙益之史學注杜。又卷十五「壯遊」詩中「崆峒殺氣黑，少海旌旗黃。」後按：「崆峒在西，少海在東，言東西皆用兵也。舊注引東宮故事，太子比少海，指廣平王俶爲元帥，恐非。」此種眼光，亦頗獨到。蓋前段有「河朔風塵起，岷山行幸長。兩宮各警蹕，萬里遙相望。」之語，分明是東西皆用兵之意。因此指斥舊注妄引典實，足可信人。又卷三「塞蘆子」：「五城何迢迢，迢迢隔河水。邊兵盡東征，城內空荊杞。」後先引「唐書方鎭表」云：

「朔方節度領定遠、豐安二軍，及東、中、西三受降城。五城當以此爲據。張說爲朔方節度大使，往巡五城，措置兵馬。元載請城原州，云北帶靈武，五城爲之羽翼，皆即此詩所指也。」

再引「地理志」駁鮑欽止、沈括之說云：

「夏州朔方縣有烏延、宥州、臨塞、陰河、淘子等城，在蘆子關北，乃長慶四年節度使李祐築。鮑欽止引之以證此詩，誤矣。夢溪筆談以宋時延州五城爲杜詩五城，尤誤。」

此種援史爲據來說明前人注解杜詩不當的方法，不啻和錢箋如出一轍。再如卷五「贈衞八處士」題下云：「衞處士未詳，師古引唐史拾遺作衞賓，乃僞書杜撰，今削去。」卷十「送元二適江左」：「晉室丹陽尹，公孫白帝城。」評云：「丹陽，元所適；白帝，元所經。此二句不過引下莫論兵意耳，次公注太鑿。」基於此種觀點，故在「輯注杜工部集序」中即點明其注杜之意云：

「且子亦知詩有可解有不可解乎？指事陳情，意含風喻，此可解者也；託物假象，興會適然，此不可解者也。不可解而強解之，日星動成比擬，草木亦涉瑕疵，譬之圖罔象而刻空虛也；可解而不善解之，前後貿時，淺深乖分，欣忭之語反作誹譏，忠剴之詞，幾隣懟怨，譬諸玉題珉而烏轉舄也。二者之失，注家多有，兼之僞撰假託，疑誤後人，讆說支離，襲沿日久，萬丈光燄，化作百重雲霧矣。」

所以朱鶴齡注杜之意正在於「剪其繁蕪，正其謬亂。」，因此書中對於前人妄引杜詩出處之誤，亦是詳加辨正。

就以上所舉之例而言，錢謙益及朱鶴齡二人對於前人妄引杜詩出處之誤的辨正，可謂旣詳且實，而且並替有淸一代之杜詩學注入一股新生命。蓋杜詩雖然博大精深，但是用事之處，並非全無可考，如若一味妄引而不知考證詳實，豈非大大遺誤後學！此爲錢、朱二人於杜詩大功臣原因之一。

二、注杜不必皆有出處

宋人注杜之失，除了妄引出處之外，更是深信黃山谷無一字無來處之說，因此造成注杜必求出處的劣習。事實上詩人創作之際，固有運用故實來增加作品可讀深度之事，但若一味鑽求每詩必有出處，則亦會大失作者本意。蓋作者創作文學作品，原是起於一種直覺的觀照，也就是將過去的美感經驗經由心靈的重整而使之再現。在這種心靈的重生作用之際，作者很難同時將心靈中對自然外物的即興感受全都與典故事實相配合而迅即運用在文字上，否則所謂的直覺即變成知覺，而知覺由於理性的成分較濃，實在較不適合在文學創作過程中經常出現。這種論點其實並不複雜難懂，譬如作者覺得某一事物值得拿來當作創作的對象或材料，基本上一定覺得此一事物具備了某種條件的美。而這種對於事物美的感覺一定能在作者心中組成一幅心靈的圖畫而迅間佔領了作者的全部意識，以至於會使他暫時忘了其他一切事物。在這種幻相當中，除了想像及虛構兩大作用之外，其他現實世界的知識是很難闖入的。所以欣賞一件文學作品，如果太著泥於作品出處的探求，反而會失去感受作者心靈深處美感經驗重現的機會。再說所有文學作品的創作基本上都是起於「人稟七情，應物斯感，感物吟志，莫非自然。」（「文心雕龍」明詩篇語）由此可見，詩歌的創作既是起於人與外物相契合的感應，有時發意相同也不必強說某家之詩必出於某家，否則文學的創作已久爲前人所專攻，後人豈有一席之地？因此，清初注杜諸家便針對宋人注杜必求出處一事提出駁正。施閏章「蠖齋詩話」中云：

「注杜詩者，謂杜語必有出處，然添卻故事，減卻詩好處。如『五更鼓角聲悲壯，三峽星河影動搖』蓋言峽流傾注，上撼星河，語有興象。竹坡乃引天官書：『天一、槍、棓、矛、盾動搖，角大，兵起。』。謂語中暗見用兵之意，頓覺索然，且上句已明言鼓角矣，何復暗用爲哉！『子規夜啼山竹裂，王母晝下雲旂翻』正以白晝仙靈下降爲要眇神奇之語。李君實援張邦基『墨莊漫錄』，乃言王母鳥名，尾甚長，飛則尾張如兩旗。信如此說，視作西王母解者，孰勝？咀

調自見，不在徒逞博洽。杜詩蒙兎如此者甚衆也。」（頁十三～十四）

所謂「添却故事，減却詩好處」正如前文所言，由於太著泥於作品出處的探求，反而會失去感受作者心靈深處美感經驗重現的機會。施閏章所擧前例爲老杜「閣夜」詩，全詩如下：

「歲暮陰陽催短景，天涯霜雪霽寒宵。五更鼓角聲悲壯，三峽星河影動搖。野哭千家聞戰伐夷歌是處起漁樵。臥龍躍馬終黃土，人事音書漫寂寥。」

此詩乃杜甫夜宿西閣中偶感世情而發。五更而不寐，聽鼓角之音最是淒切不堪，再著「悲壯」二字，更見其刺耳。「三峽星河影動搖」則形容三峽之湍激，故羣星映射其中，閃爍不定，本是即目即景之作。而周紫芝「竹坡詩話」偏云：

「凡詩人作語，要令事在語中而人不知。余讀太史公天官書：『天一、槍、棓、矛、盾動搖，角大，兵起。』杜少陵詩云：『五更鼓角聲悲壯，三峽星河影動搖。』蓋暗用遷語，而語中乃有用兵之意。詩至於此，可以爲工也。」

以爲此詩乃老杜暗用史記天官書語而人不知，故以爲工。不知此種必求出處的方法，非但湮沒了杜詩的本意，而且尚遺給後人無窮的錯誤示範。施閏章此論，正中其弊。此外錢謙益對於此種注杜必求出處之習，亦有所批評。「錢注杜詩」卷六「蠶穀行」詩後云：

「無有一城無甲兵，言天下皆是兵也。鶴必欲擧某年某事以實之，可謂固矣！」

詳參杜甫此詩「天下郡國向萬城，無有一城無甲兵」之意，原來只是一種汎論，亦即天下皆兵，民不聊生之意，又何必欲舉某年某事來加以牽繫？又卷九「贈李白」詩後云：

「按太白性倜儻，好縱橫術。魏顥稱其眸子炯然，哆如餓虎，少任俠，手刃數人，故公以飛揚跋扈目之，猶云『平生飛動意』也。舊注俱大謬。」

此詩「王十朋集百家注編年杜陵詩史」錄王洙之言謂：

「跋扈，強梁也。質帝以梁冀橫當朝，羣臣目冀曰：此跋扈公史。齊高祖謂世子曰：侯景專制河南十四年，常有跋扈飛揚之心。」

師尹更就此引申成「甫昔與李白有就丹砂之志，今相顧飄蓬，故於葛洪有所愧也。飛揚跋扈，指祿山必爲亂也。」此種先求杜詩出處，再加以穿鑿附會之說，眞是令人發笑。蓋杜甫此詩謂「秋來相顧尚飄蓬，未就丹砂愧葛洪。痛飮狂歌空度日，飛揚跋扈爲誰雄。」正是李白一生寫象。錢謙益謂太白生性倜儻，好縱橫術，眞乃行家之語。蓋太白集中有「永王東巡歌」十一首，其中有「三川北虜亂如麻，四海南奔似永嘉。但用東山謝安石，爲君談笑靜胡沙。」之詩，足見太白好縱橫術之說並非空穴來風。杜甫以飛揚跋扈目之，正是指李白此種心態而言，根本不必大引出處而加以附會。何況老杜「春日憶李白」詩云：「白也詩無敵，飄然思不羣。」「飮中八仙歌」則云：「李白一斗詩百篇，長安市上酒家眠。天子呼來不上船，自稱臣是酒中仙。」凡此種種，皆足以見出李白飛揚跋扈之神態，又何須力求出處？

朱鶴齡輯注杜詩，對此種力求出處之弊，亦有所駁正。如卷九「去秋行」詩後引鮑欽止之說，並加以駁斥云：

「按史，子璋以上元二年四月反，五月伏誅。而此詩云：『去秋涪江木落時』，則非子璋反時事。鮑注既未可據，黃鶴以前詩馬將軍會討子璋而死③，其說亦豈足深信耶！次公謂其事在廣德元年之秋，亦無所證明。大抵杜詩無考者，皆當闕疑，不必強爲之說。」

朱鶴齡此種立論，可謂通人之說。試想杜詩篇幅廣大，內容精深，再加以年代隔久，又如何可能爲其詩句一一代求出處？不如闕疑俟考，可免遺誤後學之譏。又卷十二「客堂」詩中「巴鶯紛未稀，徼麥早向熟」一句下云：「按鶯未稀而麥向熟，正是春去夏來之時，所以感懷于節序。次公云：鶯作稼，爲是。又引漢書立苗欲疏解之，鑿說難從。」趙次公此種說法，見於「王十朋集百家注編年杜陵詩史」卷廿一，其云：「舊本作巴鶯，非是，當作稼。劉章云：深耕穊種，立苗欲疏。公言紛未稀，則苗猶多耳。」觀杜甫此詩有云：「棲泊雲安縣，消中內相毒。」又云：「客堂序節改，具物對羈束。」足見朱鶴齡謂此詩「所以感懷于節序」之說理當可從，而趙次公以鶯當作稼之論，雖亦可通，然而必引漢書立苗欲疏爲杜詩出處，以致穿鑿爲說，眞是始料未及，亦可見出拘泥於必求出處之弊了。

由上論可知，杜詩雖然用典繁多，然而若一味力求出處，則不免有附會穿鑿之譏。何況詩歌之創作源動力，原本即是起於心靈對於外物的感應而起，有時雖偶與前人事蹟相符，亦不必皆是有意承襲而作，否則後人創作詩歌，豈不動輒有蹈襲之譏？又怎會有新文學的產生？

綜合以上二點而言，清初諸家對於前人注杜無一字無來處的質疑，實以錢謙益爲首，而所用的方法即是考證之學。這種風氣當然也代表著明末清初厭惡空言而重蹈實的一股學術潮流。但是從他們所質疑的論點中，我們可以看出他們並非一味推翻前人已有的成果，或是欲動搖杜甫詩聖的地位。相反地，他們都是站在前人已有的研究成果，來作更精確的評論，同時賦予杜詩嶄新的面貌。對杜詩而言，他們這種論學務實之風，無疑是件承先啓後之業。

【附註】

① 龔先生這種說法，詳見台北學生書局印行之「古典文學」第五集中「試論文學史之研究」一文，頁三六二。

② 「錢注杜詩」卷一引范傳正新墓碑云：「他日泛白蓮池，公不在宴。皇懽既洽，召公作序。時公已被酒於翰苑中，仍命高將軍扶以登舟，優寵如是。」牧齋即以此為證，說明舊注以船作衣襟之誤。然而亦有反對此意者，清徐鼐所撰「讀書雜釋」第十四云：「錢牧齋箋杜詩『天子呼來不上船』云：舊注以船為衣領，不上船是披襟見帝，大謬。又引字書，引續演繁露云：蜀人呼衣繫帶為穿，俗因改穿作船。以證杜詩舊注之誤。按：此皆不識衣領訓船之故，而相與駭而怪之。舟之為言周旋也。詩曰：何以舟之，故衣𦨈之。𦨈冠履之，履行艨之。艨字皆從舟；鞶革鞶厲，字皆從般，取舟旋盤旋為義。衣領循人頸而旋之，故訓為船，舊注非無所本。且此詩『汝陽三斗始朝天』、『脫帽露頂王公前』皆形容醉中狂態，不必實有是事。披襟云云，何謬之有？牧齋謂被酒不能上船，須扶掖登舟。試思扶掖登舟。不必定是醉後，亦不得謂為不上船也。至俗說著衣為穿衣，不必定是蜀人，亦與船字無涉，皆妄說也。」徐鼐此論，幾全為牧齋而發，惜不得要領。蓋以訓詁之義來解釋杜詩船字作衣領解雖然用心良苦，然而不知老杜創作此詩時，是否即是此義？老杜雖然號稱讀書破萬卷，然而此種以船為衣領之用法，在杜集中似乎不見。至於指「牧齋謂被酒不能上船，須扶掖登舟」

云云，則根本曲解錢箋之意。蓋牧齋謂：「夫天子呼之而不上船，正以扶曳登舟，狀其狂也，豈竟不上船也？」何來有「被酒不能上船，須扶掖登舟」之語？故徐鼐之說非是，聊引於此，以備識者參考。

③此詩前有「苦戰行」一首云：「苦戰身死馬將軍，自云伏波之子孫。」黃鶴謂：「段子璋反，馬將軍會兵攻之，爲子璋所敗，死于遂州：」朱鶴齡所指不可信者，卽爲此。

第三節　杜詩爲變體之說的闡述

杜詩爲變體之說，大盛於有明一代，如何景明「明月詩序」云：

「僕始讀杜子美七言詩歌，受其陳事切實，布辭沉著，鄙心竊效之，以爲長篇聖於子美矣。既而讀漢魏以來歌詩及唐初四子者之所爲，而反復之，則知漢魏因承三百篇之後，流風猶可徵焉，而四子者雖工富麗，去古遠甚，至其音節，往往可歌。乃知子美辭固沉著而調失流傳，雖成一家語，實則詩歌之變體也。」（「大復集」卷十四）

此種說法，正是明代復古派的一篇嚴正宣言。蓋杜甫雖以詩雄于世，然而其歌行作品，自爲創調，與古作已有不同。何況何大復於此要求的是「至其音節，往往可歌」，謂具此條件，方與三百篇近。杜詩由於調失流傳而不可歌，故被視爲變體。這種理論，可以說是全受復古主張的影響。如李夢陽在「缶音序」中宣稱：「詩至唐，古調亡矣，然自有唐調可歌詠，高者猶足被管絃。」（「空同集」卷五十一）李攀龍「選唐詩序」云：「唐無五言古詩，而有其古詩，陳子昂以其古詩爲古詩，弗取也。」（滄溟先生集卷十五）換句話說，他們之所以主張復古，乃因漢魏以上之古詩仍有調可歌，唐以後則古調已失，因此才會有「唐無五言古詩而有其古詩」的論點。李攀龍此說，雖被後人詆爲狂妄，然而始作俑者並非李攀龍。蘇軾「書黃子思詩後」已先云：

「予嘗論書，以謂鍾王之迹，蕭散簡遠，妙在筆畫之外。至唐顏柳，始集古今筆法而盡發之，極書之變，天下翕然，以爲宗師，而鍾王之法益微。至於詩亦然。蘇李之天成，曹劉之自得，陶謝之超然，蓋亦至矣。而李太白、杜子美以英瑋絕世之姿，凌跨百代，古今詩人盡廢。然魏晉以來高風絕塵，亦少衰矣！」（「東坡後集」卷九）

東坡此論已提出李杜興起之後而漢魏六朝之古詩中衰。足見明人復古之論，並非無的放矢，大發厥詞。明人言詩，既上宗漢魏六朝以上古詩，謂其有調可歌，對於杜甫新創之樂府歌行，自然以變體視之而認爲不足多法。王世貞「藝苑卮言」卷四中云：「太白之七言律，子美之七言絕，皆變體，間爲之可耳，不足多法也。」已連杜甫之七絕一併目爲變體。他的原因是：「余謂七言絕句，王江陵與太白爭勝毫釐，俱是神品，而于鱗不及之。王維、李頎雖極風雅之致，而調不甚響。子美固不無利鈍，終是上國武庫。」（「藝苑卮言」卷四）可見所謂「調」是否甚響，亦爲評論七絕的標準。在這種風氣之下，老杜歌行近體儘管誠有可法，何景明却謂「而古作尚有離去者，猶未盡可法之也。」（「海叟集序」，大復集卷卅四）所以杜詩爲變體之說，在明代可謂是種普遍的觀念。

清初論杜諸家承襲明人此種主張，對於杜詩爲變體之說，亦是大加張揚。然而清人此種論杜詩爲變體之說，亦與明人稍有出入。明人主要言及杜甫古風因不可歌而爲變體，清人則連杜詩中之律體一併目爲變體。因此，清初諸家評論杜詩爲變體之說，亦可分成二部分來予以細論：一爲接承明人之論，謂杜甫古詩爲變體者；一爲推衍出新，謂杜律在唐爲變調者。試論如下。

一、接承明人之論，謂杜甫古詩爲變體

明人既言老杜古詩調失流傳，故爲變體，清初論杜者遂有接承其說者。如王漁洋「師友詩傳續錄」答唐人樂府何以別於漢魏云：

「漢魏樂府，高古渾奧，不可擬議，唐人樂府不一。初唐人擬梅花落、關山月等古題，大概五律耳。盛唐如杜子美之新婚、無家諸別，潼關、石壕諸吏；李太白之遠別離、蜀道難，則樂府之變也。」

其中已直接指出杜甫之新婚、無家諸別，以及潼關、石壕諸吏爲樂府之變。所謂樂府之變即是不用古調，但以鋪情寫事爲主。基於此一觀點，王漁洋對於李攀龍的「唐無五言古詩而有其古詩」一語，便寄以相當的同情與諒解。「師友詩傳錄」中答客問云：「滄溟先生論五言，謂唐無五言古詩而有其古詩，此定論也。常熟錢氏但截取上一句，以爲滄溟罪案①，滄溟不受也。要之，唐五言古固多妙緒，較諸十九首陳思陶謝，自然區別。」由此段話中，我們明顯可以見出，王漁洋對李攀龍之語是頗爲贊同，

而且「自然區別」一語，更可看出漁洋認定老杜五言古是與漢魏古詩之調有所不同。因此其「帶經堂詩話」卷一頁十中云：「杜甫沈鬱多變調，李白、韋應物超然復古。然李詩有古調、有唐調，要須分別觀之。」既言李白詩有古調，有唐調，則所謂「杜甫沈鬱多變調」一語，當亦指老杜之詩有不合古調者而言。此外同卷又云：「七言古詩諸公一調，惟杜甫橫絕古今，同時大匠無敢抗行。」凡此種種，皆言杜甫古詩與他人不同，是爲變體。至於杜甫古詩何以被目爲變體呢？茲舉王漁洋所舉之「新婚別」、「潼關吏」二詩來看：

「兔絲附蓬麻，引蔓故不長。嫁女與征夫，不如棄路旁。結髮爲君妻，席不暖君牀。暮婚晨告別，無乃太匆忙。君行雖不遠，守邊赴河陽。妾身未分明，何以拜姑嫜？父母養我時，日夜令我藏。生女有所歸，鷄狗亦得將。君今往死地，沈痛迫中腸。誓欲隨君去，形勢反蒼黃。勿爲新婚念，努力事戎行。婦人在軍中，兵氣恐不揚。自嗟貧家女，久致羅襦裳。羅襦不復施，對君洗紅妝。仰視百鳥飛，大小必雙翔。人事多錯迕，與君永相忘。」（新婚別）

「士卒何草草，築城潼關道。大城鐵不如，小城萬丈餘。借問潼關吏，修關還備胡？要我下馬行，爲我指山隅。連雲列戰格，飛鳥不能踰。胡來但自守，豈復憂西都？丈人視要處，窄狹容單車。艱難奮長戟，千古用一夫。哀哉桃林戰，百萬化爲魚。請囑防關將，愼勿學哥舒。」（潼關吏）

這二首詩雖是古風體，但是命題却是老杜自定而非承自漢魏六朝，此其一。命題既爲杜甫新定，內容自然以其所見所聞爲主，不再如漢魏樂府中某調多以寫某事爲主所限。命題和內容既與漢魏樂府皆不相同，自然無調可循，此其二。有了以上二個原因，杜甫古風自然被視爲樂府之變調了。平心而論，若以漢魏古調而言，謂杜甫古詩爲變調自然屬實。但是就文學的流變而言，老杜此種變調古詩的新創，實在是一種偉大的貢獻，否則後人一味模擬古調，中國詩歌恐怕早已僵化。因此王漁洋在「師友詩傳錄」中也云：

「李滄溟詩名冠代，祇以樂府摹擬割裂，遂生後人詆毀。則樂府寧爲其變，而不可以字句比擬，亦明矣。」

漁洋此論，實是眼光獨具。而復古派之所以屢遭後人無情攻擊，即是太過著意尋復古調所致。

在王漁洋之前，馮班對於杜甫古詩變體之說，也有十分詳盡的闡述。「鈍吟雜錄」卷三中云：

「七言歌行，盛於梁末。梁元帝爲燕歌行，羣下和之，今書目有燕歌行集。北朝盧思道從軍行，全類唐人歌行矣。至唐開元中，漸變其體，王摩詰尚有全篇作偶句者；高常侍多胸臆語，盡改古格。至李太白遠憲詩騷，割裁三祖，近法鮑明遠而恢廓變化過之。………。老杜創爲新題，直指時事，如掣鯨魚於碧海。一言一句，皆關世教。後有作者，皆本此二家，遂爲歌行之祖，非直變體而已也。」

馮班此種立論，已和明人所言不同。蓋明人崇尚復古，而杜詩調失流傳，因此目爲變體而認爲不足法。馮班却直認老杜所創新題樂府，有直指時事之處，且一言一句，皆關世教，故目爲歌行之祖，非直變體而已。這種說法其實即是漁洋上論之引伸。蓋漁洋以爲「樂府寧爲其變，而不可以字句比擬。」可見漁洋之意亦是不以復古而比擬字句爲然。老杜旣然自創新題，而且集前人之大成而開後人風氣，單只謂爲變體，實在難服衆口，故馮班推爲歌行之祖②。

經由上述所論，我們可以發現清人謂杜甫古詩爲變體之說，直是接承明人之論而來。馮班雖然指稱老杜新題樂府爲歌行之祖，非直變體，但是有關古詩法漢魏的主張仍是不變的。故「鈍吟雜錄」卷三中云：

「古詩法漢魏，近體學開元天寶，譬如儒者，願學周孔，有志者諒當如此矣。近之惡王李者，幷此言而排之，則過矣！顧學之如何耳。近代只學王李而自許漢魏盛唐，我不取也，恐爲輪匾所笑耳。」

可見在馮班的觀念中，古詩法漢魏的觀念仍在，而此一觀念正是明代復古派所標擧的口號。因此，就杜甫古詩爲變體之說而言，清人實是接承明人之論而來。

二、推衍出新，謂杜律在唐爲變調

清人論杜，除了接承明人謂老杜古詩爲變體之說外，更加以推衍出新，直指杜律在唐是爲變調。然而所可注意者，此處所謂「變調」，並非指古調而言，乃是謂老杜律體不守唐人之平仄規律，故爲「變調」。此說雖爲清人推衍出新，然而亦非清人所創。「苕溪漁隱叢話」前集卷七中已云：

「律詩之作，用字平側，世固有定體，衆共守之。然不若時用變體，如兵之出奇，變化無窮，以驚世駭目。如老杜詩云：『竹裏行厨洗玉盤，花邊立馬簇金鞍。非關使者徵求急，自識將軍禮數寬。百年地闢柴門過，五月江深草閣寒。看弄漁舟移白日，老農何有罄交歡。』此七言律詩之變體也。」

除此之外，又舉杜甫「謝嚴中丞送青城山道士乳酒」一詩，謂爲絕句之變體。詳參胡仔此論，所指老杜律詩有變體之說，即就律詩用字平側（仄）而論，亦即後人所謂「拗體」。清人謂杜律在唐實爲變調之說，蓋皆出自於此。如吳喬「圍爐詩話」卷五中云：

「子美七律之一氣直下者，乃是以古風之體爲律詩，于唐體爲別調。宋人不察，謂爲詩道當然。」

所謂「以古風之體爲律詩」也者，即謂老杜律詩中有不守格律之作而有如古風。例如杜集中有八句皆拗，根本不合律詩平仄者：

「城尖徑仄旌旆愁，獨立縹緲之飛樓，峽坼雲霾龍虎臥，江清日抱黿鼉遊。扶桑西枝對斷石，弱水東影隨長流。扶藜歎世者誰子，泣血迸空回白頭。」（白帝城最高樓）

此乃老杜有意使用不諧的平仄來表現其內心矛盾感懷之情，也就是所謂的「吳體」。由於全詩不合格律而一氣如下，有如古風，故吳喬認爲于唐體爲別調。但是吳喬此種說法，乃在推尊杜詩而非駁斥，如謂余不信，請看「圍爐詩話」卷一所論：

「詩道不出乎變復，變謂變古，復謂復古。變乃能復，復乃能變，非二道也。漢魏詩甚高，變三百篇之四言爲五言，而能復其淳正。盛唐詩亦甚高，變漢魏之古體爲唐體，而能復其高雅；

變六朝之綺麗爲渾成，而能復其挺秀。藝至此尙矣。」

吳喬既有此種變復的遠見，則「杜律于唐體爲別調」之說，自是謂杜律能變唐體而復其高雅渾成。故同書卷二便云：「五七言律，皆須不離古詩氣脈，乃不衰弱。」又云：「五律須從五古血脈中來，子美是也。集中有六百餘首，予嘗手抄而時讀之。」吳喬既然重視並且強調子美律詩從古詩氣脈中來，更可證明「于唐體爲別調」一語，實爲尊杜而發。

和吳喬主張相同的則有施閏章，其「學餘堂文集」卷六「徐伯調五言律序」中云：

「唐之初、盛，稱沈、宋、高、岑、王、孟諸家，大約溫柔淹雅，典麗冲和。如靜女穠花，鏤金錯彩，要歸於自然，使人讀之心恬意愜，一唱三歎，斯爲極致。獨子美沈鬱怪幻，雄視百代，如風雨雷霆，猛獸奇鬼，驚魂動魄，咄咄不敢逼視。杜律在唐實爲變調，而所爲五言長城，亦拓地萬里矣。伯調之律，以杜爲宗，……。故其爲詩，熊熊渾渾，磅礴光怪，可喜可怖，雖或鑱刻險仄，不合時宜，亦杜之苗裔矣。」

在這段文字中，我們可以看出施閏章雖謂「杜律在唐實爲變調」，但是亦爲尊杜而發。尤其末尾評徐伯調之詩一段言語「鑱刻險仄，不合時宜」，正是杜甫拗律的特色。也就是說杜律中有許多是不守唐人律詩規矩的作品，但是却因而拓地萬里，一新後人耳目。所以又在「歲星堂詩序」中說：

「文辭之卓然表見於世者有二焉，其一曰：可喜。清詞麗句，目眩情移者是也。其一曰：可畏。勁氣雄風，驚魂動魄，不可逼視者也。人情好投以所喜而避其所畏，故競爲軟美塗飾之辭。……。

杜陵有云：「或看翡翠蘭苕上，未掣鯨魚碧海中。』，此老跋扈，已見乎辭。」（「學餘堂文集」卷七）

所謂「可畏」也者，亦即「徐伯調五言律序」中所言「沈鬱怪幻，雄視百代」云云等語。杜甫爲詩，既不投人所好，又不避其所畏，故不屑爲軟美塗飾之辭而出之以變調，這是極其自然之事。

經由以上論述，清人論杜律在唐實爲變調之說，實爲尊杜而發，和明人謂杜甫古詩爲變體故不足法之說恰好相異。平實論之，杜律中之拗體在唐代所引起之迴響雖然不大，但是却在宋代刮起一陣旋風，例如江西詩派即專就老杜律體中之變調大加學習，並且衍成風氣，其影響後人之深遠自不待言。

綜上兩點而論，清人有關杜詩爲變體之說的闡述，一方面接承明人所論，謂爲樂府之變，故仍堅守古詩須上法漢魏之說。然而其中馮班已指稱老杜新題樂府爲歌行之祖，非直變體。至於吳喬及施愚山所言杜律在唐爲別調之說，則已用以推尊杜甫。

因此，就以上三節所述來看，清初諸家論杜的內容中，雖曾對宋人尊君觀念以及無一字無來歷之說提出不同的看法，但是基本上並未動搖杜甫詩聖的地位。相反地，他們是從客觀的眼光來評論杜詩，使其眞精神重現在當代人的眼前。基於此因，清人評杜論杜，往往敢於指出杜詩雖博大精深，亦有不可學、不必學之處③。這種嚴謹的論學態度，對於啓發後人讀杜之法，眞是貢獻良多。

【附　註】

① 錢謙益「有學集」卷四十九「讀宋玉叔文集題辭」中曾批評李攀龍說：「于鱗之謂唐無五言古詩也，滅裂經術，偭背古學，而橫騖其才力，以爲前無古人。此如病狂之入，強陽僨驕，心易而狂走耳。」王漁洋所言云云，當是針對錢氏此論而發。

② 有關馮班對樂府歌行之論，請參閱「鈍吟雜錄」中的「古今樂府論」。

③ 清人這種勇於指出杜詩弊處之說甚多，例如吳喬「圍爐詩話」卷二有杜甫樂府頗傷於怪之說。卷六亦有「杜詩如暫往北隣去篇，有何好句而人不能及。」之語。王漁洋「師友詩傳錄」中則謂：「凡粗字纖字俗字，皆不可用。……。即如杜子美詩『紅綻雨肥梅』一句中，便有二字纖俗，不可以其大家而概法之。」葉燮「原詩」中則云：「詩聖推杜甫，若索其瑕疵，而文致之，政自不少，終何損乎杜詩。」其後並錄有杜詩瑕疵之句加以評論。由此可見，清人論杜態度之嚴謹與客觀了。

第三章 杜甫爲詩史觀念之演變與發展

杜甫爲「詩史」之說，起於唐孟棨「本事詩」中云：「杜逢祿山之難，流離隴蜀，畢陳於詩，推見至隱，殆無遺事，故當時號爲詩史。」自此而後，推崇或反對者皆有。就中尤以宋人反應最爲熱烈，宋人謂杜甫爲詩史之說，撮其要又可分成三大部分：有以杜詩善於反映當時事，故爲詩史。如宋陳巖肖「庚溪詩話」卷上頁四云：

「杜少陵子美詩，多紀當時事，皆有據依，古號詩史。……。少陵詩，非特紀事，至於都邑所出，土地所生，物之有無貴賤，亦時見於吟詠。如云：『急須相就飲一斗，恰有青銅三百錢。』丁晉公謂：以是知唐之酒價。」

魏泰「臨漢隱居詩話」頁三亦云：

「李光弼代郭子儀入其軍，號令不更而旌旗改色，子美哀之曰：『三軍晦光彩，烈士痛稠疊。』前人謂杜甫句爲詩史，蓋爲是也，非但敍塵跡、摭故實而已。」

陳巖肖及魏泰二人，皆以杜詩善於反映當時事，故爲詩史。又有以爲杜甫史筆森嚴，可代國史，故爲詩史。如宋黃徹「碧溪詩話」卷一頁二云：

「子美世號詩史，觀北征詩云：『皇帝二載秋，閏八月初吉。』送李校書云：『乾元元年春，萬姓始安宅。』又戲贈友二詩：『元年建巳月，郎有焦校書。』、『元年建巳月，官有王司直。』史筆森嚴，未易及也。」

黃徹所舉之例，皆是杜詩中直書年月日或直錄當時史事，故謂史筆森嚴，世號詩史。再則有以為杜詩中寓有褒貶之意，春秋之法，故為詩史。如周煇「清波雜志」卷下頁廿四引李遐年之言云：

「詩史猶國史也。春秋之法，褒貶于一字，則少陵一聯一語及梅，正春秋法也。」

除此三種立論之外，宋人對於詩史之稱，尙有多種說法，然而由於率皆順口而出，影響後人甚微，故不繁舉①。不過以上諸家雖都贊同「詩史」之名，但是由於持論重點各異，因此遂引起後人對於詩史定義的再度探討。這種對於詩史定義探討的風氣，經明入清，終於達到了最高潮。所以就清初的杜詩學而言，杜甫為詩史觀念的演變與發展又可分成下列二節來加以討論。

第一節　詩史定義的探討

宋人儘管對於詩史之稱衆說紛紜，但是由於對杜甫為詩史的崇拜，進而推崇其「賦」的敍事手法則是一般的風氣。也因為這個原因，他們評論杜詩，泰半著重在杜甫詩法的掌握，其中尤以江西詩派爲最。但是却衍生一個問題，那就是詩與史是否可以相提並論？如若不可，那麼所謂詩史一名即變成毫無意義而不必討論。如果可以相提並論，則應在什麼條件下來予以串聯？

欲解決這些問題，首先必須了解詩和史在基本上有何不同。中國最早談到詩的意義則非詩序莫屬，其云：「詩者，志之所之也，在心爲志，發言爲詩。情動于中而形於言，言之不足，故嗟嘆之；嗟嘆之不足，故永歌之；永歌之不足，不知手之舞之，足之蹈之也。」這段話雖是耳熟能詳之語，但是却揭櫫了一個重要的線索，那就是所謂詩，即是人類用來傾訴心靈的語言或文字表現，故曰：詩言志。僅此一條，已和史的意義不同。蓋因歷史的寫作，雖亦可容許些許的想像力在其中奔馳，但是畢竟以記載實事爲主。要是脫離實事記載，所謂歷史便不復存在，但是詩則相反。而且歷史寫作中的想像基本上與詩中的想像即有不同。歷史家可以根據傳聞來予以想像寫作，所以太史公可以說「吾聞之周生曰『舜目蓋重瞳子』，又聞項羽亦重瞳子。羽豈其苗裔邪。」（項羽本紀）又說「高祖，……。母曰劉媼。其先劉媼嘗息大澤之陂，夢與神遇。是時雷電晦冥，太公往視，則見蛟龍於其上。已而有身，遂產高祖。」（高祖本紀）但是詩的想像則不同。因爲詩歌中的想像往往是超現實和超自然的，而且這種超現實和超自然的想像可以不必有任何傳聞根據或邏輯思考，因此所謂「矛盾」（paradox）性往往成爲詩中藝術美的特性。舉個例子來說，如李義山「齊宮詞」中的「永壽兵來夜不扃」一句，即是一種帶有矛盾衝突美的句子。蓋夜晚之時，永壽宮理應閉門而未閉，此爲矛盾之一。又既有兵來犯，亦應閉門迎敵，然而却未閉門，此爲矛盾之二。在這雙重的矛盾中，遂引發出一種反語諷刺（

ironie）的味道來。這種矛盾美是歷史寫作無論如何都達不到的。

既然詩和史在基本意義上有所不同，那麼所謂「詩史」一名，在孟棨之前是否有人提及？沈約「宋書謝靈運傳論」中云：

「夫五色相宣，八音協暢，由乎玄黃律呂，各適物宜。……。至於先王茂製，諷高歷賞。子建函京之作，仲宣灞岸之篇，子荊零雨之章，正長朔風之句，並直舉胸情，非傍詩史。正以音律調韻，取高前式。」

但是此處沈約所謂「詩史」之意乃指「詩、史」兩件事而非孟棨所言「詩史」之意。孟棨雖標出杜甫爲「詩史」之名，然而在「本事詩」中，並未單獨標舉，而是附於高逸第三李白之末，由此推論，在孟棨心中，杜甫爲「詩史」之名仍不及李白之「高逸」。也就是孟棨並未很重視杜甫畢陳時事之詩，故託於李白之末。一般而言，杜詩在有唐一代，雖有元稹大力鼓吹，但是終唐一代，未受重視是實。如「唐人選唐詩」中所收唐詩選共十種，只有韋莊的「又玄集」選有杜詩七首。最明顯的是杜甫與李白交游甚親，甚至在杜集中經常可以見到如「白也詩無敵，飄然思不羣」的讚揚句子。但是李白集中提到杜甫，却只有惜別和懷念之情，並沒有歎賞其詩之語。以此觀之，極力鼓吹杜甫「詩史」之名，而使杜詩榮獲空前未有之盛名者，竟可能是宋人的傑作。

儘管如此，詩和史畢竟仍有距離而不可完全混而爲一。因此明代楊愼在「升菴詩話」中便提出反對詩史之名的意見：

「宋人以杜子美能以韻語紀時事，謂之詩史。鄙哉宋人之見，不足以論詩也。夫六經各有體也，易以道陰陽，書以道政事，詩以道性情，春秋以道名分。後世之所謂史者，左記言，右記事，古之尚書、春秋也。若詩者，其體其旨，與易、書、春秋判然矣。……。至於變風變雅，尤其含蓄，言之者無罪，聞之者足以戒。如刺淫亂，則曰：『雝雝鳴雁，旭日始旦。』不必曰：『愼莫近前丞相嗔』也。憫流民則曰：『鴻雁于飛，哀鳴嗷嗷。』不必曰：『千家今有百家存』也。傷暴斂，則曰：『維南有箕，載翕其舌。』不必曰：『哀哀寡婦誅求盡』也。敍飢荒則曰：『牂羊羵首，三星在罶。』不必曰：『但有牙齒存，可堪皮骨乾。』（按：應爲「幸有牙齒存，所悲骨髓乾。」）杜詩之含蓄蘊藉者，蓋亦多矣，宋人不能學之。至於直陳時事，類於訕訐，乃其下乘末脚，而宋人拾以爲寶。又撰出詩史二字②，以誤後人。如詩可兼史，則尚書、春秋可以併省。」（卷十一頁十～十一）

其主要持論重點有二，一爲認定詩不可兼史，否則尚書、春秋可以併省。二爲杜甫雖有直陳時事之作，但是乃其下乘末脚，而且類於訕訐，不必多學。這種批斥之因，亦是起於楊愼認定詩歌的體旨基本上與史即有所不同。而且楊愼後段語中所擧之例，顯然已從宋人對於杜詩中「賦」手法的推重而回復到「比興」手法的重視。這種對於詩史定義的重新探討，進而反對杜甫爲詩史的理論，一直到明末清初仍然存在，王夫之即爲代表性人物。

船山反對詩史之說，見於其「詩譯」頁三：

「『賜名大國虢與秦』與『美孟姜矣』、『美孟弋矣』、『美孟庸矣』一轍。古有不諱之言也，乃國風之怨而誹，直而絞者也。夫子存而弗刪，以見衞之政散民離。人誣其上，而子美以得詩史之譽。夫詩不可以史爲，若口與目之不相爲代也久矣。」

「古詩評選」卷四又說：「杜子美石壕吏每於刻畫處猶以逼寫見眞，終覺於史有餘，於詩不足。論者乃以詩史譽杜，見駝則恨馬背之不腫，是則名爲可憐憫者」（「上山採蘼蕪」詩後）這種批評，完全是針對宋人而發。其中所謂「詩不可代史」一語，固無餘論。宋人由於太過迷信杜甫爲詩史之說，因此屢有令人發笑之引申。例如丁晉公以杜詩中有「急須相就飲一斗，恰有三百青銅錢。」之句，遂據以爲唐之酒價。此種謬論，宋人已有微言。如周必大「二老堂詩話」頁四已駁云：

「昔人應急，謂唐之酒價每斗三百，引杜詩『速宜相就飲一斗，恰有三百青銅錢』爲證。然白樂天爲河南尹，自勸絕句云：『憶昔羈貧應擧年，脫衣典酒曲江邊。十斗一千猶賒飲，何況官供不著錢。』又古詩亦有『金尊美酒斗十千』。大抵詩人一時用事，未必實價也。」

所論即較爲持平。而船山「夕堂永日緒論」內編頁七亦斥云：

「必求出處，宋人之陋也。其尤酸迂不通者，既於詩求出處，抑以詩爲出處考證事理。杜詩『我欲相就沽斗酒，恰有三百青銅錢。』遂據以爲唐時酒價。崔國輔詩：『與沽一斗酒，恰用十千錢。』就杜陵沽處販酒，向崔國輔賣，豈不三十倍獲息錢邪！」

由此可見，宋人迷信杜甫爲詩史之觀念實在過甚，無怪乎船山會加以深斥。但是船山又謂「人誣其上，而子美以得詩史之譽。」並因而反對杜甫「詩史」之稱，則理嫌未直，有可議之處。

前文已述及孟棨謂杜甫爲詩史之因，乃因老杜善於創作指陳時事之詩，故而得名。而「當時號爲詩史」一語，原意並非即指杜甫之詩可以代史，而只是一種汎稱。也就是說由於杜詩中有許多是取材於當代的時事，故有詩史之名。孟棨所以言及此事，乃在於聊備一說而已。至於宋人雖然大加張揚杜甫爲詩史的地位，亦不見有正式謂杜詩可代史而爲之論。最多僅止於謂杜詩有年月地里本末之類，故爲詩史；或杜詩寓有褒貶，故爲詩史。即如前文所舉丁晉公以杜詩來考知唐代酒價一事而言，僅可謂宋人迷信杜詩最能實錄所見事物而爲詩史之說，亦不可指斥宋人謂詩可代史。否則非但少陵不受，宋人亦不受。至於主張詩須含蓄，否則流於「人誣其上」之虞，更是令人不敢苟同。船山此種說法，基本上是和楊愼雷同，但明王世貞對楊愼此觀念已有駁斥之聲。「藝苑巵言」卷四頁五云：

「詩固有賦以述情切事爲快，不盡含蓄也。語荒而曰：『周餘黎民，靡有孑遺。』勸樂而曰：『宛其死矣，它人入室。』譏失儀而曰：『人而無禮，胡不遄死。』怨讒而曰：『豺虎不受，投畀有昊。』若使出少陵口，不知用脩何如貶剝也。且『愼莫近前丞相嗔』樂府雅語③，用脩烏足知之？」

這種批駁，無疑是極有力量之說。老杜身遭家國大變，欲求其眼之所見，心之所感，皆出以委婉含蓄，未免要求太過而有違人情。因此吳喬「圍爐詩話」卷四亦云：

「杜詩是非不謬于聖人，故曰詩史，非直指紀事之謂也。紀事如『清渭東流劍閣深』與不紀事之『花嬌迎襍珮』皆詩史也。詩可經，何不可史，同其無邪而已！用修不喜宋人之說，幷詩史非之，誤也。」

這種說法不但反對楊愼及船山的說法，而且擴大了詩史的範疇。在吳喬眼中，杜詩由於「是非不謬于聖人」，而且帶有無邪的思想，因此不僅直陳時事的作品可稱詩史，凡是合此條件者，皆爲詩史。不過吳喬此意，乃爲推尊杜詩而發，並維護杜甫詩史之名。故其語曰：「詩可經，何不可史。」也就是說詩既可視如經書一樣來予以重視，爲何不能視如史的價値看待？所以「圍爐詩話」卷二中有云：「陳陶斜之敗，不爲房琯諱，故曰詩史。」前後兩種立論並不衝突。因此，基本上吳喬所謂詩史，仍以含蘊當時事爲主。

船山、吳喬二人雖對詩史之名，各自提出不同的見解，然而均未能脫出前人窠臼。若論眞正對詩與史作深入分析者，則非施閏章莫屬。其「學餘堂文集」卷四中「江雁草序」云：

「古未有以詩爲史者，有之自杜工部始。史重褒譏，其言眞而核；詩兼比興，其風婉以長。故詩人連類託物之篇，不及記言記事之備。傳曰：溫柔敦厚，詩敎也。然作史之難也，以孔子事筆削，其於知我罪我，蓋惴惴焉；昌黎爲唐文臣，起衰弊，至言史官不有人禍必有天刑，引左丘明、司馬遷及崔浩、魏收等爲戒。子厚深非之，往復辨難不相下，史之難如此。詩人則不然，散爲風謠，采之太師，田夫野婦可稱咏其王后卿大夫，微詞設諷，或泣或歌，……，言者無罪，聞之者足以戒，其用有大於史者。……。杜子美轉徙亂離間，凡天下人物事變，無一不見於詩，故宋人目以詩史，雖有譏其學究者，要未可概非也。」

施閏章此段話中，已然指出詩與史不同之處，即「史重褒譏，其言眞而核。詩兼比興，其風婉以長。」不過請特別注意「詩兼比興」一語，既用「兼」字，可見詩仍是主於「賦」；所謂「比興」，恰是詩與史最大不同之處。換句話說史有「賦」而無「比興」，故能言直而核；詩兼「比興」，故除了直陳其事之外，尙須具備有想像的成分。而且施閏章既然認爲詩可以微詞設諫，其用有大於史者；因此推論杜甫爲詩史之因，亦必著源於此。所以便對宋人以杜甫爲詩史之說產生較多的諒解。

就以上所言而論，清初諸家論杜對於詩史定義的探討仍多以杜詩中直陳時事的作品爲主。船山所反對者，乃在於以詩代史，並及於字句必求出處之病。至於因恐太過推崇杜甫爲詩史之名，而有流於訕謗之虞，主要目的則在貶低「賦」的地位而提倡「比興」。此外，清人雖知詩與史在意義上有所不同，仍然以詩史稱呼杜甫，其原因即謂杜詩偶有史的功能，但是此種功能則多指褒譏方面而非實事實載。否則史之難爲，韓昌黎已先言之，杜詩又何以當史？

【附　註】

① 有關宋人對詩史之名的看法，請參看楊松年先生「杜詩爲詩史說析評」一文。該文收於學生書局印行之「古典文學」第七集頁三七一～三九二。

② 杜甫號爲詩史，應見於孟棨「本事詩」，楊愼此處誤。

③ 漢桓帝時童謠云：「城上烏尾畢逋，公爲吏，子爲徒。一徒死，百乘車。車班班，入河間。河間姹女工數錢。以錢爲室金爲堂，石上慊慊春黃粱。粱下有懸鼓，我欲擊之丞相怒。」（見藝文本「全漢三國晉南北朝詩」上冊頁一六二）老杜「愼莫近前丞相嗔」卽用此詩「我欲擊之丞相怒」之意。

第二節 以詩補史觀念的提出

詩史觀念到了清初雖然仍以老杜直陳時事的作品爲主，但是如施閏章、吳喬等人，已漸將「比興」的地位提高在「賦」之上。「比興」的觀念既然再度被闡發，爲了要了解作者在作品中所隱含的言外之意，便需要從知人論世開始。而知人論世的方法則是參考史傳及作者生平，以便與作品中寓意來加以核對。首開此風氣的當屬錢謙益。錢謙益「有學集」卷十八「胡致果詩序」中云：

「春秋未作以前之詩，皆國史也。人知夫子之刪詩，不知其爲定史；人知夫子之作春秋，不知其爲續詩。詩也、書也、春秋也，首尾爲一書，離而三之者也。三代以降，史自史，詩自詩，而詩之義不能不本于史。曹之贈白馬，阮之咏懷，劉之扶風，張之七哀，千古之興亡升降，感嘆悲憤，皆于詩發之。馴至于少陵，而詩中之史大備，天下稱之曰詩史。」

錢謙益此段議論的特色有二，一爲將詩、書、春秋視爲首尾一書，因此夫子刪詩即是定史。二爲提出詩中可見千古之興亡升降，至杜甫而詩史之名稱焉。根據此一理論，故而錢氏續謂：「皐羽之慟西臺，玉泉之悲竹國，水雲之茗歌，谷音之越吟，如窮冬沍寒，風高氣慄，悲噫怒號，萬籟雜作。古今之詩莫變于此時，亦莫盛于此時。至今新史盛行，空坑厓山之故事，與遺民舊老灰飛煙滅。考諸當日之詩，則其人猶存，其事猶在。殘篇齧翰，與金匱石室之書並懸日月。謂詩之不足以續史，不亦誣乎。」（「胡致果詩序」）在這段話中，錢謙益已爲詩史下了一個新的注脚，那就是詩可以補史之闕。所以儘管其人其事灰飛煙滅，只要其詩尚存，仍可考知當日之人事狀況①。錢氏雖未直接點出以詩補史之闕一語，但是黃宗羲却毅然指出。「南雷文定前集」卷一頁八～九「萬履安先生詩序」云：

「今之稱杜詩者，以爲詩史，亦信然矣。然註杜者但見以史證詩，未聞以詩補史之闕。雖曰詩史，史固無藉乎詩也。逮夫流極之運，東觀蘭臺，但記事功，而天地之所以不毀，名教之所以僅存者，多在亡國之人物，血心流注，朝露同晞，史於是而亡矣。猶幸野制遙傳，苦語難銷，此耿耿者，明滅於爛紙昏墨之餘，九原可作，地起泥香，庸詎知史亡而後詩作乎。」

黃宗羲此處所論重點有二，一爲提出以詩補史之闕的觀念，二爲提出史亡而後詩作的說法。但是黃宗義所謂史亡而後詩作的原意並非詩可代史或者詩即是史，而是經由他推論所得的結語。亡國人物由於朝露同晞，最後連血心流注所殘存之史一併銷亡。所幸野制猶傳，得以保存一些有關當時苦難情形的作品流傳於後代。因此史亡而後詩作的正確解釋即是詩可補史之闕，這一點和錢謙益的意見是相同的。所以黃宗羲接著又說：「是故景炎祥興，宋史且不爲之立本紀，非指南集杜，何由知閩廣之興廢？非水雲之詩，何由知亡國之慘？非白石晞髮，何由知竺國之雙經？陳宜中之契闊，心史亮其苦心；黃東發之野死，寶幢志其處所，可不謂之詩史乎。」觀梨州所舉之例，所謂詩史，殆皆以詩可補史之闕而論②。這種說法，確實是擴大了詩史的含義。

在這種理論支持下，錢謙益注解杜詩，便有多處以實際行動來印證他的主張，茲舉例如下。如卷五「越王樓歌」後箋注云：

「綿州圖經：在綿州城外，西北有臺，高百尺。上有樓，下瞰州城。唐顯慶中，太宗子越王貞爲綿州刺史日建。李倨詩『越王曾牧劍南州，因向城隅建此樓。橫玉遠開千嶠雪，暗雷下聽一江流。』貞刺綿州，本傳不載，蓋史闕也。」

又「三絕句」：「前年渝州殺刺史，今年開州殺刺史。羣盜相隨劇虎狼，食人更肯留妻子。」後箋注云：「天寶亂後，蜀中山賊塞路。渝開之亂，史不及書，而杜詩載之。」（卷五）「寄裴施州」詩後箋注云：

「裴冕，寶應元年，以右僕射充山陵使，坐附李輔國，貶施州刺史，數月移澧州。大曆中，復徵爲左僕射。元載撰冕碑云：以直遇坎，牧蠻夷者二。大曆四年冬，詔復入相，薨于長安。按：冕自施召還，當在大曆二年之間。二年二月，史已載左僕射裴冕置宴於子儀之第，碑但記其入相之年也。史稱自施移澧，碑不詳其後先。以公詩考之，冕蓋久於施州，當是自澧移施也。史于移官先後，如高適彭蜀，嚴武巴綿之類，每多錯誤，當據公詩考正之。」（卷六）

「送殿中楊監赴蜀見相公」詩後箋注云：「此詩所謂楊監者，豈即崖州耶？炎以元載敗，貶道州司馬。

詩云：『況子已高位，爲郡得固辭。』則知炎爲刔官，正以道州司馬辟也。炎傳不記其爲殿中監，其爲鴻漸從事，却于別傳見之，則史之闕遺多矣。」（卷六）又「贈李十五丈別」詩箋注云：「新書：大曆十年，拜工部尙書，封汧國公。此詩已稱汧公，知新書誤也。」（卷六）「寄岳州賈司馬六丈巴州嚴八使君兩閣老五十韻」後箋云：

「至出守汝州，在乾元元年，舊書不載，皆無可考。此詩云：『秉鈞方咫尺，鎩翮再聯翩。』當是與公及嚴武後先貶官也。按：十五載八月，玄宗幸普安郡，制天下之詔。房琯建議，而至當制，琯將貶而至先出守，其坐琯黨無疑矣。………。『每覺昇元輔，深期列大賢。』蓋琯旣用事，則必汲引至、武。故其貶也，亦聯翩而去。貝錦以下，憂讒畏譏，雖移官州郡，相戒不敢忘也。當據此詩，以補唐史之闕。」（卷十）

「九日奉寄嚴大夫」後箋云：「寶應元年四月，代宗即位，召武入朝。是年徐知道反，武阻兵，九月尙未出巴。通鑑載：六月以武爲西川節度使，徐知道守要害拒武，武不得進。誤也，當以此詩證之。」（卷十二）

由以上諸例中可以見出，錢謙益是如何運用他豐富的史學知識來注杜了。一般皆以爲錢謙益平生精於史學而譽爲司馬光、李燾之後第一人，觀其引證史事之博，箋解杜詩之細，果然名符其實。而且演變到後來，不只是以詩補史之闕，而且可以正史之誤。在這種情形之下，論詩與史已衍成互爲表裏一點也不爲過。然而我們仍然要重復一個老問題，那就是詩與史的界限是否從此被打破了？欲回答這個問題，則須從中國歷史的寫作傳統開始。一般而言，中國的歷史寫作從最早的尙書、春秋開始，就不十分重視精確記實的精神，反而特重文字中的褒貶。例如左傳宣公元年的傳文中記載趙盾弒其君的理由爲：「子爲正卿，亡不越竟，反不討賊，非子而誰？」並引孔子之言曰：「董狐，古之良史也，書法不隱。」然而事實上，趙盾並未弒其君。這種側重褒貶的歷史寫作法，一直便爲中國史學家所奉爲典型，並且津津樂道。而中國詩在三百篇以下，所著重的恰好也是「言之者無罪，聞之者足以戒」。因此，在這種功能相同的條件下，詩自然偶會有史的功能（即寓褒貶於其中）而與史相表裏。知道了這個原因，對於錢謙益所強調的以詩補史之闕或以詩正史的觀念，便可以大爲釋然。

清初對於詩史的觀念發展既由錢謙益開出以詩補史或正史的觀念之後，諸家注杜，都不可避免的受其影響。其中朱鶴齡由於曾受敎於錢謙益，因此所受的影響亦最鉅。今舉其書中引杜詩以補史闕失之例爲證。朱注杜工部詩集卷九「嚴中丞枉駕見過」詩中「川合東西瞻使節，地分南北任流萍。」後云：「按：方鎭表：廣德二年，劍南節度復領東川。觀此詩，寶應元年作，已有川合東西之句，蓋史略也。」卷十一「太子張舍人遺織成褥段」詩中「李鼎死岐陽，實以驕貴盈。」後云：「按：李鼎之死，史鑑俱不載。此云死岐陽，蓋未至隴右也。」蓋朱鶴齡先引舊唐書謂：「上元元年十二月，以羽林大將軍李鼎爲鳳翔尹興鳳隴等州節度使。二年二月，黨項平，羌寇寶雞，入大散關，陷鳳州，鼎邀擊之。六月，以鼎爲鄯州刺史、隴右節度使。」朱鶴齡即是引杜詩中「李鼎死岐陽」一語，來補史之闕兼證李鼎並未至隴右，根本不可能爲隴右節度使。又卷十九「秋日荊南送石首薛明府辭滿告別奉寄薛尙書頌德敍懷斐然之作三十韻」後云：

「按：新、舊書皆不立薛景仙傳。逆臣傳載：代宗討史朝義，右金吾大將軍薛景仙請以勇士二萬椎鋒死賊。觀此詩滏口數語，則收東京時，景仙嘗會師滏陽，立功河北矣。舊書至德元載十二月，秦州都督郭英乂代景仙爲鳳翔太守，而不言景仙遷轉何官。此詩云：『殊恩再直廬』，豈景仙自鳳翔入，即歷金吾羽林之職耶！史家闕軼甚多，可據此補之。」

從以上諸例中可以看出朱鶴齡之以詩補史，和錢謙益是如出一轍。也可以看出從明末到清初，整個學術界對詩史的觀念已逐漸轉移，由宋人的直陳其事演變至以詩補史或正史。而也因爲以詩補史觀念的確立，杜詩中一向被宋人視爲至寶的「賦」手法遂逐漸降低地位，代之而起的是「比興」觀念的抬頭。而「比興」觀念的再度被闡發，對於杜詩學則是一件非常重要之事③。

【附　註】

① 龔鵬程先生在學生書局出版之古典文學第七集內「詩史觀念的發展」一文中引錢謙益此段話後評論說：「詩中可見一代之升降盛衰，即是詩而有史之性質，故可稱爲詩史。」（見該書上冊頁四一二～四一三）其實詳參錢氏此段文字，其重點並非在於直指「詩有史之性質，故可稱爲詩史。」因爲錢謙益明言「至今新史盛行，空坑厓山之故事，與遺民舊老灰飛煙滅。考諸當日之詩，則其人猶存，其事猶在。殘篇齧翰，與金匱石室之書並懸日月。謂詩之不足以續史，不亦誣乎。」可見錢氏的原意乃在指出朝代更替戰亂之際，由於玉石俱焚，有關遺民舊老之事蹟則亦隨之消滅無考。

所幸彼時人所作之詩猶存，可以從中得知當日時事之一二。這種論點是在於朝代更換之間，史事淪於眞空狀態下不得已的辦法。也就是黃宗羲所提的「以詩補史之闕」。換句話說，後人爲了尋求這段沒有史書記載期間的故實，惟有在遺民的詩作中尋找一些蛛絲馬跡來予以參證。所以基本上詩仍是詩，史仍是史。龔先生謂「詩中可見一代之升降盛衰，即是詩而有史之性質，故可稱爲詩史。」一語，只是就牧齋「胡致果詩序」的前段文字來加以立論，未免有引申過當之嫌。

② 龔先生在引黃宗羲此段文字後云：「梨州此說，非特發明牧翁宗趣，抑且關係詩學甚大。因爲在此之前，詩史僅爲專稱，特指老杜而言。………。故不僅杜甫是詩史，扶風七哀也是詩史，不但水雲晞髮之詩是史，蒼水密之等人之詩也是史。」（見同上頁四一三）其實梨州此論仍是特重在以詩補史之闕，而非直謂諸人之詩是史。也就是梨州所謂詩史乃爲凡可補史料之不及者皆是。

③ 有關比興觀念的再闡發詳見導論部分第二章之第二節。

第四章　錢謙益與朱鶴齡注杜之爭的原因與評估

錢謙益與朱鶴齡爲注杜兩大功臣，然而兩人由於注杜之爭，遂相交惡，並成爲儒林未解之公案。雖前後有洪業、柳作梅兩位先生著文撰述，惜僅就外緣證據來加以爬梳，因此所得結論，均難以令人心服①。因此筆者忘其謭陋，再爲文試論之。欲探求錢、朱注杜之爭原因，必先述二人之交誼始末及注杜之始，請從錢謙益始。

錢謙益爲江南常熟人，明萬曆三十八年一甲三名進士。由於少年高第，早入詞林，於崇禎之世已儼然爲天下文宗。錢氏有絳雲樓專收天下圖籍，蓋欲以著述爲終身職務。顧苓「河東君傳」中敍絳雲樓收藏之富云：

「爲築絳雲樓于半野堂之後，房櫳窈窕，綺疏青瑣，旁龕古金石文字，宋刻書數萬卷，列三代秦漢鼎彝環璧之屬，晉唐宋元以來法書名畫，官哥定汝宣城之瓷，端谿靈璧大理之石，宣德之銅，果園廠之髹器，充牣其中。」

由此可見彼時錢謙益家業之盛與藏書之富。錢謙益注杜前後近三十年，始作之「讀杜小箋」撰於崇禎六年（西元一六三三年），迨箋注杜詩完成則已是順治十八年（西元一六六一年）。至於其注杜之始意，則全見於「讀杜小箋」前之自識：

「歸田多暇，時誦杜詩，以銷永日。間有一得，輒舉示程孟陽。孟陽曰：杜千家注繆僞可恨，子何不是正之以遺學者。予曰：注詩之難，陸放翁言之詳矣！放翁尙不敢注蘇，予敢注杜哉！相與歎息而止。今年夏，德州盧戶部德水刻杜詩胥鈔，屬陳司業無盟寄予，俾爲其序。予既不敢注杜矣，其又敢敍杜哉！予嘗妄謂自宋以來，學杜詩者，莫不善於黃魯直；評杜詩者，莫不善於劉辰翁。魯直之學杜也，不知杜之眞脈絡，所謂前輩飛騰、餘波綺麗者；而擬議其橫空排奡，奇句硬語，以爲得杜衣鉢，此所謂旁門小徑也。辰翁之評杜也，不識杜之大家數，所謂鋪陳終始、排比聲韻者；而點綴其尖新儁冷，單詞隻字，以爲得杜骨髓，此所謂一知半解也。弘正之學杜者，生吞活剝，以撏撦爲家當，此魯直之隔日瘧也。其黠者又反脣於西江矣！近日之評杜者，鉤深抉異，以鬼窟爲活計，此辰翁之牙後慧也。其橫者幷集矢於杜陵矣。嗚呼！大雅之不作久矣。德水，北方之學者，奮起而昌杜氏之業，其殆將箴宋元之膏肓，起今人之廢疾。使三千年以後，渙然復見古人之總萃乎。苫次幽憂，寒窗抱影，紬繹腹笥，漫錄若干則。題曰：讀杜詩寄盧小箋，明其因德水而興起也。曰小箋，不賢者識其小也。寄之以就正于盧，且道所以不敢當序之意。」

隔年九月，又成「讀杜二箋」一卷，遂合小箋刻之。其後更將「讀杜二箋」增益成上下卷，後附以「

注杜詩略例」，與「讀杜小箋」合刻於「初學集」之後。此爲錢謙益注杜之始源。而觀「讀杜小箋」前之自識所言，錢氏當時雖云不敢注杜，但是對於自宋以來之學杜者，皆頗致不滿。因此在「注杜詩略例」中，已表現出決心注杜之意。唯時當崇禎之末，國事緊急，旋遭絳雲樓大火，所有藏書付之一炬。藏書紀事詩卷四「錢謙益受之」條下云：「人海記：『錢蒙叟撰明史二百五十卷。辛卯九月晦甫畢，越後日，絳雲樓火作，見朱人無數出入烟燄中，隻字不存。』」②由此可見，彼時錢謙益更全心貫注於明史之作，故而無暇兼及注杜。絳雲樓大火之後，杜詩箋注原稿雖存，但是錢謙益此時已決心托入空門，遂不再以注杜爲急務。順治十一年遇朱鶴齡於吳門，時長孺方點校蔡夢弼草堂詩箋，牧齋見之，以爲和己見頗爲相近，故欲以己所成之稿付長孺，用以補綴成書。因此在「與毛子晉書」中云：

「頃在吳門，見朱長孺杜詩箋註，與僕所草大略相似。僕旣歸心空門，不復留心此事，而殘藁又復可惜，意欲幷付長孺都爲一書。第其意欲得近地假館，以便重訂。輒爲謀之於左右，似有三便。長孺與足下臭味訢合，長孺得舘，足下得朋，一便也。高齋藏書，足供繙閱，主人腹笥，又資讐勘，二便也。長孺師道之端莊，經學之淵博，一時文士，罕有其偶，皐比得人，師資相說，三便也。僕生平不輕薦舘，此則不惜緩頰，知其不以衒言相目也。」（見文海出版社印行之「錢牧齋先生尺牘」卷二，頁二一六。）

由此可見此時錢謙益對於朱鶴齡乃大加賞識。事實上錢謙益彼時對朱鶴齡之賞識尚不止於此。其「與朱長孺書」中云：「小婿自錫山入贅，授伏生書，欲得魯壁專門大師以爲師匠。恃知己厚愛，敢借重左右，以光函丈。幸慨然許之，即老朽亦可藉手沐浴芳塵也。」（「錢牧齋先生尺牘」卷一，頁九二）可見信任之深，故延朱鶴齡至其家，爲其婿授尙書。自此而後，錢、朱二人交情愈加親密，錢謙益屢屢在與人書信中提及朱鶴齡。如「與毛子晉書」中云：「荒村屏居，迥絕人事。邑子來，知有次公之變，不勝驚悼。通家契誼，禮當執手奉唁；衰殘病暑，不能命廿里之棹，因長孺行，輒附數行，以代瓣香。」（「錢牧齋先生尺牘」卷二，頁二〇五）又云：「吳郡文獻志舊藁在許伯宏處，久假不歸，若得足下與長孺輩博雅名流，共成一書，可省郡中修志，黨枯諛朽，貽笑史乘也。」（見同上，卷二，頁二一七）又云「長孺文獻之興頗高，而其稿孟宏堅不肯發。」（同上，卷二，頁二一八）又云：「節中承存念，甚荷葵榴之飲不寂寞矣！……。長孺今日歸，約數日即來附謝。」（同上，卷二，頁二二六）「與潘憲甫書」中云：「卜居之說，已於長孺札中略知尊旨矣。」（同上，卷二，頁二三七）根據上舉之例，可見錢謙益和朱鶴齡之間主賓相得甚歡，而且錢謙益似乎時時以前輩自居在照顧朱鶴齡。朱鶴齡杜詩輯注成書之後，告知錢謙益並請爲序。錢氏當時並未見其書，但是由於極度信任看重朱鶴齡，仍替朱鶴齡爲序。「有學集」卷十五「吳江朱氏杜詩輯注序」中云：

「吳江朱子長孺，館於荒村，出所撰輯注相質。余喜其發凡起例，小異大同，敝簏蠹紙，悉索擧似，長孺檃栝詮次，都爲一集。書成，謂余宜爲序。……。昔人謂不行萬里途，不讀萬卷書，不能讀杜詩。吾謂少陵胸次，殆不止如此。今欲以椰子之方寸，針孔之兩眸，雕鎪穿穴，横鉤竪貫，曰杜詩之解在是，不爲埳井之蛙所竊笑乎？長孺聞之，放筆而歎，蓬蓬然如有所得也。其刊定是編也，齋心祓身，端思勉擇。訂一字如數契齒，援一義如徵丹書，寧質無夸，寧拘無偭；寧食鷄跖，無啖龍脯；寧守兔園之冊，無學邯鄲之步。斤斤焉取裁於騷之逸，選之善，罔敢越軼。近代攻杜者，覓解未憖，又從而敎責之。章比字櫛，儼然師資，長孺蹙額曰：『不知羣兒愚，那用故謗傷。鶴齡雖固陋，忍使百世而下，謂有明末學，尙有師心放膽，犯蚍蜉撼樹之誚，如斯人者乎？』然則長孺之用心亦良苦矣。范致能與陸務觀論注蘇詩，務觀以爲難，枚擧數條以告，致能曰：如此則誠難矣。厥後吳興施宿武子注成，務觀遂擧斯言以爲序。余讀渭南之書，竊聞注詩之難，諄復以告學者。老而失學，不敢忘也。長孺深知注詩之難者也，因其請序，重擧以告之，並以諗於後之君子。」

在這篇序中，明顯可以看出錢謙益促成朱鶴齡注杜之中間過程。而且所攻擊之宋人、明人錯失處，朱鶴齡亦頗有同感，因此才會有「放筆而歎，蓬蓬然如有所得」的形容。由於朱鶴齡自謂「申酉之歲，予箋杜詩于牧齋先生之紅豆莊。」（「箋註李義山詩集序」語），因此錢謙益對於朱鶴齡注杜經過之形容，理當可信。而序末再擧陸游之言，申論注杜之難，並重擧以告朱鶴齡，此乃錢謙益之生平主張。故「與王貽上」書云：「杜詩非易註之書，註杜非小可之事，生平雅不敢以註杜自任，今人知註杜之難者亦鮮矣。」（「牧齋尺牘」卷一，頁七〇）可見錢謙益以爲註杜非易事而不敢以註杜自任當亦屬實。按常理推斷，錢謙益生平既不敢以註杜自命，而又屢言老而失學，身在空門，不復料理殘稿，遂將註杜一事，託於朱鶴齡以成之，應該不會再有將原本收回重刻之意。然而在「與朱長孺書」中却云：

「辱示草堂會箋，必欲首冠賤名，輾轉思之，彌增慚悚。此事發起於盧德水，牽引於孟陽，漫興隨筆，棄置已久，偶於集中覆視，見其影略脫誤，每自哂昔學之陋，修遠不察，誤錄一二則附時賢後，方爲顙泚背汗。況足下高明淵博，累年苦心，攢集以成此書。僕以伏生之老病，師丹之多忘，突出而踞其上。鵲巢鳩居，無實盜名。晚年學道，深識因果。此等虛名，皆足以摧年損算，僕所以深懼而不敢居也。此書之出，期於行遠。諺有之：身穿大紅圓領，頭戴開花氈帽；才一展卷，便令觀者揶揄一笑，可不慮乎？來教念及周餘，追思華路，特承齒錄，以存餼羊，其用意良厚。生平倔強，不受人憐；老耽空門，一切如幻。良不欲以編摩附名，取憐於知己；惟以我爲老耄而舍我，則憐我之深者耳。華嚴宗鏡，方事研求；義門深微，卷帙浩繁。遵王刻杜之役，止之不獲。期以秋深歲盡，偷繙經餘晷，爲作一序，以副其意。僕之不敢自居注杜，與不欲成書之故，向爲兄作序，旣已反復自明；撫卷三嘆，有識者皆能了其微意。今日再申明，吾事畢矣。此中學者，多好摭拾利病，是非蜂起，雖老成人未免。」（「牧齋尺牘」卷二，頁九三～九四）

在這封信中，雖然無法察出錢謙益何以堅拒列名卷端，且任其族孫錢曾重刻杜詩之因，但是對於朱鶴齡之稱呼用語，已經明顯生疏許多。錢謙益雖略言「此中學者，多好摭拾利病，是非蜂起，雖老成人未免。」，然而觀其「與遵王書」之言，乃大不然：

「松陵遇沛國招提夜談，直述所聞以相質正，遂無一語相撐柱。久之，蹙然曰：『如此則遂不當成書耶！』又久之，憤然作色曰：『如「曠原」二字，出穆天子傳，箋注不曾開出，豈亦門生誤耶？許多考訂，皆元本所無，便可一筆抹殺耶？』徐告之曰：『吾意不如取兄補注最用意處，爲元箋所未有者，開寫幾十款，俟僕爲採酌附之箋中，似爲兩便。』渠期期不答。以此觀之，則元本之必不可不刻，斷可知矣！然必須仔細檢點一過，無多有闕誤，可爲彼口實，此則足下與二三子之責也。箋注二字，不如以小箋易之，以明不敢當注之意可也。類書學問，盛行於松陵，又與他處迥別。長孺其魁然者也，勿漫視之。」（「牧齋尺牘」卷四，頁二五八～二五九）

觀錢謙益之意，似乎對朱鶴齡於杜詩注中翻用己意以補錢箋本甚爲不滿，因此有意重刻元本。然而錢謙益既自言「無多有闕誤，可爲彼口實。」，元箋之可能有闕誤而遭朱鶴齡刪補當亦可能。錢謙益與朱鶴齡書中雖將是非歸罪於「此中學者，多好摭拾利病。」，但是己身亦是不能避免此病；而且重刻元本似有意與朱注本相較量，故戒遵王云：「長孺其魁然者也，勿漫視之。」此種語氣，與早年賞識朱鶴齡之長者風範殊不相類。因此，在與錢曾論及何以堅拒列名朱注本卷端之因時云：

「杜箋聞已開板，殊非吾不欲流傳之意。正欲病起面商行止，長孺來云松陵本已付梓矣，繆相引重，必欲糠粃前列，此尤大非吾意。再三苦辭而堅不可回，只得聽之。僕所以不欲居其首者，其說甚長。往時以箋本付長孺，見其苦心搜掇，少規正意，欲其將箋本稍稍補葺，勿令爲未成之書可耳。不謂其學問繁富，心思周折，成書之後，絕非吾本來面目。又欲勸其少少裁正，如昨所標舉云云，而今本已付剞劂，如不可待，則亦付之無可奈何而已！晚年學道，深知一切皆空，呼牛呼馬，豈憚作石林剃身？以此但任其兩行，不復更措一詞。若箋本既刻，須更加功治定。既已賣身佛奴，繙閱疏鈔，又欲參會宗鏡，二六時中，無晷刻偷閒。世間文字，近時看得更如嚼蠟矣！杜注之佳否，亦殊不足道也。或待深秋初冬，此刻竣事，再作一序，申明所以不敢注杜與不欲流傳之故，庶可以有辭於藝林也。昨石公云：義山注改竄後，又有紕繆許多處。彼能為義山功臣，獨不肯移少分於少陵乎？……。閱過毀之。」（「牧齋尺牘」卷四，頁二六〇～二六一）

其中對朱鶴齡所抱不滿之意，溢於言表，而「閱過毀之」一語，更充分顯示錢謙益此時已非溫文慈祥長者。柳作梅先生嘗據上述錢謙益與錢曾來往之信箋及杜詩錢注季振宜序而斷定「故知曾為此事（指錢、朱注杜之爭）之主要介入者，又從而知在未『決意分刻』之前，曾實首倡分刻之意。」又言：「是則吾人今日所見之杜詩錢注，恐十之二三出諸錢曾之手也。」（皆詳見柳作梅所著「朱鶴齡與錢謙益之交誼及注杜之爭」一文，東海學報十卷一期）柳作梅先生此種推論固然十分精確，但是謂錢曾增訂錢注則可，謂其為錢、朱注杜之爭之主要介入者，則恐錢曾不受。何況錢曾雖嘗受命於錢謙益箋補杜詩，然而錢謙益亦常常改定相商，非盡是錢曾所自為。謂余不信，請看下文「與遵王書」

「涼風美饌，清談竟日，折福已甚。日來為石壕吏激聒，固其宜也。長孺字附看；釀金不就，乃託詞耳。聖俞集有興可令侍史錄出，欲標舉之少為狂且箴砭耳。杜詩留心箋補為妙。」（「牧齋尺牘」卷三頁二五二）

觀其詞義，牧齋已對朱鶴齡「醵金不就，乃託詞耳。」已有不滿之意。再如又云：

「雨夜止宿，便如啓南之於匏翁，但彼無清樽妙舞，尙爲欠事耳。杜詩寫就首卷，須見示過付梓爲望。」（「牧齋尺牘」卷三頁二五三）

「聞有奇本後漢書，可付一看否？杜詩註尙有種種欲商，須面盡也。」（「牧齋尺牘」卷三頁二五四）

「杜詩松陵悍然付梓，我意作石林剃身矣，可爲一笑。秋興舊本，乞付看，即欲改定相商也。皎然詩式，簡來一看。」（同上，卷四頁二六一～二六二）

「杜箋一册，略爲較對送去，恐中間疎誤處不少，更煩詳細刊定，庶可不遺人口實耳。全本標題，仍云草堂詩小箋爲妥。下一小字，略存箋者之意，不欲如彼以李善自居也，一笑。」（同上，卷四頁二六五）

由此可知，錢曾雖受命於錢謙益從事杜詩箋補工作，但是錢謙益爲了愛惜羽毛，故而經常反復叮嚀。所謂「見示過付梓爲望」、「須面盡」、「欲改定相商」、「略爲較對」等語，皆再再表示錢謙益對於錢曾箋補之杜詩，都再度檢示，非盡如柳作梅先生所言「恐十之二三出諸錢曾之手」。不過柳先生此種論點亦不可全廢，蓋錢曾受命於錢謙益留心箋補杜詩之事屬實，而季振宜刻成錢注杜詩在康熙六年（西元一六六七年），時距錢謙益之卒（康熙三年，西元一六六四年），已時隔三年。若謂三年之中，錢曾於杜詩錢本有所增補，亦不可盡謂爲虛言。不過至少在錢謙益生前，對於錢曾箋補之杜詩皆再三相商過目，此爲事實而不可爭辯。

至於謂錢曾爲牧齋與長孺注杜爭議之主要介入者，則愚意不敢苟同。蓋錢、朱二人注杜之爭，起於錢謙益以爲朱本成書之後「絕非吾本來面目」；而勸長孺少加裁正，亦不獲允，故而有任其兩行之意。此與遵王何干？何況錢謙益在「與遵王書」中亦屢屢談及此事：

「昨有一字復之，可謂痛切矣！其意堅不可回，刻成必遺四方姍笑。而彼意殊歸怨於此中之刻，謂我輩忌其分功而故阻之也。愚意不如且停此中之刻，使彼此無所藉口，然後申明不欲列名之正意，以分別涇渭，則彼無所辭矣！細思畢竟如此，方爲制勝之策，不然成一話柄也，如何？明日更須一面，或偕夕公來共商如何？」（「牧齋尺牘」卷四頁二六二）

由此可見，與朱鶴齡之爭，首腦仍爲錢謙益，錢曾只是受邀共商對策而已。又如：

「長孺引子長爲長城，盛誇其議論，可爲絕倒。覽過一笑，即付來手以便作答也。即此一端，邪氛甚熾，吾黨寥寥可爲歎息，晚涼可來一談。箋中有柏茂林五言古，及過始興寺與李秘書二首，簡來一看。」（「牧齋尺牘」卷四頁二六三）

明顯看出錢謙益對朱鶴齡之注杜有大不以爲然處，此亦與錢曾無關。因此，錢謙益於「有學集」卷十五「草堂詩箋元本序」云：

「吳江朱長孺苦學強記，冥搜有年，請爲余摭遺決滯，補其未逮，余欣然舉元本畀之。長孺力任不疑，再三削稿，余定其名曰朱氏補注，舉陸務觀注詩誠難之語，以爲之序，而并及『天西采玉』、『門求七祖』二條，以道吾不敢輕言注杜之意。今年長孺以定本見　，亟請鋟梓，仍以椎輪歸功於余。余蹴然不敢當，爲避席者久之。蓋注杜之難，不但如務觀所云也。今人注書，動云吾效李善。善注文選，如頭陀寺碑一篇，三藏十二部，如鉼瀉水。今人餖飣拾取，曾足當九牛一毛乎？顏之推言：觀天下書未徧，不得妄下雌黃。何況注詩？何況注杜？③今體詩之稱律，取其律呂鏗鏘，首尾繁會；今摘每句相承二字，限隔平仄，命之曰粘。盧家少婦之章，高棅硬改末二句，差排作律。『老去漸於詩律細』，杜老有不知，即太白、右丞，亦當同科結罪矣。………。余既不敢居註杜之名，而又不欲重拂長孺之意；老歸空門，撥棄世間文字，何獨于此書護前鞭後，顧視而不舍？然長孺心力專勤，經營慘淡，令其久錮不流，必將有精芒光怪，下六丁而干南斗者。則莫如聽其流布，而余爲馮軾寓目之人，不亦可乎！族孫遵王謀取同人曰：『草堂箋注，元本具在，若玄元皇帝廟、洗兵馬、秋興、諸將諸箋，鑿開鴻濛，手洗日月，當大書特書，昭揭萬世。而今珠沈玉錮，晦昧於行墨之中，惜也。考舊注以正年譜，倣蘇注以立詩譜。地里姓氏，訂譌斥僞，皆吾夫子獨力創始，而今不復知出於誰手植也。句字詮釋，落落星布；取雅去俗，推腐致新。其存者可咀，其闕者可思。若夫類書讕語，掇拾補綴；吹花已萎，嚱飯不甘，雖多亦奚以爲？今取箋注元本，孤行於世，以稱塞學士大夫之望。其有能補者，則聽客之所爲。道可兩行，羅取衆目，瑜則相資，累無相及，庶不失讀杜之初指，而亦吾黨小子之所有事也。』余曰：『有是哉！離之則雙美，合之則兩傷，此千古通人之論也。』姑狥諸子之請而重爲之序，以申道余終不敢注杜之意。」

此序說明與朱注本分合之經過甚詳，然而詳味錢謙益之意，不禁令人爲其反復而嘆！此序中引錢曾之言，並謂「姑狥諸子之請而重爲之序」。言下之意，似乎錢謙益雖不滿於朱鶴齡注解杜詩之內容、方法，但是若非錢遵王之請，仍是「終不敢注杜」。輕輕一筆，將錢注杜詩重刻之責，完全歸諸於錢曾身上，後人如欲追究與朱鶴齡注杜爭議之因，亦不致歸咎於錢謙益本身。然而其「與遵王書」中明言「若箋本既刻，須更加功治定。既已賣身佛奴，繙閱疏鈔；又欲參會宗鏡，二六時中，無晷刻偷閒。世間文字，近時看得更如嚼蠟矣！杜注之佳否，亦殊不足道也。或待深秋初冬，此刻竣事，再作一序，申明所以不敢注杜與不欲流傳之故，庶可以有辭於藝林也。……。閱過毀之。」（「牧齋尺牘」卷四頁二六一）這段話中，錢謙益自言「此刻竣事，再作一序，申明所以不敢注杜與不欲流傳之故。」換句話說，所謂「再作一序」即是指後來的「草堂詩箋元本序」一文；而此序之作，原是出諸錢謙益本意而非「姑狥諸子之請而重爲之序」！何況錢謙益杜詩之刻，亦非如錢謙益所言，全由遵王首議而成。「與遵王書」中有云：「愚意不如且停此中之刻，使彼此無所藉口，然後申明不欲列名之正意，以分別涇渭，則彼無所辭矣！細思畢竟如此，方爲制勝之策，不然成一話柄也。」（「牧齋尺牘」卷四頁二六二）由此可見，重刻之說，錢謙益非但早存此意，而且還考慮周詳，先告遵王以暫停重刻元本，免成朱鶴齡話柄。只此一端，即可見出錢氏之心思。而且作書與錢曾申明「此刻竣事，再作一序」之後強調「閱過毀之」！可見錢謙益似乎意圖湮滅證據！所幸此書錢曾並未遵照錢謙益之意，閱過毀之，否則後人追查公案，將錢、朱注杜爭議之責完全歸諸錢曾身上，豈非甚寃！

然而錢謙益「草堂詩箋元本序」中對於朱鶴齡之不滿雖已隱現字裏行間，但是畢竟辭意委婉，並未直斥。如謂今人注書，動云吾效李善云云，即針對朱鶴齡而發，然而却隱其名。至與潘檉章書中，則措辭嚴厲，已非以前之含蓄。「有學集」卷卅九「復吳江潘力田書」中云：

「手教盈紙，詳論實錄辨證，此鄙人未成之書，亦國史未了之案。考异刊正，實獲我心，何自有操戈入室之嫌？唱此論者，似非通人。……。僕老向空門，荒唐放誕，舊學無多，遺忘殆盡。汗青頭白，邈若多生，何況區區瑣碎文字？杜詩新解，不欲署名，曾與長孺再三往復。日來繙閱華嚴，漏刻不遑，都無間心，理此長語。頃承翰教，拳拳付囑，似有意爲疏通證明之者。不直則道不見，請訟言而無誅，可乎？……。長孺授書江邨，知其篤志注杜，積有歲年，便元本相付，曰：幸爲我遂成之。略爲發凡起例，擿抉向來沿襲俗學之誤。別去數年，來告成事，且請爲序。妄意昔年講授大旨，尚未遼遠，欣然命筆，極言註詩之難，與所以不敢注杜之本意，其微指具在也。既而以成書見示，見其引事釋文，楦釀雜出，間資嘔噦，令人噴飯。聊用小箋標記，簡別泰甚，長孺大慍，疑吹求貶剝，出及門諸人之手，亦不能不心折而去。亡何，又以定本來，謂已經次第芟改，同里諸公，商榷詳定，醵金授梓，灼然可以懸諸國門矣。乘間竊窺其稿，向所指紕繆者，約略抹去，其削而未盡者，瘡瘢痂蓋，尚落落卷帙間。竊自念少學荒落，老眼迷離，諸公皆博雅名家，共訂此書。吾所欲刊削者，未必諸公之所非；而所指削而未盡者，無乃諸公之所是。頭目頓改，心神俱悵，疑信錯互者久之。比得來敎，乃啞然而笑曰：信矣！吾所欲刊削者，果未必非，而削而未盡者，則誠是矣！心長目短，老將至而耄及之，其不足以與于斯文也亦信矣，又曷怪乎！然而尚有欲更端于左右者：竊謂士君子凡有撰述，當爲千秋萬古計，不當爲一時計；當爲海內萬口萬目計，不當爲一人計。注詩細事耳，亦必當胸有萬卷，眼無纖塵，任天下函矢交攻，磓榷擊搏，了無縫隙，而後可以成一家之言。若猶是掇拾叢書，丐貸雜學，尋條屈步，提襟見肘。比其書之成也，旦而一人焉剌駁則憒而求敵，夕而又一人剌駁則趣而竄改，剌駁頻頻，竄改促數，前陳若此，後車謂何？杜詩非易注之書，注杜非聊爾之事，固不妨愼之又愼，精之又精，終不應草次稗販，冀幸擧世雙目盡眏，而以爲予雄也。今註詩者動以李善爲口實，善注頭陀寺碑，穿穴三藏；注天臺賦，消釋三幡。至今法門老宿，未窺其奧。杜詩『西方止觀經』之句，注者引李遐叔左溪大師碑，而未悉其指云何。遐叔文云：『左溪所傳，止觀爲本，祇樹園內。曾聞此經。』用解止觀則可矣，所云『曾聞此經』，聞何經乎？一曰西方之止觀經，依主釋也。一曰西方止觀之經，持業釋也。二釋者將安居乎？問者答者，兩俱茫然。令李善執簡，恐不應如是。然此但粗擧一端耳，注杜之難，正不在此。諸公既共訂此事，必將探珠搜玉，盡美極玄，爲少陵重開生面。鄙人所期望者，如是足矣，又何容支離攘臂於其間乎？來敎謂愚賤姓氏挂名簡端，不惟長孺不忘淵源，亦諸公推轂盛意。詞壇文府，或推或挽，鵲巢鳩居，實有厚幸。僕所以不願廁名者，捫心撫己，引分自安，不欲抑沒矜愼注杜之初意，非敢倔強執拗，甘自外於衆君子也。來教申言，前序九鼎也，冠簡首斯文也，殆慮僕憖有後言，而執爲要質者，若是老夫亦有詞矣！未見成書，先事奬許，失人失言，自當二罪並案。及其見聞違互，編摩龐雜，雖復兩耳聾聵，亦自有眼有口，安能糊心眯目，護前遮過而暗不吐一字耶？荒村暇日，覆視舊箋，改正錯誤凡數十條；推廣略例，臚陳近代註杜得失，又二十條。別作一敘，發明本末，里中已殺青繕寫，僕以恥於抗行止之。今以前序爲息壤，而借以監謗，則此序正可作懺悔文，又何能終錮之勿出乎？僕生平癡腸熱血，勇於爲人，于長孺之注杜，鄭重披剝，期期不可者，良欲以古義相勗勉，冀其自致不朽耳。老耄昏忘，有言不信，不得已而求免厠名，少欲自列，而諸公咸不以爲然，居然以岐古相規，以口血相責。匹夫不可奪志，有閔默竊嘆而已！少年時觀劉子駿與楊子雲書，從取方言入籙，貢之縣官，而子雲答書曰：『君不欲脅之以威，凌之以武，則縊死以從命。』私心竊怪其過當。由今言之，古人矜重著作，不受要迫，可謂子雲老不曉事哉！餘生殘劫，道心不堅，稍有棖觸，習氣迸發，兄爲我忘年知己，想見老人癡頑，茹物欲吐之狀，傳示茂倫兄，當閧堂一笑也。」

錢謙益此札不僅措辭嚴厲，而且已直呼朱鶴齡之名而斥之，足見注杜之爭已爲當時衆目焦點。細觀錢謙益此札中對於朱鶴齡注杜之不滿有三：一則見其引事釋文，楦雜而出，令人噴飯；二則望其刊削而朱鶴齡未能如是；三則不願厠名而朱鶴齡竟刊之。因此錢謙益有「未見成書，先事奬許，失人失言。」之語。然而綜合此三點而論，錢謙益之不滿於朱鶴齡者，蓋因朱鶴齡注杜之際，有甚多處不合錢謙益之意，又不肯隨錢氏之更正而更正，故而錢氏深懷在心。平實而論，錢謙益此舉雖說有擇善固執之名，却免不了通人之譏。蓋注杜之事，本爲錢謙益發端，朱鶴齡則是先爲錢氏所賞識，再受其杜箋託付以成書。朱鶴齡雖受錢謙益之禮遇，並託付杜箋以成書，然而古人著書，各有本末。錢氏既屢言注詩之難與注杜之不易，當亦知引事釋文，雖屢有雷同，要皆以意逆志，各自猜測作者之原意而已。何況詩乃是一種純心靈的語言，其眞正內涵所在，當隨個人欣賞評論角度之不同而有所變更。否則杜詩在宋代之譽可說如日經天，歐陽修却不甚喜好，楊億則更有村夫子之語。可見錢謙益自以爲朱鶴齡之注杜多處令人噴飯，殊不知在朱鶴齡心目中，此種令人噴飯之處正是其自認得意處而反爲錢謙益之短處。因此就朱鶴齡而言，注杜之事雖先蒙錢謙益啓發，却也不願稍事遷就。其「輯注杜工部集序」中云：

「客有誚於余曰：子何易言註杜也，書破萬卷，塗行萬里，乃許讀杜。子足不踰丘里，目不出兎園，日取詩史而排纂之、穿穴之，冀以自鳴於世，吾恐觚棱刓而揶揄者隨其後也。余曰：是固然已。抑子之所言者學也，子美之詩，非徒學也。夫詩以傳聲，節奏成焉；聲以命氣，底滯通焉；氣以發志，思理函焉，體變極焉，故曰：詩言志。志者，性情之統會也。性情正矣，然後因質以緯思，役才以適分，隨感以赴節。雖有時悲愁憤激，怨誹刺譏，仍不戾和平之旨。不然則靡麗而失之淫，流離而失之宕，雕鏤而失之瑑，繁音促節而失之噍殺，綴辭逾工，離本逾遠矣。子美之詩，惟得性情之至正而出之，放其發於君父友朋家人婦子之際者，莫不有敦篤倫理，纏綿菀結之意。極之履荆棘，漂江湖，困頓顚蹶，而拳拳忠愛不少衰。自古詩人變不失貞，窮不隕節，未有如子美者、非徒學爲之，其性情爲之也。子美沒已千年，而其精神之照古今，殷金石者，時與天地之噫氣，山水之清音，嶒峵響答於溟涬鴻洞、太虛寥廓之間。學者誠能澄心祓慮，正己之性情，以求遇子美之性情，則崆峒仙仗之思，茂陵玉盌之感，與夫杖藜丹壑、倚棹荒江之態，猶可儼然晤其生面而揖之同堂，不必以一二隱話僻事，耳目所不接者爲疑也。且子亦知詩有可解、有不可解乎？指事陳情，意含風喩，此可解者也。託物假象，興會適然，此不可解者也。不可解而強解之，日星動成比擬，草木亦涉瑕疵，譬之圖罔象而刻空虛也。可解而不善解之，前後貿時，淺深乖分；欣忭之語，反作誹譏；忠剴之詞，幾隣懟怨，譬諸玉題珉而烏轉舄也。二者之失，注家多有。兼之僞譔假託，疑誤後人；贅說支離，襲沿日久；萬丈光燄，化作百重雲霧矣！今爲翦其繁蕪，正其謬亂，疏其晦塞，諮諏博聞，網羅秘卷，斯亦古人實事求是之指，學者所當津逮其中也。余雖固陋，何敢多讓焉！客曰：子言誠辨，然當代鉅公有先之者矣！子之書無乃爲爝火附太陽？余曰：材有區分，見有畛域，以求其是則一也。今夫視日者登中天之臺，則千里廓然，闚之於戶牖，所見不過尋丈。光之大小誠有間，然不可謂戶牖之光非日也。賢者識其大，不賢者識其小，總以求遇子美之性情於句鉤字索之外。即說偶異同、亦博考羣言，折衷愚臆，豈有所牴牾齮齕於其間哉！」

在這篇序文中，朱鶴齡不僅提出他所以注杜之因，也隱約對錢謙益的言論表示不敢苟同之意。如錢謙益嘗舉顏之推之言「觀天下書未徧，不得妄下雌黃。」謂注杜非易事。又謂注杜詩者，必當胸有萬卷，眼無纖塵，任天下函矢交攻而了無縫隙，方可成一家之言。朱鶴齡借答客之言則謂：「是固然已。抑子之所言者學也，子美之詩，非徒學也。」並接著說「學者誠能澄心祓慮，正己之性情，以求子美之性情，則崆峒仙仗之思，茂陵玉盌之感，與夫杖藜丹壑、倚棹荒江之態，猶可儼然晤其生面而揖之同堂，不必以一二隱話僻事，耳目所不接者爲疑也。」這種批評，簡直就是針對錢謙益的一種有力反駁。蓋錢謙益於「復吳江潘力田書」中，即擧杜詩「西方止觀經」一句，並謂「注者引李遐叔左溪大師碑，而未悉其指云何？……。問者答者，兩俱茫然，令李善執簡，恐不應如是。」錢氏此說即譏朱鶴齡不知「西方止觀經」一句典故之由來，却妄言效李善之注文選。故朱鶴齡答以「不必以一二隱話僻事，耳目所不接者爲疑也。」此外，序文中所謂「當代鉅公有先之者矣」，即指錢謙益而言。朱鶴齡對杜注本兩行一事則謂「材有區分，見有畛域，以求其是則一也。」等語，亦可見出朱鶴齡對於注杜一事的看法與堅持。但就朱鶴齡此一序文來看，其注解杜詩之見確有與錢謙益不同之處。所以在「愚菴小集」卷十「與李太史論杜注書」中云：

「杜注刻成，蒙先生惠以大序，重比球琳。『子美非知道者』，此語似唐突子美。然子美自言之矣：『文章一小技，於道未爲尊。』此語正可與子美相視莫逆於千載之上也。漢魏以下詩文之有注，昉於文選。文選而外，注杜詩者最多，亦最雜。蓋文選之注，張載、顏延之、沈約、薛綜、徐爰、劉淵林諸人經始之，又得李善會稡之，子邕復益之以義，故能傳述至今。杜詩注則錯出無倫，未有爲之剪截而整齊之者，所以識者不能無深憾也。近人多知其非，新注林立，盡以爲子美之眞面目在是矣。然好異者失眞，繁稱者寡要。如「聊飛燕將書」，乃西京初復，史思明以河北諸州來降，故用聊城射書事。今引安祿山降哥舒翰令以書招諸將，諸將復書責之，此於收京何涉也。『豆子雨已熟』，本佛書，譬如春月下諸豆子，得煖氣色尋便出土。僞蘇注以豆子爲目睛，既可笑矣！今却云：贊公來秦州已見豆熟。夫楊枝用佛書，豆子亦必用佛書。若云已見豆熟，乃陸士衡所譏挈瓶屢空者，子美必不然也。『曠原延冥搜』，『曠原』出穆天子傳，今妄益云：原崑崙東北脚名。此出何典乎？『何人爲覓鄭瓜州』，『瓜州』見張禮遊城南記。今云：鄭審，大曆中爲袁州刺史。審刺袁州，安知不在子美沒後乎？地理、山川、古蹟，須考原始，及新、舊唐書、元和郡縣志；不得已，乃引寰宇記、長安志，以及近代書耳。『春風回首仲宣樓』，應據盛弘之荊州記甚明；今乃引方輿勝覽高季興事，季興，五代人也，季興之仲宣樓，豈即當陽縣仲宣作賦之城樓乎？『白馬江寒樹影稀』，白馬江，地志在蜀州，今崇慶州之白馬江是也。時子美在蜀州送韓十四，故云。今引寰宇記：王僧達爲荊州刑白馬祭江，不亦傎乎？『春城回北斗，郢樹發南枝。』北斗用斗柄東而天下皆春，非指長安城爲北斗形也。史記：楚考王徙都壽春，命曰：郢。壽春，唐鍾離郡，今鳳陽也。時韋氏妹從宦鍾離，故曰：郢樹。非指江陵之郢也。二句蒙上郎伯一聯，彼此分言，正是詩法。回北斗、發南枝，又貼切元日；今引柳詩『長在荊門郢樹間』，豈可通乎？注子美詩，須援據子美以前之書。類書必如類聚、初學、白帖、御覽、玉海等方可引用。今『師子花』、『臥竹根』

皆引天中記，天中記乃近時人所撰爾，況二注皆謬。『炙手可熱』，兩京新記可引，萬迴傳可引，崔顥詩亦可引；今乃引唐語林開成會昌中語，彼豈以開成會昌在子美以前乎？『人生五馬貴』，五馬雖無的證，然古樂府『使君從南來，五馬立踟躕。』可證太守五馬，漢時已有之。今却引宋人五色線集北齊柳元伯事，此何異流俗類書所收，王羲之爲永嘉太守，庭列五馬乎？以上特略舉其概，他若『黃河十月冰』、『三車肯載書』、『危沙折花當』諸解，皆鑿而無取。雖其說假託鉅公以行，然塗鴉續貂，貽誤後學，此不可以無正也。李善注文選，止考某事出某書，若其意義所在，貫穿聯絡，則俟索解人自得之，此正引而不發之旨。黃山谷亦云：欲於欣然會意處略箋數語，終以汨沒世俗不暇。今人章爲之解，句爲之釋，已非達人所宜。況又累牘不休，有專注秋興八首至衍成卷帙者，此何異昔人解『曰若稽古』四字，乃作數萬餘言。雖罄剡溪之藤書之，豈能竟乎？此又不可以無正者也。夫子美固非知道者，然道莫重於君臣父子矣。三百篇得列爲經，亦在邇之事父，遠之事君。子美之詩，憂君父之播遷，憤亂賊之接踵，深衷悱惻，千彙萬狀。使後人把卷徬徨而不忍釋，則雖謂之知道可也。因讀其詩者之誤解，而引繩批根，刊正其失而暴著其所以然。使世之學者，因是以進求夫三百之大指，亦未必非知道之君子所樂許也。先生以爲何如？」

此篇書札中所批評好異者失眞，繁稱者寡要之人雖未指名，然而觀其舉例，當是針對錢注杜詩而發。而且就朱鶴齡所引之例來加以整理，則可以見出他雖受教於錢謙益在先，但是有關杜詩注解之引證典故、史實，闡析等方面，都與錢謙益有相異之處。此外，就錢謙益所指責之處，亦加以反駁。如錢氏往往譏朱鶴齡妄效李善之注文選，朱鶴齡則言「李善注文選，止考某事出某書，若其意義所在，貫穿聯絡，則俟索解人自得之，此正引而不發之旨。………。今人章爲之解，句爲之釋，已非達人所宜。」，這種反駁之言，頗具力量。故以下又批評有專注秋興八首至衍成卷帙者，此亦專對錢謙益而發。蓋錢謙益箋注秋興八首，正有朱鶴齡所指之病。（詳見錢注杜詩卷十五）

綜觀上述所引錢、朱二人之文，其間注杜之爭議自可條尋而出。而沈壽民爲朱鶴齡杜詩輯注作後序云：

「杜詩之學，至今日而發明無餘蘊矣！虞山錢宗伯實爲首庸，吾友長孺朱子，增華加厲，緝諸本之長而芟其蕪舛，至鷄林賈人亦爭購其書，嗚呼盛矣。乃世傳虞山長牘，以說有異同，盛氣詆諆；又增刪改竄，前後二刻迥別，見者深以爲疑。余嘗取兩本對勘，其中所不合者，惟收京、洗兵馬、哀江頭數詩。試平心論之：兩京克復，上皇還宮，臣子爾時當若何歡忭；乃逆探移仗之擧，遽出誹刺之辭，子美胸中，不應峭刻若此。商山羽翼，自爲廣平，劍閣傷心，非關妃子，斯理不易，何嫌立異？況古人著書，初不以附和爲貴。蘇潁濱，歐陽公門下士也。而其解周頌，則極駁時世論之非。蔡九峰傳書，朱子所命也，而其辨正朔，則明與周七八月，夏五六月相左。當時□世，未聞訾議及之者。蓋二公從經籍起□，非有所齮齕而然。故兩持之說，各傳千古。今之論杜者，亦求其至是而已矣！異己之見，豈所以爲罪乎？往方爾止嘗語余云：虞山箋杜詩，蓋閣訟之後，中有指斥，特借杜詩發之。長孺則銳意爲子美功臣，必按據時事，句櫛字比，以明要其得失。可謂老不解事，固宜有彈射之及也。雖然，長孺爲少陵老人而得此彈射，其榮多矣。」

觀沈壽民此序，則幾全站在朱鶴齡立場發言。而且所舉「古人著書，初不以附和爲貴。」之例，亦對朱鶴齡有利。尤以引方爾止之言，謂錢謙益因閣訟之後，中有指斥，特借杜詩發之一論，對錢謙益最是不利。此事是否屬實現已難考，不過由於錢謙益箋注杜詩，申引比刺之處甚多，不免引人懷疑。又其平生爲人，顚倒反復，外謙內倨，遂易遭時人不滿。如清蔡澄所著「雞窗叢話」中載：「牧齋旣入本朝，所服袍，小領而大袖。一日遊虎阜，有後生進揖曰：老先生何爲小領而大袖也。牧齋曰：小領者，時王之制。大袖者，故國之思。後生曰：老先生眞可爲兩朝領袖矣。」（廣文版頁六十九）又云：「古來文人而失節者，往往以修史爲辭，如危素、錢謙益輩是也。錢之才學固大，只可觀其詩文，若議論古今是非得失，則大有謬亂處。所注杜詩『今夜鄜州月』一首，以小兒女謂指肅宗，悖謬極矣。故潘太史稼堂曰：使牧齋而修明史，三百年人物，枉抑必多。絳雲樓一炬，有自來也。」（廣文本頁六十九～七十）這些記載，對錢謙益的人品操守而言，是種最爲不利的證據。追究其因，則錢謙益遇事不能獨斷，畏生怕死，身事兩朝，實爲主由。晚年雖曾暗中參與反清復明工作，無奈白壁已玷，反遭時人反復無常之譏。無怪乎乾隆諭曰：「夫錢謙益果終爲明朝守死不變，即以筆墨騰謗，尙在情理之中。而伊旣爲本朝臣僕，豈得以從前狂吠之語，列入集中？其意不過欲借此以掩其失節之羞，尤爲可鄙可恥。」（詳見清史列傳卷七十九「貳臣傳」）此種評論雖然嚴厲，然而理無所屈。錢謙益於明代末季，天下推爲文宗，連黃宗羲都有「四海宗盟五十年」之嘆（詳見南雷詩歷卷二），果能爲明朝死節，則何遭後人之謗？故陳登原「國史舊聞」中謂：「彥回以阿附蕭道成，略得美仕，故褚炤以其老壽爲嘆。謙益生於萬曆十年（西元一五八二），卒於康熙三年（西元一六六四），年八十三。甲申之時，伊亦五十三歲。向使是年而死，以較侯方域（一六一八～一六五四）已長一十六年之壽，且使後人驚爲東林巨子，吳下文宗，不亦絕佳事耶！褚淵年壽但四十八歲，褚炤之嘆，如以用之牧齋，當更爲適合也。」（明文書局所印下册頁一七一一）可謂先獲我心之論。

然而錢謙益之人品固然有可議之處，其注解杜詩之功仍不可沒。沈壽民雖自言嘗取錢、朱兩本杜注加以對勘，卻只謂其中有不合者惟收京、洗兵馬、哀江頭數詩。其後論述錢、朱注杜之爭者，率皆遵循此說。愚意則以爲單只此數詩之異同，又如何造成錢、朱二人水火般之不容？其中必然有沈壽民所不見者。何況就前文所引錢、朱二人之文，亦可見出事情絕非如此單純，至少朱鶴齡「與李太史論杜注書」中所擧與錢注不同之處，已非僅只收京、洗兵馬、哀江頭數詩。今朱鶴齡「輯注杜工部詩集」及錢謙益「讀杜小箋」、「讀杜二箋」以及「錢注杜詩」原本俱在，經筆者詳細核對之後，對於錢、朱注杜之爭原因，略可歸納成以下數項來加以討論。

第一節　朱鶴齡引用錢注而不加以註明者

錢謙益既將自己所成之稿託付朱鶴齡，用以補綴成書，其目的乃在假手朱鶴齡以流傳其自己之杜箋。然而朱鶴齡以成書見示之後，錢謙益却反目不願列名。經比對錢、朱二注本之後，發現朱鶴齡書中有多處引用錢箋而不加以註明者，今略列如下。

㈠遊龍門奉先寺：「更宿招提境」。

錢注引僧輝記云：「招提者，梵言拓鬭提奢，唐言四方僧物。後人傳寫，以拓為招，又省鬭奢二字，止稱招提，即今十方住持寺院是也。」（卷一）

朱注亦引僧輝記云：「招提者，梵言拓鬭提奢，唐言四方僧物，但傳筆者訛拓為招，去鬭奢留提字，即今十方住持耳。」（卷一）

按：朱鶴齡解釋招提之義，與錢謙益同引僧輝記來加以說明，只是文字小異，內容皆同。

㈡題張氏隱居二首之一：「不貪夜識金銀氣」。

錢注引天官書：「大火處、敗軍場，破國之墟，下有積錢。金寶之上，皆有氣，不可不察。」又引寓簡曰：「齊梁間山陰隱者孔祐，至行通神，嘗於四明山谷中，見積錢數百斛，視之如瓦石。樵人競取之，入手即成沙礫。不貪夜識金銀氣，祐之謂耶？」（卷九）

朱注亦引天官書：「敗軍場，亡國之墟，下有積錢，金寶之上，皆有氣，不可不察。」又按南史：「梁隱士孔祐至行通神，嘗見四明山谷中，有錢數百斛，視之如瓦石。樵人競取，入手即成沙礫。」不貪夜識金銀氣，殆是類耶？」（卷一）

按：朱鶴齡所引與錢謙益相同，惟孔祐之事，朱引南史所載，錢則直舉「寓簡曰」。想必朱鶴齡以為錢謙益不詳所出，故又舉南史以明之。至於「不貪夜識金銀氣」一句的推論，朱鶴齡顯與錢謙益相同。

㈢劉九法曹鄭瑕丘石門宴集：「晚來橫吹好，泓下亦龍吟。」

錢注引古今樂錄：「橫吹，羌樂也。」又引樂纂曰：「橫笛，小篪也。」漢靈帝時好羌笛，羌笛篪出於橫吹，即此也。又引說文：「泓，下深貌。」再引馬融長笛賦：「近世雙笛從羌起，羌人伐竹未及已。龍吟水中不見已，截竹吹之聲相似。」樂書：「笛者，滌也。丘仲所作，剪雲夢之霜筠，法龍吟之異類，六孔為笛，羌人吹之；九孔下調，漢部用也。」晉書：「鼓角橫吹曲，蚩尤氏率魑魅與黃帝戰於涿鹿，帝乃命吹角為龍吟以禦之。」（卷九）

朱注引說文：「泓，水深處。」又引馬融長笛賦：「龍吟水中不見已，伐竹吹之聲相似。」再引晉書：「鼓角橫吹曲，蚩尤氏率魑魅與黃帝戰于涿鹿，帝乃命鼓角為龍吟以禦之。」（卷一）

按：此二句詩朱鶴齡所引之典故，幾全與錢謙益相同。惟朱鶴齡似已經刪簡。又說文中之泓為下深貌朱鶴齡引成水深處為非。

㈣對雨書懷走邀許主簿：「座對賢人酒。」

錢注引魏略：「太祖時禁酒，而人竊飲之，故難言酒，以濁酒為賢人，清酒為聖人。」（卷九）

朱注亦引魏略：「太祖時禁酒，而人竊飲之，故難言酒，以白酒為賢人，清酒為聖人。」（卷一）

按：錢、朱所引魏略，僅「白」與「濁」一字之差。

(五)房兵曹胡馬：「驍騰有如此。」

錢注引顏延年赭白馬賦：「料武藝，品驍騰。」（卷九）

朱注亦引赭白馬賦：「料武藝，品驍騰。」（卷一）

按：朱鶴齡所引和錢謙益一字不差，惟錢謙益點出赭白馬賦爲顏延年所作，朱鶴齡則直引書名而缺人名。

(六)畫鷹：「絛鏇光堪摘。」

錢注：「絛，廣韻：編絲繩也。鏇，王篇：徐釧切，轉軸裁器也；又徐專切，圓轤轤也。傅玄鷹賦：飾玉采之華絆，結旋璣之金環。魏彥深鷹賦：綴輕絲於雙瞼，結長皮於兩足。」（卷九）

朱注：「廣韻：絛，編絲繩也。玉篇：鏇，轉軸以絛繫鷹足而繫之於鏇也。傅玄鷹賦：飾五采之華絆，結琁璣之金鐶。」（卷一）

按：朱鶴齡所引與錢謙益大同小異。惟錢注多引魏彥森鷹賦爲朱注所無。

(七)天寶初，南曹小司寇舅於我太夫人堂下，累土爲山，一匱盈尺，以代彼朽木，承諸焚香瓷甌，甌甚安矣。旁植慈竹，蓋茲數峯，嶔岑嬋娟，宛有塵外。數至乃不知，興之所致而作是詩：「慈竹春陰覆。」

錢注：「述異記：南方生子母竹，今慈竹是也。漢章帝三年，子母竹刺生白虎殿前，謂之孝竹，

羣臣作孝竹頌。」（卷九）

朱注：「述異記：南中生子母竹，今之慈竹也，又謂之孝竹。漢章帝三年，子母竹笋生白虎殿前，羣臣作孝竹頌。」（卷一）

按：朱注所引除文字與錢注有小異外，餘皆同。

(八)贈李白：「李侯金閨彥。」

錢注：「別賦：金閨之諸彥。注：金閨，金馬門也。東方朔、公孫弘待詔金馬門，白供奉翰林，故云。」（卷一）

朱注：「江淹別賦：金閨之諸彥。注：金閨，金馬門也。白嘗供奉翰林，故云。」（卷一）

「方期拾瑤草」

錢注：「江淹登廬山詩：瑤草正翕赩。。李善注云：玉芝也。本草經：白芝，一名玉芝。此與別賦：惜瑤草之徒芳，與義不同。」（卷一）

朱注：「江淹廬山詩：瑤草正翕赩。善曰：瑤草，玉芝也。本草經：白芝生華山，一名玉芝。」（卷一）

按：朱鶴齡所引與錢謙益大致相同。

(九)重題鄭氏東亭：「清漣曳水衣。」

錢注：「張協詩：堂上水衣生。注：水衣，苔也。」（卷九）

朱注：「張協詩：堂上水衣生。注：水衣，蒼苔也。」（卷一）

按：朱鶴齡所引只比錢謙益多一「蒼」字。

(十)鄭駙馬宅宴洞中

錢注：「唐書：明皇臨晉公主下嫁鄭潛曜。潛曜有孝行，廣文博士鄭虔之姝也。公嘗作公主母皇甫淑妃神道碑云：甫忝鄭莊之賓客、游竇主之園林。」（卷九）

朱注：「唐書：明皇臨晉公主下嫁鄭潛曜。按：潛曜，廣文博士鄭虔之姪。公作公主母皇甫淑妃墓碑云：甫忝鄭莊之賓客，遊貴主之園林。」（卷一）

按：朱鶴齡所引與錢謙益同，然而自「潛曜，廣文博士鄭虔之姪。」以下，錢謙益已先言及，朱鶴齡似不當以按語出之。

(十一)高都護驄馬行：「腕促蹄高如踣鐵。」

錢注：「齊民要術：腕欲得細而促，蹄欲得厚而大。又曰：腕欲促而大，其開纔容幹。蹄欲厚二、三寸，硬如石。」（卷一）

朱注：「齊民要術：馬腕欲得細而促，蹄欲得厚而大。又曰：腕欲促而大，其間纔容幹，蹄欲得厚二、三寸，硬如石。」（卷一）

按：朱鶴齡所引與錢謙益幾乎全同。

(十二)自京赴奉先縣詠懷五百字

錢按：「祿山起兵，在十一月九日，反書至長安，玄宗猶未信。故此詩言歡娛聚斂，致亂在旦夕而不言祿山反狀也。」（卷一）

朱按：「十一月九日，祿山反書至長安，玄宗猶未信，故此言歡娛聚斂，致亂在旦夕，而不及祿山反狀也。」（卷三）

按：朱鶴齡之按語，大略與錢謙益相同，但是却不注明引自錢謙益。

㈢悲青坂

錢注：「青坂，地名，未詳。陳濤斜，在咸陽，房琯師次便橋；便橋在咸陽縣西南十里，架渭水上，則青坂去陳濤便橋不遠。」（卷一）

朱按：「青坂，地名。陳濤斜在咸陽，房琯師次便橋，便橋在咸陽縣西南十里，青坂去陳陶便橋當不遠。」（卷三）

按：朱鶴齡之按語，顯然承自錢謙益而來，然亦不注明。

㈣蘇端、薛復筵簡薛華醉歌：「汝與山東李白好。」

錢注：「曾鞏曰：白，蜀郡人。初隱岷山，出居湖漢之間，南游江淮，去之齊魯。舊史稱白山東人，蓋史誤也。按：舊書：白，山東人，父爲任城尉，因家焉。錢希易南部新書亦同。元微之作杜工部墓志，亦云山東人李白。蓋白隱于徂徠，時人皆以山東人稱之，故杜詩亦曰山東李白。鞏以史爲誤，而希易反以世稱蜀人爲誤，皆非也。近時楊愼據李陽冰魏顥序，欲以爲東山李白。

陽冰云：歌詠之際，屢稱東山。顥云：迹類謝康樂，世說爲李東山。此亦偶然題目，豈可援據爲稱謂乎？楊好奇曲說，吾所不取。」（卷二）

朱按：「唐人劉全白作太白碣記云：廣漢人。曾鞏序又云：蜀郡人，隱岷山。而舊書則以爲山東人。考之廣漢、蜀郡、山東，皆白僑寓所在。白本隴西成紀人，涼武昭王暠九世孫，李陽冰序可據也。此稱山東，蓋太白父爲任城令，因家焉。生平客齊兗間最久，故時人以山東李白稱之。太白東魯行：學劍來山東，此明證也。元微之作子美墓誌亦曰：是時山東人李白，亦以文奇取稱。自曾子固疑舊史爲誤，而楊用修又因李陽冰魏顥序有自號東山之說，遂謂後人妄改山東，殊不然也。」（卷三）

按：朱鶴齡此段按語，主要脈絡仍是遵循錢謙益而來，然而亦無注明。

㈤羌村三首之一：「夜闌更秉燭。」

錢注：「冷齋詩話：言更互秉燭也。陸放翁云：夜深宜睡，而復秉燭，見久客喜歸之意。惠洪讀平聲，妄也。」（卷二）

朱注：「冷齋詩話：更秉燭言更互秉燭也。陸游筆記：夜深宜睡，而復秉燭，見久客喜歸之意。德洪謂平聲，妄也。」（卷四）

按：朱鶴齡所引與錢謙益相同。

㈥奉和賈至舍人早朝大明宮：「九重春色醉仙桃。」

錢注：「醉仙桃者，言春色之酣，著桃如醉也。」（卷十）

朱注：「醉仙桃，言春色之穠，桃花如醉，以在禁內，故曰仙桃，非用王母事也。」（卷四）

按：朱鶴齡所言與錢謙益大致相似。

㈦題鄭十八著作虔：「也罣新國用輕刑。」

錢注：「是時陷賊官以六等定罪，虔在次三等之數，貶台州司戶，故曰用輕刑也。虔稱風緩，以密章達靈武，而議罰過重，故有惜之之語。」（卷十）

朱注：「是時六等定罪，虔貶台州，于刑爲輕矣。然虔稱風緩，以密章達靈武，不當議罪，故公于此深惜之。」（卷四）

按：朱鶴齡之語和錢注大略相同，然無注明。

㈧洗兵馬：「汝等豈知蒙帝力，時來不得誇身強。」

錢注：「豈知蒙帝力，不得誇身強。介子推所謂二三子貪天功以爲己力，不亦難乎，是也。」（卷二）

朱注：「汝等二句，即介之推所謂貪天功以爲己力也。」（卷五）

按：朱鶴齡之語有襲錢謙益之嫌，然未注明。

㈨觀兵

錢注：「先是李光弼曰：思明得魏州而按兵不動，此欲使我懈惰，而以精銳掩吾不備也。請與朔方軍同逼魏城，求與之戰。彼懲嘉山之敗，必不敢輕出，得曠日久，則鄴城必拔矣。魚朝恩以爲不可而止。安祿山事蹟云：汾陽以諸將欲襲思明，謀議不同，乃與李廣琛同謀灌城。又云：汾陽與李光弼所謀不協，遂列大陣於鄴城南十里。然則臨淮之謀，不獨朝恩不可，即汾陽亦未必相協也。臨淮云：同逼魏城。公詩云：『斬鯨遼海波』。皆謂不當困守鄴城，老師乏饋，以待援師之至也。早用此計，安有滏水之潰乎？」（卷十）

朱按：「是時李光弼與諸將議曰：思明得魏州而按兵不動，此欲以精銳掩吾不備也。請與朔方兵同逼思明于魏州，彼懲嘉山之敗，必不敢輕出，曠日引久則鄴城必拔矣。魚朝恩不可而止。安祿山事跡云：汾陽以諸將謀議不協，乃與李廣琛同謀灌城。公詩「斬鯨遼海波」，正與光弼意合，言當直搗幽燕，傾思明之巢穴，不當老師鄴城之下也。使早出此計，安有滏水之潰乎？」（卷五）

按：朱鶴齡之按語顯然和錢謙益大致相同而較簡略。

㈩秦州雜詩二十首之五：「南使宜天馬，由來萬匹強。」

錢注：「寰宇記：秦州清水縣有馬池水，源出嶓冢山。開山圖云：隴西神馬山有淵池，龍馬所生。水經注：馬池水，出上邽西南六十里，謂之龍淵水。言神馬出水事，同徐吾來淵之異，故有馬池之號。」又於詩後箋曰：「按通鑑，是年春三月，九節度之師潰於鄴城。戰馬萬匹，惟存三千。此詩『浮雲連陣沒』，正其事也。秦州乃出西域之道，故感天馬事而賦之。」（卷十）

朱按：「通鑑，是年春三月，九節度之師潰於鄴城，戰馬萬匹，惟存三千。此詩『浮雲連陣沒』，正其事也。秦州乃出西域之道，故感天馬事而賦之。或曰：寰宇記：秦州清水縣有馬池水，源出嶓冢山。開山圖云：隴西神馬山有淵池，龍馬所生。水經注：馬池水，出上邽西南六十里，謂之龍淵水。言神馬出水事，同徐吾來淵之異，故因名焉。」（卷六）

按：朱鶴齡之語幾與錢謙益之箋注全部相同。

(二一)寄岳州賈司馬六丈巴州嚴八使君兩閣老五十韻：「討胡愁李廣，奉使待張騫。」

錢注：「當是指哥舒翰，謂其以老將敗績也。」又云：「肅宗即位，即遣使回紇，脩好徵兵。」（卷十）

朱注：「愁李廣，當指哥舒翰，謂其以老將敗績也。待張騫，謂肅宗即位，即遣使回紇，脩好徵兵。」（卷六）

按：朱鶴齡之語幾與錢謙益全同。

(二二)九日登梓州城：「兵戈與關塞。」

錢注：「兵戈關塞，指徐知道以兵守劍閣也。」（卷十二）

朱注：「兵戈關塞，謂徐知道以兵守劍閣。」（卷九）

按：朱鶴齡所言與錢謙益全部相同。

(二三)秋盡：「江上徒逢袁紹杯。」

錢注：「鄭玄傳：袁紹總兵冀州，遣使要玄，大會賓客。玄最後至，乃延升上座，身長八尺，飲酒一斛，秀眉明目，容儀溫偉。公以玄自況，爲儒而遭世難也。舊注引河朔飲非是。」（卷十二）

朱注：「楊愼曰：鄭玄傳：袁紹總兵冀州，遣使要玄，大會賓客，玄最後至，乃延升上坐，身長八尺，飲酒一斛，秀眉明目，容儀溫偉。公以玄自況，爲儒而遭世難也。舊注引河朔飲，非是。」（卷九）

又「劍門猶阻北人來。」

錢注：「徐知道兵據劍閣，故曰：猶阻北人來。」

朱注：「時徐知道爲其下所殺，其兵尚據劍閣，故曰：猶阻北人來。」

按：朱鶴齡所言幾與錢謙益全部相同。

㈤漁陽

錢注：「趙傁曰：公在梓，聞雍王授鉞，作此詩以諷河北諸將，謂飄然而來，猶恐後時乃擁兵不入本朝，豈高計乎。末又擧祿山往事以戒之。舊注以後事傅會，錯亂殊甚。」（卷四）

朱云：「公聞雍王授鉞，作此以諷河北諸將，言當急歸本朝，毋蹈祿山之覆轍也。舊注謬亂殊甚。」（卷九）

按：朱鶴齡之語和錢謙益大致相同。

㈤欆拂子：「熒熒金錯刀。」

錢注：「文選四愁詩：美人贈我金錯刀。善注：續漢書曰：佩刀，諸侯王黃金錯環。謝承後漢書：詔賜應奉金錯把刀。前漢志：新室更造契刀錯刀。錯刀以黃金錯其文，一刀直五千。此云『熒熒金錯刀』，謂佩刀也。對雪詩云：『金錯囊徒罄』，謂錢刀也。虎牙行云：『金錯旌竿滿雲直』，謂以黃金錯鏤旗竿也。蓋古人以金錯器，皆謂之金錯。」（卷五）

朱注：「師尹曰：張平子四愁詩：美人贈我金錯刀。善注引續漢書曰：佩刀，諸侯王黃金錯環。謝承後漢書曰：詔賜應奉金錯把刀。前漢食貨志：錢，新室更造契刀錯刀。錯刀以黃金錯其文，一刀直五千。此云：『熒熒金錯刀』，乃佩刀之屬也。對雪詩云：『金錯囊徒罄』，是錢刀以金錯之也。虎牙行云：『金錯旌竿滿雲直』，是以黃金錯鏤旌竿也。大抵古人器物錯之以金，皆謂金錯。」（卷十）

按：朱鶴齡所言大致與錢謙益相同。

除以上所舉二十五例外，朱鶴齡之輯注杜工部詩集中，尙有許多和錢謙益箋注相同之處，亦皆沒有注明乃引自錢注者。或曰注詩一事，智者所見略同，雖偶有相似之處，亦不必爲朱鶴齡蹈襲錢謙益之據。余曰不然，一則數量太多，豈能以所見略同一語輕加塞責？再則朱鶴齡其他注解之處，直書引用錢箋者屢屢可見；而所引錢箋中，或是闡釋杜詩典故來源，或是發明杜詩比興，皆與前述所舉之例無別。既是同樣引自錢箋，有的直接書明引用錢箋，有的却毫無注明，此種作法，不免起人疑竇。因此，就對勘結果顯示，朱鶴齡實難逃掠美之嫌，而此一嫌疑，恐即和錢、朱二人注杜之爭有關。蓋錢謙益由於自謂老歸空門，不再用心世間文字；此時得遇朱鶴齡於吳門，見其對杜詩所見和己頗爲相近，故欲以己所成之稿託付朱鶴齡以成書，並曾爲朱鶴齡向毛子晉推薦，欲假館以作重訂工作。屆朱鶴齡成書之後，錢謙益未即過目，便爲其草序吹噓。按理而推，似不應有爾後反目之事發生。然而錢謙益在見過朱鶴齡成書之本後，却表示不願厠名，並對朱注本大加抨擊。經過上述比對之後，我們幾乎可以推斷，錢謙益可能即對朱鶴齡此種掠美作風表示不滿，故而託言不願列名以抗議。蓋古人往往視著述爲大事，甚至有重於生命者。朱鶴齡雖受錢謙益之賞識，然而蹈襲之舉恐亦難令錢謙益隱忍不發。無怪乎錢謙益在「復吳江潘力田書」中有云：「少年時觀劉子駿與楊子雲書，從取方言入籙，貢之縣官，而子雲答書曰：『君不欲脅之以威，凌之以武，則縊死以從命。』私心竊怪其過當。由今言之，古人矜重著作，不受要迫，可謂子雲老不曉事哉！」（「有學集」卷卅九）這種怒氣，想必有部分即是針對朱鶴齡之掠美作法而發的。所以我們可以說：朱鶴齡在杜詩注中大量引用錢注而不加以註明之舉，實是造成二人反目原因之一。

【附　註】

① 洪業先生論及錢、朱二人注杜之爭的過程，詳見其序哈佛燕京學社所編之杜詩引得。柳作梅先生則有「朱鶴齡與錢謙益之交誼及注杜之爭」一文，刊於東海學報十卷一期。然而洪、柳二位先生對於錢、朱注杜爭議之因，並未就二人之

注本來加以比較異同即作結論，實嫌簡略。然而二位先生由於先有發明，對於筆者自有啓迪之功。

② 按：絳雲大火應在庚寅年，也就是順治七年，此云辛卯年，誤。

③ 此序自此以下，「有學集」所引與今本「杜詩錢注」中之「草堂詩箋序」有異，請參閱。

第二節 史實運用及編年看法之不同

錢謙益以豐富之史學知識注解杜詩，此事學者略能言之。然而有時信任己見太過，因而不可避免地與人發生爭議。如朱鶴齡之輯注杜工部詩集中，即有不少有關史學注杜及編年的看法與錢謙益相左者，今略列如下：

㈠奉贈太常張卿二十韻

錢注：「舊書均傳云：均、垍皆能文，說在中書，兄弟已掌綸翰之任。九載，遷刑部尚書，自以才名當爲宰輔。楊國忠用事，罷陳希烈知政事，引韋見素代之，仍以均爲大理卿，均大失望。垍傳云：天寶十三載，盡逐張垍兄弟，出均爲建安太守，垍爲盧溪郡司馬，歲中召還，再遷爲太常卿。據此，則均於歲中召還之後，自大理卿遷太常卿，故云再遷也。新書云：均還授大理卿，垍授太常卿。通鑑亦仍其誤，又書太常卿垍爲翰林供奉，在盧溪未貶之前，則失之遠矣。黃鶴欲改此詩爲贈垍，則又仍新書通鑑之誤也。」（卷九）

朱注：「按舊書均傳云：九載遷刑部尚書，自以才名當爲宰輔。楊國忠用事，罷陳希烈，引韋見素代之，仍以均爲大理卿，均大失望。垍傳云：十三載，盡逐張垍兄弟，出均爲建安太守，垍爲盧溪司馬，歲中召還，再遷爲太常卿。新書：均還授大理卿，垍授太常卿。與舊書合。通鑑亦云：至德元載五月，太常卿張垍薦虢王巨有勇略。此詩是贈垍甚明。舊本都作贈均，乃刀筆之訛耳。」（卷二）

按：此詩錢謙益以爲乃杜甫贈張均之作，朱鶴齡則以爲是張垍，兩人並各引史書爲證。今人彭毅在「錢牧齋箋注杜詩補」中云：「按舊書卷九十張均傳：均歷官戶部侍郎、饒州刺史，復以太子左庶子徵爲戶部侍郎，遷刑部尚書，卒爲大理卿。而史不言其嘗爲太常卿也。考同書同卷張垍傳，天寶十三載，盡逐張垍兄弟，出均爲建安太守，垍爲盧溪郡司馬，歲中召還，再遷爲太常卿。同書卷九玄宗紀天寶十三載三月丁酉，太常卿張垍貶盧溪郡司馬。新書卷一二五張垍傳亦云：歲中還，垍爲太常卿。紀與傳之太常卿，雖於貶司馬之前後不同，然太常卿爲垍官則甚明，故此詩必爲贈垍者。」由此可見，朱鶴齡之說並非無據，反而是錢謙益之論難以成立。

㈡去矣行

錢注：「鮑欽止曰：天寶十四載，公在率府，數上賦頌，不蒙採錄，欲辭職，遂作去矣行。」（卷一）

朱注：「按此與貧交行、白絲行，皆不知何因而作，舊法穿鑿，今悉削之。」（卷三）

按：此詩觀其內容，自以朱鶴齡所說爲長，錢注必繫之以時事，無怪乎朱鶴齡不敢苟同。

㈢悲青坂：「天寒飲馬太白窟。」

錢注：「太白山，在武功縣，去長安二百里。琯先分三軍，劉悊將中軍，自武功入，故曰：飲馬太白窟。」（卷一）

朱注：「史云：琯敗陳陶，殘卒數千不能軍，帝使裒夷散，復圖進取。青坂，東門駐軍之地也。飲馬太白窟，其依山而守乎？」（卷三）

按：錢、朱二人引用時事的結論不同。

㈣石笋行

錢注：「趙曰：此詩作於上元元年，是時李輔國離間兩宮，擅權蒙蔽，故賦石笋以指譏之。」（卷四）

朱注：「姚寬曰：石笋事當以華陽國志爲正，後漢書注亦引之。今公詩云：恐是昔時卿相墓，立石爲表今仍存。豈偶未見耶！」（卷七）

按：錢謙益引趙次公之言，謂此詩與時事有關；朱鶴齡則引姚寬之言，認爲乃就事賦事，與時事無關。兩人見解顯然有別。

㈤入奏行贈西山檢察使竇侍御

錢注：「適奏云：梓遂果閬等八州，分爲東川節度，嘉陵北爲蠻獠所陷。今雖小定，瘡痍未平。

所謂八州者此也。」又云：「自邛關黎雅，界于南蠻也。茂州而西，經羌中至平戎數城，界于吐蕃。臨邊小郡，各舉軍戎，並取給于劍南。公有東西川說云：如此處分，八州之人，願賈勇復取三城不日矣。」（卷四）

朱注：「是時吐蕃窺西山三城，西川八州刺史合兵禦之，故竇侍御以戰守機宜入奏朝庭。有引東川梓遂等八州者，全無交涉。」（卷八）

按：朱鶴齡之語明顯可以看出，對於錢謙益所採的史事地理全不認同。

㈥別蔡十四著作：「主人薨城府。」

錢注：「趙云：指郭英乂。鶴云：指嚴武爲是。蓋英乂單騎奔簡州，爲晉州刺史韓澄所殺，不當云薨城府也。」（卷五）

朱注：「主人，趙次公、黃鶴俱云：郭英乂也。按舊史：英乂奔簡州，晉州刺史韓澄斬其首送崔旰。英乂又必殯于成都，故此云薨城府，蓋隱之也。或疑指嚴武，非是。」（卷十二）

按：朱鶴齡所指爲非是者，即錢謙益之說。

㈦諸將五首之二（韓公本意築三城，………。）

錢箋：「往予沿襲舊聞，謂責諸將不應借助於回紇。當盜發幽陵，天子西走，汾陽提朔方孤軍，轉戰逐北。香積之翦伏，西嶺之却迴，非回紇協力奮擊，或出其背，或出其後，勝負未決，兩都之收復，未可知也。當此之時，能預料其怙恩肆掠，逆而拒之乎？魏勃曰：失火之家，當先白大人，後救火乎？此切喻也。故吾謂豈謂盡煩云云，乃俯仰感嘆之詞，非以是爲謀國不臧而有所彈刺也。有言末章二句，屬勸勉汾陽之詞。汾陽自相州罷歸，部曲離散。承詔日，麾下才數十騎，僅免於朝恩、元振交口訾嗤。少陵於此時惜之可也，訟之可也，又何庸執三寸之管，把其短長乎？新書亦謂太宗能用突厥，而肅宗不能用回紇。兔園書生，不識世務，鈔略論斷，妄談兵事，如此類者，皆可以一笑也。」（卷十五）

朱注：「此責諸將之借助于回紇也。自回紇助順，肅宗之復兩京，雍王之討朝義，皆用回紇兵力，卒之恃功侵擾，反合吐蕃入寇。公故追感晉陽起義之盛而嘆諸將之不能爲天子分憂也。」又引杜詩博議謂「………。然太宗龍興晉陽，亦嘗請兵突厥，內平隋亂。其後突厥恃功直犯渭橋，卒能以計摧滅之。此不獨太宗之神武，亦由英衞二公專征之力也。故繼之曰：獨使至尊憂社稷，諸公何以答升平。所以勉子儀者至矣！」（卷十三）

按：錢、朱二人之說有如針鋒相對。錢謙益謂「往予沿襲舊聞」云云，可見錢謙益原本對此詩之見亦同於朱鶴齡，然而後來盡變前意，並大力抨擊朱鶴齡之論，甚至謂爲「兔園書生，不識世務，鈔略論斷，妄談兵事。」可謂火氣甚盛，然而此詩當以錢注爲是。

㈧寄韓諫議

錢箋：「程嘉燧曰：此詩蓋爲李泌而作。予考之是也。按史及家傳，泌從肅宗于靈武，旣立大功，而倖臣李輔國害其能，因表乞游衡岳，優詔許之。山居累年，代宗即位，累有頒賜，號天杜峯中岳先生。無幾，徵入翰林。公此詩，蓋當鄴侯隱衡山之時，勸勉韓諫議，欲其貢置之玉堂也。………。韓諫議，舊本名注。予考韓休之子泫，上元中爲諫議大夫，有學尙，風韻高雅，當即其人，注字蓋傳寫之誤。」（卷五）

朱云：「韓諫議不可考，其人大似李泌，必肅宗收京時，嘗與密謀，後屏居衡湘，修神仙羽化之道，公思而作。……。或疑韓諫議乃韓休之子汯，訛作注。又云此詩爲李泌隱衡山而作，其說牽合難從。」（卷十七）

按：朱鶴齡之語顯係反對錢謙益之說。

㈨解悶十二首之二：「何人爲覓鄭瓜州。」

錢注：「鄭審，大曆中爲袁州刺史，瓜州必袁州之僞。」（卷十五）

朱按：「瓜洲村與鄭莊相近，鄭莊，虔郊居也。審爲虔之姪，其居必在瓜洲村，故有末語。州當作洲，與秋瓜憶故丘緊相應。或以乾元中，審嘗任袁州刺史，改作袁州，生趣便索然矣。」（卷十七）

按：朱鶴齡不同意錢謙益「瓜州必袁州之僞」之說。

㈩登高（風急天高猿嘯哀）

錢謙益：「在成都及綿漢梓州作。」（卷十二）

朱按：「舊編成都詩內，按：詩有猿嘯哀之句，定爲夔州作。」（卷十七）

按：二人對此詩之編年看法不同。

㈩寄李十四員外布十二韻

錢云：「居閬州及再至成都作。」（卷十三）

朱按：「詩云：巫峽將之郡，荊門好附書。又云：黃牛平駕浪，畫鷁上淩虛。明是泝流而上，以至萬州。舊編廣德二年成都作，乃是順流下峽，不當曰：上淩虛。且荊門在萬州之下，無由至此附書也。………。草堂本次大曆四年湘江詩內，今從之。」（卷廿）

㈩㈡幽人

錢云：「寓泰州及同谷縣行赴蜀中作。」（卷三）

朱云：「詩末有五湖浩蕩語，必居湖南時作也。草堂本編潭州詩內，今從之。」（卷廿）

按：以上二詩，錢、朱二人編年均相異。

㈩㈢覽柏中丞兼子姪數人除官制詞因述父子兄弟四美載歌絲綸

錢注：「今合而考之，爲郭英乂之前軍，與崔旰戰敗于成都西門者，柏茂琳也。以邛州牙將起兵討崔旰者，柏貞節也。………。茂琳敗，英乂死，而貞節復自邛劍起兵，與旰爲難，柏氏實爲職志。是故鴻漸至駱谷，即請授茂琳爲邛南防禦使，旰爲西山防禦使，以兩解之。旣入成都，又請授旰爲西川節度行軍司馬，茂琳爲邛南節度使，而貞節等爲本州節度使，各令解兵。………。絲綸詩云：『紛然喪亂際，見此忠孝門。』『深誠補王室，戮力自元昆。』『同心注師律，灑血在戎軒。』『奉公擧骨肉，誅叛經寒溫。』則豈非茂琳、貞節，出于一門，同心討旰之證乎？」

（卷七）

朱引杜詩博議云：「今以本紀考之，則授邛州刺史、邛南防禦及節度，皆茂琳一人之事。蓋茂琳以牙將爲英乂前軍，敗于城西，復歸邛州，興兵討寧耳。疑貞節乃茂琳之字，或後改名，非二人也。」（卷十四）

按：朱鶴齡以爲貞節與茂琳乃一人，錢謙益則以爲是二人，且出于一門，看法大異。

由以上諸例可見，朱鶴齡雖然嘗受錢謙益之賞識，但是對其豐富的史學知識注解杜詩，並非全盤的接受，甚至有時還會羅列許多證據來說明錢謙益的錯失所在。無怪乎錢謙益在「與遵王書」中會說：「長孺其魁然者也，勿漫視之。」錢謙益原意是要朱鶴齡「補綴成書」，但是朱鶴齡不但時有己見，而且對錢謙益引用史實不當及編年不確的地方屢屢提出糾正。所以這也應是造成錢、朱二人後來反目的原因之一

第三節　闡析杜詩的歧異

錢謙益與朱鶴齡注解杜詩最大的爭議處，乃在於有關杜詩闡述的歧異。經過比對之後，略列如下：

㈠奉贈韋左丞丈二十二韻

錢注：「范元實詩眼云：此詩前賢錄爲壓卷，其布置最得正體。」（卷一）

朱注：「此詩前後乃陳情也。韋必嘗薦公而不達，故有踆踆去國之思。今猶未忍決去者，以眷眷大臣也。然去志終不可回，當如白鷗之遠汎江湖耳。意最委折而語非乞憐，應與昌黎上宰相書同讀。范元實但稱其布置得體，未爲知言。」（卷一）

按：錢謙益引范元實之說，謂此詩布置最得正體，似乎僅就章法結構而言。朱鶴齡則更就老杜詩中蘊含之沈鬱情懷來加以申論，故批評范元實之說未爲知言。二人闡析觀點有異。

㈡兵車行

錢注：「是時國忠方貴盛，未敢斥言之，雜舉河隴之事，錯牙其詞，若不爲南詔而發者，此作者之深意也。」（卷一）

朱注引杜詩博議曰：「按玄宗季年，窮兵吐蕃，徵戍繹騷，內郡幾徧。當時點行愁怨者，不獨征南一役。故公托爲征夫自愬之詞以譏切之。若云懼楊國忠貴盛而詭其詞於關西則尤不然。太白古風云：『渡瀘及五月，將赴雲南征。怯卒非壯士，南方難遠行。長號別嚴親，日月慘光晶。泣盡繼以血，心摧兩無聲。』已明刺之矣，太白胡獨不畏國忠耶！」（卷一）

按：朱鶴齡所言與錢謙益觀點恰異。平實而論，應以朱鶴齡所說爲長。蓋因唐人爲詩，往往直賦其事而不諱。如杜甫「贈花卿」詩云：「錦城絲管日紛紛，半入江風半入雲。此曲只應天上有，人間能得幾回聞。」即諷刺花驚定在蜀奢淫無度，並無避諱。又「戲作花卿歌」云：「李侯重有此節度，人道我卿絕代無。既稱絕代無，天子何不喚取守京都？」亦是直書其諷諭之意，並無錯牙其詞。由此可見，朱鶴齡之說較錢謙益爲長。

㈢故武衞將軍挽詞三首之二（舞劍過人絕，……。）

錢箋曰：「赤羽千夫膳二句，狀沙漠外之風景也。窮邊絕漠，轉運旣斷，裹糧亦竭，軍中咸仗一矢以給膳食，故曰：赤羽千夫膳。非躡上二句，誇將軍之能射也。黃河十月冰者，左昭二十五年傳：公徒釋甲，執冰而踞。注曰：冰，櫝丸蓋。或云：櫝丸是箭箭，其蓋可以取飲。此言黃河十月，軍士乏水，而以箭筩之蓋取飲，極狀其苦寒也。若解爲冰凍之冰，於義何取？若帖釋上鈷鋒一句，則文義不屬。結云：橫行沙漠外，神速至今稱。於此地能橫行，方顯其神速也。」（卷九）

朱云：「赤羽四句，紀行師沙漠之事也。赤羽之下，會膳千夫，見以孤軍轉鬥，又值黃河十月，塞外苦寒，氷堅難渡之時。當此而能橫行沙漠之外，其神速誠可稱矣！舊解都謬。」（卷三）

按：朱鶴齡對「赤羽千夫膳，黃河十月冰。」二句之闡析與錢謙益顯然有異。

㈣元日寄韋氏妹：「春城迴北斗。」

錢注：「三輔黃圖：初置長安城，本狹小，至惠帝更築之，高三丈五尺。上闊九尺，下闊一丈五尺，雉高三板，周迴六十五里。城南爲南斗形，北爲北斗形。至今人呼漢舊京爲斗城。」（卷九）

朱注：「回北斗是用斗柄東而天下皆春，或引三輔黃圖，長安城南爲南斗形，北爲北斗形，未

當。」（卷三）

按：朱鶴齡之語明是針對錢謙而發。

㈤塞蘆子

錢箋：「是時賊據長安，史思明、高秀巖重兵趨太原，崤函空虛。公以爲得延州精兵萬人，塞蘆關而入，直擣長安，可以立奏收復之功也。首言五城荊杞，惜其單虛，無兵可用也。思明自博陵寇太原，舍河北而西，故曰割懷衞。秀巖自大同與思明合兵，故曰西未已。二賊欲取太原，長驅朔方河隴，而長安西門之外，皆爲敵壘，故曰：迴略大荒來，崤函蓋虛爾也。疾驅塞蘆子，言塞蘆子而疾驅長安，非壅塞之塞也。薛景仙守扶風，關輔響應，取道扶風，與景仙合力，則收復尤易也。故曰：蘆關扼兩寇，深意實在此。此公之深意也。………。此詩所論，乃至德二載未收京時事，與留花門似非並時之作，或事後追記之也。」（卷二）

朱云：「此詩首以五城爲言，蓋憂朔方之無備也。高、史二寇合力攻太原，克太原則渡河而西即延州界，北出即朔方五城。朔方節度治靈州，靈距延才六百里爾。靈武爲興復根本，公恐二寇乘虛襲之，故欲以萬人守蘆關，牽制二寇，使不得北。景仙從扶風出兵，擣長安之不備，所謂蘆關扼兩寇也。塞字乃作壅塞解。時太原幾不守，幸祿山死，思明走歸范陽，勢甚岌岌，公故深以爲慮也。………。此本陷賊時詩，諸本多誤解，故次在收京之後。」（卷三）

按：朱鶴齡與錢謙益闡析「塞」字觀點不同，因此對全詩看法亦不同。

㈥乾元中寓居同谷縣作歌七首之六（南有龍兮在山湫，……。）

錢注：「吳若本注云：此篇爲明皇作也。明皇以至德二載至自蜀，居興慶宮，謂之南內。明年改元乾元，時持盈公主往來宮中，李輔國常陰候其隙間之，故上元二年，帝遷西內。」（卷三）

朱引杜詩博議云：「前後六章皆自序流離之感，不應此章獨譏時事。此蓋詠同谷萬丈潭之龍也。龍蟄而蝮蛇來遊，或自傷龍蛇之混，初無指切。古人詩文取喻於龍者不一，未嘗專指爲九五之象。」（卷七）

按：朱鶴齡之說恰與錢謙益相異，平實而論，自應以朱說爲長。

㈦成都府：「初月出不高，衆星尙爭光。」

錢注：「困學記聞：初月出不高，衆星尙爭光。謂肅宗初立，盜賊未息也。」（卷三）

朱云：「此詩語意多本阮公詠懷，……。『初月出不高，衆星尙爭光。』則本子建贈徐幹詩『圓景光未滿，衆星粲以繁。』公云：熟精文選理。於此益信。杜田注：桑榆喻明皇在西內，初月喻肅宗，衆星喻史思明之徒。此最爲曲說！王伯厚困學紀聞亦引之，吾所不解。」（卷七）

按：朱鶴齡與錢謙益對於「初月出不高，衆星尙爭光。」二句看法大異。

㈧漫成二首之一：「野日荒荒白，春流泯泯清。」

錢注：「希曰：張有復古編：泯，古活字。泯泯當是活活，如北流活活之義。」（卷十一）

朱按：「泯泯對荒荒，極狀江流之遠大。張有復古編云：泯，古活字，泯泯是活活之誤。不知

泯泯、活活，意象各不侔。」（卷八）

按：朱鶴齡闡析「春流泯泯清」與錢謙益全異。

㈨赴青城縣出成都寄陶王二少尹：「文章差底病。」

錢注：「舊注云：差底病，猶云差得何病也。」（卷十一）

朱按：「趙曰：差，病除也。差底病，言雖有文章可差得何病乎？按：如趙說，差應讀楚懈切，六書正譌一音才何切。然此恐是差錯之差，病如聲病之病。言文章之不利，差在何病乎？回首二子，與自滔滔，蓋以詩道自信之詞。」（卷八）

按：錢、朱二人對於「文章差底病」一句闡析各異，錢謙益引舊注而不駁，似乎即同意舊注的說法，朱鶴齡則以爲不然。

㈩枯柟

錢注：「石林云：此詩當爲房次律而作。」（卷四）

朱云：「以枯柟比大材不見用，老死丘壑，識者悲之。以水楡比小材居重任，且不知自畏，識者危之。蓋爲用人者發。」（卷八）

按：二人闡析觀點全異。

(十一)相從行贈嚴二別駕：「烏帽拂塵青螺粟。」

錢注：「趙曰：青螺粟，帽之紋也。」（卷五）

朱按：「趙曰：青螺粟，帽之文也。按：此解無義，作青騾近之。烏帽則拂去其塵，青騾則飼之以粟，即與奴白飯馬青芻意。言主人待客之厚如此也。」（卷九）

按：錢、朱二人闡析「烏帽拂塵青螺粟」觀點大異。錢本及朱本於「青螺」下皆云：「一作騾」，然錢謙益解釋此句，仍循舊說；朱鶴齡則以為舊解無義而另作新論。

（十二）送李卿曄：「晉山雖自棄，魏闕尚含情。」

錢注：「公自以不與靈武之賞，每以子推自喻也。」（卷十二）

朱引杜詩博義謂：「晉山自棄，即出金光門詩：『移官豈至尊』意也。古人流離放逐，不忘主恩；故公于賈嚴之貶，則曰『開闢乾坤正，榮枯雨露偏。』；于己之貶，則曰『晉山雖自棄，魏闕尚含情。』其溫柔敦厚之意，言外可想。若以肅宗不甚省錄，故往往自況子推，失之遠矣！」（卷十一）

按：朱鶴齡之說反對錢謙益謂杜甫每以子推自喻的說法。

（十三）除草：「轉致水中央，豈無雙釣舟。」

錢注：「晏曰：周禮：薙氏掌殺草，若欲其化，則以水火變之，以釣舟載而致之水。此水化也。」（卷五）

朱云：「以釣舟載而致之水，即除惡務盡意。舊注引周禮薙氏水化之說，非。」（卷十二）

按：朱鶴齡以為錢謙益引舊注之說為非。

㈣謁先主廟：「孰與關張並，功臨耿鄧親。」

錢注：「細思孰與二聯，畢竟是公自敍語。公當流落風塵之中，而不忘應天得士之感，故有此言。若云稱道武侯，則嚼然無味矣！伯仲之間見伊呂，公所以稱武侯也。若以關張比並，則兒童皆知其不然，何煩子美激贊也。」（卷十四）

朱注：「孰與二句，申言諸葛之功可軼關張而追耿鄧也。」（卷十二）

按：錢謙益之批評，似即針對朱鶴齡而發。

㈤昔遊：「商山議得失。」

錢注：「謂李泌爲肅宗彌縫匡救，上皇即日還京也。」（卷七）

朱云：「商山謂四皓也。漢書：上欲使太子將兵擊黥布，四人說建成侯呂澤夜見呂氏止其行。故云議得失。」（卷十五）

「景宴楚山深，水鶴去低回，龐公任本性，攜子臥蒼苔。」

錢注：「楚山以下，自傷其不遇也。其文意似斷續不可了，所謂定哀多微詞耳。」（卷七）

朱云：「市駿以下，言人君果能求賢，則四皓、孔明、太公、傅說之流，世豈少其人哉！若我之漂泊楚山，終當爲龐公之高隱矣！語意本無斷續。」（卷十五）

按：錢、朱二人闡析觀點皆不同。

㈥贈李八秘書別三十韻：「喜異賞朱虛。」

錢注：「漢文帝即位，先封太尉朱虛侯等，而後封宋昌。肅宗行賞，獨厚於靈武諸臣，公有文公賞從臣之譏，而此又以朱虛爲喻，皆微詞也。」（卷十五）

朱注引杜詩博議：「賞異朱虛，惜其不得殊擢。或以爲譏肅宗，非也。」（卷十六）

(七)次晚洲：「危沙折花當。」

錢注：「俞舜卿云：危沙既險，無他標識，插花以當之，非玉巵無當之當字也。廣韻：當，底也。今體詩云：常恐沙崩損藥闌。危沙易崩，故折花以爲之當。此亦偶寫近江之景色也。」（卷八）

朱按：「韓非子：玉巵無當。廣韻：當，底也。師注：花當乃花根。正此義，但對上妨字不等。俞舜卿謂插花沙上，以當標識。亦未然。余意危沙謂沙漲，今江中常有之；言舟行慮險，惟當以折花自遣，即下所云暫愉悅也。」（卷十九）

按：以上二詩，錢、朱二人看法均相異，而且互爲抨擊。

經由以上諸例，可以看出錢謙益和朱鶴齡在闡析杜詩的觀點上，有許多地方都是恰好相反的。而且在他們二人的評語中，也時常出現已是人非的言論來。在這種情形之下，二人經由闡析杜詩的歧異以致互不相讓而演至反目相攻，原是極其正常之事。所以此種杜詩闡析的歧異，亦是造成二人反目原因之一。

第四節　典故引用的齟齬

錢謙益既常以妄效李善注文選一語譏彈朱鶴齡，足見對於杜詩中的典故引用，必有與朱鶴齡意見不同者。而朱鶴齡亦謂「注子美詩須採據子美以前之書」，可見對於錢注本中的典故引用，亦有不以為然者。今比對兩本，略列如下：

㈠麗人行：「炙手可熱勢絕倫。」

錢注：「唐語林：進士舉人，各樹名甲。開成會昌中語曰：鄭楊段薛，炙手可熱。蓋唐時長安市語如此。」（卷一）

朱注：「兩京新記：安樂公主，上之季妹也。附會韋氏，熱可炙手，道路懼焉。崔顥詩：莫言炙手手可熱，須臾火盡灰亦盡。」（卷二）

按：朱鶴齡以為錢謙益所引唐語林之說時代太晚，開成會昌在子美之後，故而不採錢謙益之說而另加注解。

㈡崔駙馬山亭宴集：「詩成得繡袍。」

錢注：「唐會要：天授二年，內出繡袍賜新除都督刺史，其袍皆刺繡作山形，繞山勒回文。又延載元年，內出繡袍賜文武官三品以上。其袍文，宰相飾以鳳池，尚書飾以對雁，舒襟皆各為

回文。」（卷九）

朱注：「舊唐書：則天幸洛陽龍門，令從官賦詩，先成者以錦袍賜之。」（卷二）

按：錢、朱二人引用典故各不相同，然而玩索老杜詩意，似應以朱鶴齡所注爲長。蓋詩題「崔駙馬山亭宴集」，自然是描寫席間即興作詩之樂。「客醉揮金椀，詩成得繡袍。」正有先成詩者得獎賞之意。錢注所引雖細，爭奈不切詩題。

㈢魏將軍歌：「臨江節士安足數。」

錢注：「宋陸厥有臨江王節士歌。」（卷八）

朱注：「按漢書：景帝廢太子爲臨江王，後來侵廟壖爲宮，徵入，自殺。時人悲之，故爲作歌。愁思節士無考，本是二人，累言之，故及也。陸韓卿所作，乃合爲臨江王節士，其誤與中山孺子妾歌同。哀江南賦：臨江王有愁思之歌。又因此而誤。太白擬作，亦相沿未改。」（卷二）

按：錢、朱二人雖同指出宋陸厥有臨江王節士歌，然而朱鶴齡更考出本是二人，累言之，故及也。又引漢書藝文志有臨江王及愁思節士歌詩四篇爲證，足見較錢注爲長。

㈣別贊上人：「豆子雨已熟。」

錢注：「趙曰：言贊公當春爲寺主，來秦州已見豆熟也。宿贊公房云：杖錫何來此，秋風已颯然。正一義也。」（卷三）

朱注：「華嚴疏鈔經曰：譬如春月下諸豆子，得煖氣色，尋便出土。」（卷六）

按：此句錢謙益以爲無有典故，朱鶴齡乃不以爲然。

㈤聞斛斯六官未歸：「土銼冷疎煙。」

錢注：「吳若本注：蜀人呼釜爲銼。困學紀聞：滆水李氏云：老杜多用方言，如岸溉土銼，皆黔蜀人語。」（卷十一）

朱注：「說文云：銼，鑹鍑也。纂文云：秦人以鈷鉼爲銼鑹。按：鍑音副，釜大者曰鍑。土銼是甗甑之屬，即今行鍋也。困學紀聞云：土銼乃黔蜀人語，恐不然。」（卷八）

按：朱鶴齡引典來源與錢謙益不同，且謂其說爲非。

㈥少年行二首之一：「共醉終同臥竹根。」

錢注：「庾信謝趙王賜酒詩：始聞傳上命，定是賜中尊。野爐燃樹葉，山杯捧竹根。……。酒譜云：蓋以竹根爲飲器也。段氏蜀記：巴州以竹根爲酒杯子，爲時珍貴。」（卷十一）

朱注：「趙曰：銀玉皆富貴家飲器，正謂少年言。傾銀瓶，注玉椀，非不驚人眼也，然終與瓦盆盛酒者同臥竹根之傍耳！竹根字本選詩『徘徊孤竹根』。若如杜田說飲器，豈可謂之臥乎？」（卷八）

按：錢謙益引庾信詩及酒譜、段氏蜀記，謂竹根爲飲器。朱鶴齡則以爲竹根本選詩「徘徊孤竹根」，非是飲器。兩人意見全部相異。

㈦櫻桃子：「三歲清秋至，未敢闕緘縢。」

錢注：「張九齡白羽扇賦：『縱秋氣之移奪，終感恩於篋中。』此詩落句，亦九齡之意。而云不堪代白羽，其託喻深厚可諷。」（卷五）

朱注：「言三歲緘藏，不忍以過時而棄之。用物之義當然也。從班婕妤團扇詩翻出。」（卷十）

按：錢、朱二人引典明顯不同。

(八)信行遠修水筒：「何假將軍蓋。」

錢注：「古今注：曲蓋，太公所作。武王伐紂，大風折蓋，太公因折蓋之形而爲曲蓋焉。戰國嘗以賜將軍。高麗刻草堂詩作佩，注引李貳師拔佩刀刺山而泉飛。佩字較蓋字爲穩，宜從之。」（卷六）

朱注引錢箋後按：「此言信行觸熱入山，不煩張蓋也。恐亦非用貳師事。」（卷十三）

按：朱鶴齡於按語之前，先引錢箋之說，再謂「恐亦非用貳師事」，與前述之例直接引用他事來加以反對者不同。推測其因，可能即因此句之典故來源，朱鶴齡暫時亦無確切證據以說明用貳師事之非。雖心中懷疑，也只能姑且存於書中，然後再以按語表示己見。

(九)柴門：「巨渠決太古。」

錢本仍作「巨渠決太古」。

朱按：「巨渠恐當作巴渠。水經注：清水出巴渠縣東北，巴嶺南獠中，即巴渠水也。西南流至其縣，又西入峽。又曰：巴渠水，南歷檀井谿之檀井水，下入湯谿水，湯谿水又南入於江，名

曰湯口。」（卷十六）

按：朱鶴齡引水經注以證明「巨渠」當作「巴渠」，錢謙益則無。

㈩解悶十二首之十二：「側生野望及江蒲。」

錢注：「左太沖賦云：卭竹緣嶺，菌桂臨厓。旁挺龍目，側生荔枝。曲江賦全反其語，故曰：雲烟沃若，孔翠於斯。靈根所盤，不高不卑。彼前志之或妄，何側生之見庛。此詩云：側生野岸及江蒲。正曲江所謂側生見庛也。左氏曰：董澤之蒲，可勝旣乎。澤之產蒲明矣！而趙注以畝爲蒲。或又引劉熙釋名，以菴爲蒲，皆曲解可笑也。」（卷十五）

朱注：「趙曰：自戎僰而下，以畝爲蒲，今官私契約皆然，因以押韻。師作江蒲，非是。或曰：劉熙釋名：草圜屋曰蒲，又謂之庵。此詩江蒲似用此義，言荔枝生於野岸江菴之側耳。」（卷十七）

按：錢謙益和朱鶴齡引典不同，且錢謙益之言似即針對朱鶴齡而發。

(十一)久雨期王將軍不至：「未使吳兵著白袍。」

錢注：「呂蒙傳：蒙至尋陽，盡伏其精兵𦪇艫中，使白衣搖櫓，作商賈人服。此所謂吳兵著白袍也。」（卷七）

朱注：「南史：陳慶之麾下悉著白袍，所向披靡。先是洛中謠曰：名軍大將莫自牢，千兵萬馬避白袍。吳兵著白袍，定用此也。舊注引夫差、侯景事，或又引呂蒙白衣搖櫓事，俱謬。」（

卷十七）

按：朱鶴齡所言謬者，即指錢謙益之注。

㈢入喬口：「樹蜜早蜂亂。」

錢注：「古今注，枳俱子，一名樹蜜，一名木餳。實形拳曲，核在實外，味甘美，如餳蜜。」（卷十八）

朱注：「本草有石蜜、木蜜。陶隱居曰：木蜜懸樹枝作之，色青白。樹蜜即木蜜也。夢弼引古今注：枳俱子一名樹蜜，一名木餳。與早蜂亂不應。」（卷十九）

按：朱鶴齡引典出處和錢謙益明顯不同。

由上舉之例可知，朱鶴齡與錢謙益二人在注解杜詩典故方面，亦有許多差異，其中也不乏有相互指責之語。而且由朱鶴齡所引之典故出處來看，他眞正是做到「注子美詩須採據子美以前之詩」的說法。因此，這種典故引用的齟齬也應是造成錢、朱二人反目原因之一。

第五節　錢、朱二人注杜之爭的評議

經由以上四節的舉證比對，錢謙益與朱鶴齡注杜之爭的眞正原因已經非常清楚。正如錢謙益在「與毛子晉書」中所云：「頃在吳門，見朱長孺杜詩箋注，與僕所草大略相似；僕既歸空門，不復留心此事，而殘稿又復可惜，意欲並付長孺都爲一書。」可見錢謙益之所以將杜箋殘稿託付朱鶴齡乃起意於「見朱長孺杜詩箋注，與僕所草大略相似。」因此在朱鶴齡成書之後，錢謙益爲之序亦云：「余喜其發凡起例，小異大同，敝簏蠹紙，悉舉畀長孺。」但是在見到成書之後，却赫然發現朱鶴齡注杜中的見解，非但有許多地方並非「與僕所草大略相似」，而且還有多處舉證批評錢注的不是。這種情形看在錢謙益眼中，自然無法忍受而起欲收回舊序之意。沈壽民爲朱鶴齡輯注作後序云：「余嘗取兩本對勘，其中有不合者，惟收京、洗兵馬、哀江頭數詩。」經過前四節之比對之後，已知沈壽民所言純屬欺人之論，錢、朱二人注杜之相異處，固不僅此數詩而已！

洪業先生於杜詩引得序中謂：「注杜之爭，乃錢、朱二人之不幸，而杜集之幸。」誠爲知言。蓋學問之道，愈辯愈明。縱使有時不能立見結論，但是能將可能產生的現象告知讀者，總是好事。惟錢、朱二人注杜之爭的原因，應是起於二人注解時的意見紛爭甚多，再加上朱鶴齡似有掠人之美的嫌疑所致。至於二人注杜之優劣，洪業先生謂：「錢氏求於言外之意，以靈悟自賞，其失也鑿；朱氏長於字句之釋，以勤勞自任，其病在鈍。」可謂一針見血。蓋錢謙益由於過度重視詩中比興之法的探討，雖曾抨擊宋人析解杜詩，一字一句皆有比託之法爲可笑，却也難免重蹈覆轍而受人攻擊。事實上錢謙益此種注解杜詩之法，當時不以爲然者固不只朱鶴齡一人而已。如徐世溥復牧齋書即云：「夫繹國風者，常失之淺；解雅頌者，常失之深。杜子美忠君愛國，顛沛不忘，感時諷事，援引極博，後世多不能究其出處。是以不能明其指意所在，至牧齋而始發之。然竊謂考據確核之中，勿涉穿鑿附會之態，則作者之意，更不患其求明而反晦，此又溥所效於先生耳。」已對錢氏注杜涉及穿鑿附會之態度表示不能苟同。浦起龍「讀杜心解」發凡亦云：

「老杜天姿惇厚，倫理最篤。詩凡涉君臣、父子、兄弟、夫婦、朋友之間，都從一副血誠流出，而語及君臣者尤多。虞山輕薄人，每及明皇晚節、肅宗內蔽、廣平居儲諸事跡，卒以私智結習，揣量周內；因之編次失倫，指斥過當。繼有作者，或附之以揚其波，或糾之而不足關其口，使藹然忠厚之本心，千年負疚，得罪此老不少。」

所言雖甚爲激烈，要非無當之語。因此朱鶴齡不願完全遵循其說而另創己見，也就無足爲怪了。

錢、朱二人注杜爭議原因既解，然另有一事，亦頗耐人尋味。即比對錢、朱二人注本之後，發現朱鶴齡本中，存有引用錢箋之文，然却不見於今本錢注杜詩及小箋、二箋。茲舉數例如下：

㈠夜聽許十一誦詩愛而有作：「許生五臺賓，業白出石壁。」

朱引錢箋：「詩曰賓，則暫住也。曰出，則出遊。得非許生遊歷，亦有如鸞之少住臺山，後移石壁者歟？」（卷二）

㈡沙苑行：「往往坡陀縱超越。」

朱引錢箋：「相如哀二世賦：登坡陀之長坂。」（卷二）

㈢江畔獨步尋花七絕句之二：「行步欹危實怕春。」

朱引錢箋：「白樂天詩：防愁預惡春。即實怕春之意。」（卷八）

(四)丈人山：「不唾青城地。」

朱引錢箋：「劉勳妻王氏詩：千里不唾井，況乃昔所奉。」（卷八）

(五)翫月呈漢中王：「關山同一照。」

朱引錢箋：「作『一點』亦有致，東坡詞洞仙歌云：繡簾開，一點明月窺人。正用此。胡元瑞譏楊用修誤引，乃云：繡簾開一點爲句。坡又有詠柳洞仙歌：細腰支，自有入格風流。亦將以自有爲斷句乎？」（卷九）

這種現象甚爲可疑，因朱鶴齡不可能無的而發，誣指此等語爲錢謙益所說。若說爲錢曾所刪，故不見於今本錢注，亦不合理。蓋以上所擧之例，並無直接牽涉到錢、朱二人注杜之爭議，又非言不成理，因此並無遭致刪剪之由。或者此乃朱鶴齡於錢謙益紅豆莊箋注杜詩之時，受錢氏口頭提示而作，爲求書中體例一致，遂皆以錢箋爲標題出之？在沒有更確切證據之前，愚亦不敢斷言。聊存於此，以俟高明。

第五章　杜詩藝術技巧的闡發

清初的杜詩學由於受時代環境及學術潮流的影響，除了注解集前人之大成外，有關杜詩藝術技巧的闡發也較前人更爲深入。這種成就嚴格說來，可以說是有明一代文學理論和文學批評的一種延續和發展。蓋因有明一代，實爲六朝以後中國文學批評史上的第二個鼎盛時期。在二百七十幾年之間，文學批評不但成了極其普遍的風氣，而且幾乎和創作產生了密不可分的關係。早自宋濂、劉基、方孝孺，次及李東陽，前七子，以及後七子、公安、竟陵等人，無一不是熱中於文學理論的探討和作品的分析，而這種文學理論的探討又以詩爲大宗。杜詩自宋人提倡以來，後代學詩者又無不奉爲圭臬；明代的模擬風氣，更是學步於杜詩而起。在這種情勢之下，杜詩自然成爲專門討論及分析的對象。清初論杜諸家，既然橫跨明、清兩代，對於杜詩藝術技巧的闡發當亦有受明人啓發者。再者擬古風氣至明末已爲衆人攻擊的焦點，清初諸家爲了抨擊明人模擬杜詩的不當，自然會轉向杜甫詩心的直接探求。在這種情形之下，對於杜詩藝術技巧的闡發便遠非明人可比。因此，清初諸家對於杜詩藝術技巧的闡發，可以就以下數項來予以細論。

第一節　以意爲主，意藏篇中技巧的說明

中國詩論中有關「意」的討論，最早不知始於何時，但是在梁鍾嶸的「詩品」中，即已有詩中之「意」的闡述：

「夫四言文約意廣，取效風騷，便可多得。每苦文繁而意少，故世罕習焉。五言居文詞之要，是衆作之有滋味者也。故云會於流俗，豈不以指事造形，窮情寫物，最爲詳切者邪！故詩有三義焉，一曰興，二曰比，三曰賦。文已盡而意有餘，興也，因物喻志，比也。直書其事，寓言寫物，賦也。………。若專用比興，患在意深，意深則詞躓。若但用賦體，患在意浮，意浮則文散，嬉成流移，文無止泊，有蕪漫之累矣。」

詳味鍾嶸此處所謂的「意」，即是作者所欲表達的思想或情感。所以詩如專用「比興」，便會使作者所欲表達的思想或情感顯得晦澀難懂，故曰「患在意深」。但如專用「賦」體，又會流於淺直散漫，故曰「患在意浮」。這兩種弊病都是爲詩者所該盡力避免的。而這種作者在詩中所欲表達的思想或情感，簡而言之，即是「立言」。故唐釋皎然在「詩式」中即謂「立言曰意。」自此以後，中國詩論史上，有關詩中之意的論述，便屢見不鮮。如宋歐陽修在「六一詩話」中引梅聖俞之言曰：「詩家雖率意而造語亦難。若意新語工，得前人所未道者，斯爲善也。必能狀難寫之景，如在目前，含不盡之意，

見於言外，然後爲至矣。」這段話並成爲日後中國論詩的主要標準之一，可見中國論詩者重意之一斑了。

降及明代，詩中貴意之說，更是普遍。如李東陽「麓堂詩話」頁一云：

「詩貴意，意貴遠不貴近，貴淡不貴濃。濃而近者易識，淡而遠者難知。如杜子美『鈎簾宿鷺起，丸藥流鶯轉』，『不通姓字麤豪甚，指點銀缾索酒嘗』『銜泥點汚琴書內，更接飛蟲打著人』。……。皆淡而愈濃，近而愈遠，可與知者道，難與俗人言。」

王世貞「藝苑巵言」卷一亦引范曄之言曰：

「情志所托，故當以意爲主，以文傳意。以意爲主，則其旨必見。以情傳意，則其辭不流。然後抽其芬芳，振其金石。」

同書卷四又云：「子美以意爲主。以獨造爲宗，以奇拔沈雄爲貴。」

清初諸家既然橫跨明、清兩代，這種論詩重意的說法，便也自然地加以承受。所以他們論杜、評杜，自然也就準此出發。如王夫之於「詩譯」頁二中云：

「『子之不淑，云如之何』，『胡然我念之』，『亦可懷也』①，皆意藏篇中。杜子美『故國平居有所思』，上下七首，於此維繫，其源出此。俗筆必於篇終結鎖，不然則迎頭便喝。」

船山此處所謂「意藏篇中」，即謂杜甫善於立言而不露痕跡，故能意在言先，而亦在言後，自然生出氣象而其情乃長。此種說法，其實即是劉勰文心雕龍「隱秀篇」中所標擧的「隱」：「隱也者，文外之重旨也。……。隱以複意爲工。……。夫隱之爲體，義主文外，秘響傍通，伏采潛發，譬爻象之變互體，川瀆之韞珠玉也。」這種議論，也就是含不盡之意於言外的意思。故船山在「唐詩評選」卷四「秋興八首」之四「故國平居有所思」句下評云：「末句連下四首，爲作提綱，章法奇絕。」又在「夕堂永日緒論」內編中云：

「起承轉收，一法也。試取初盛唐律驗之，誰必株守此法者？……。至若『故國平居有所思』『有所』二字，虛籠喝起，以下曲江、蓬萊、昆明、紫閣，皆所思者。」

也就是說在老杜秋興八首之中，以第四首之「故國平居有所思」一句詩意貯蓄甚深，故能起下四首而情感綿綿不絕。船山此一引論，頗具藝術眼光。蓋秋興八首，明人之重要選本，諸如高棅之「唐詩正聲」，李攀龍之「唐詩選」皆沒有全部選入。而鍾惺在「唐詩歸」卷廿二，「昆明池水漢時功」首之下評云：「秋興偶然八首耳，非必於八也。今人詩擬秋興已非矣，況舍其所爲秋興而專取盈於八首乎？胸中有八首，便無復秋興矣！杜至處不在秋興，秋興至處亦非以八首也。今取此一首，餘七首不錄。」根據此種選詩及評詩標準，高棅、李攀龍、鍾惺似乎都默同於秋興乃偶然八首，而非有意之作。然而船山在「唐詩評選」卷四中，不但將秋興八首全都選錄，而且評云：「八首如正變七音，旋相爲宮，而自成一章。或爲割裂，則神理盡失矣。選詩者之賊不小。」船山此種立論所根據的理由，即是認爲第四首之末句「故國平居有所思」意藏篇中，貫穿上下七首，因此八首應是一組完整的連章詩而非各自起結。這種對杜詩中之章法脈絡所具的獨到眼光，不得不令人敬服！如曰不信，請再看秋興八首錢謙益之箋：

「玉露凋傷一章，秋興之發端也。江間塞上，狀其悲壯；叢菊孤舟，寫其悽緊。末二句結上生下，故即以夔府孤城次之。砂秋薄暮，俄看落日，俄見南斗。………。請看二字，緊映每依南斗，即連城高暮砧，當句呼應耳。夜夜如此，朝朝亦然；日日如此，信宿亦然，心抱南斗京華之思，身與漁人燕子爲侶；遠則匡衡、劉向之不如，近則同學輕肥之相笑。第三章正申秋興名篇之意，古人所謂文之心也。然每依北斗望京華一句，是三章中吃緊鬣節。蕭條歲晚，身事如此；長安棋局，世事如此；企望京華，平居寂寞；故曰百年世事不勝悲也。次下乃重章以申之。蓬萊宮闕一章，思全盛日之長安也。瞿塘峽口一章，思陷沒後之長安也。昆明池水一章，思自古帝王之長安也。昆吾御宿一章，思承平昔遊之長安也。………。此詩一事叠爲八章，章雖有八，重重鈎攝有無量樓閣門在。」（「杜詩錢注」卷十五）

錢謙益此論，可說是開船山之論的先驅。因此我們可以換成說，「故國平居有所思」一句之所以被船山評爲意藏篇中而貫穿上下七句，乃在於「重章以申之」。「有所思」者，思全盛日之長安，思陷沒後之長安，思自古帝王之長安，思承平昔遊之長安！而之所以造成這種「意」的始因，乃在於「身事如此」、「世事如此」。至此老杜欲表達的思想、情感皆藉由「秋興」二字以托出，却因善於立言而使不盡之意現於言外。這就是船山之所以推許爲「意藏篇中」的道理。

此外，船山在「唐詩評選」中有關杜詩的評語，亦多著重在詩中之意的表現。如卷四「曲江對酒」詩後云：「首句即末句，只是一意，如春雲縈回，人漫疑其首尾。」又同卷「九日藍田宴崔氏莊」後評云：「寬于用意則尺幅萬里矣！」同卷「小寒食舟中作」後評云：「意興交到。」綜合以上所言，船山更理出杜甫所以爲大家之根由。「夕堂永日緒論」內編頁一謂：

「無論詩歌與長行文字，俱以意爲主。意猶帥也，無帥之兵，謂之烏合。李、杜所以稱大家者，無意之詩，十不得一二也。」

由此可見，王船山對於杜詩以意爲主，意藏篇中的技巧是多麼推崇了。

船山之外，吳喬對於杜詩中的善於立意亦是極力推崇，其「圍爐詩話」卷一中云：

「問曰：唐人命意如何？答曰：心不孤起，仗境方生。熟讀新舊唐書、通鑑、稗史、樸記，乃能于作者知其時事，知其境遇，而後知其詩命意之所在。如子美麗人行，豈可不知五楊事乎？試看本事詩，則知篇篇有意，非漫然爲之者也。」

吳喬這種說法，和船山謂「李、杜所以稱大家者，無意之詩，十不得一二也。」的論點相似，並舉出老杜的「麗人行」一詩爲例。其詩如下：

「三月三日天氣新，長安水邊多麗人。態濃意遠淑且眞，肌理細膩骨肉勻。繡羅衣裳照暮春，蹙金孔雀銀麒麟。頭上何所有，翠微㔩葉垂鬢脣。背後何所見，珠壓腰衱穩稱身。就中雲幕椒房親，賜名大國虢與秦。紫駝之峯出翠釜，水精之盤行素鱗。犀筯厭飫久未下，鸞刀縷切空紛綸。黃門飛鞚不動塵，御厨絡繹送八珍，簫管哀吟感鬼神，賓從雜遝實要津。後來鞍馬何逡巡，當軒下馬立錦茵。楊花雪落覆白蘋，青鳥飛去銜紅巾，炙手可熱勢絕倫，愼莫近前丞相嗔。」

錢謙益箋注云：「舊書：玄宗每年十月幸華清宮，國忠姊妹五家扈從，每家爲一隊，著一色衣，五家合隊，照映如百花之煥發。遺鈿墜舄，瑟瑟珠翠，燦爛芳馥于路。而國忠私於虢國，不避雄狐之刺，每入朝，或聯鑣方駕，不施帷幔。每三朝慶賀，五鼓待漏，靚粧盈巷，蠟炬如晝。」（「杜詩箋注」卷一」此即老杜「麗人行」詩意所仗之境遇。然而此詩之用意雖含比興，却無鍾嶸所謂「意深則詞躓」之弊，相反地却十分妙於形容，行文流暢。論究其因則由於全詩用語隱寓秀絕，妙不傷雅。看似無一處刺諷語，却處處隱含譏諷；無一慨歎語，却語語慨歎。這就是善於立意而達到意藏篇中的境界，也就是一種文外重旨的境界。故黃生「杜工部詩說」卷三評此詩亦云：「先時丞相未至，觀者猶得近前。及其既至，則呵禁赫然，遠近皆爲辟易。此段具文見意，隱然可想。」又云：「後來鞍馬即丞相也。然要留丞相二字煞韻，使讀者得諷刺之意於言外。」所謂「具文見意，隱然可想。」「使讀者得諷刺之意於言外」，都是說明老杜此詩善於立言而不露痕跡，深得風人之旨。這也是杜詩中意藏篇中的一種藝術技巧的展現。另外「圍爐詩話」卷六亦云：

「句中虛字多則薄弱，實字多則窒塞，猶是皮毛之論。子美之『數回細寫愁仍破，萬顆勻圓訝許同』不見薄弱；『落花游絲白日靜，鳴鳩乳燕青春深』不見窒塞。有意故也。」

前首爲杜甫之「野人送朱櫻」詩，後首爲「題省中院壁」詩。吳喬擧此二例，並謂因其詩中有意，故一不見薄弱，一不見窒塞。兩詩如下：

「西蜀櫻桃也自紅，野人相贈滿筠籠。數回細寫愁仍破，萬顆勻圓訝許同。憶昨賜霑門下省，

退朝擊出大明宮。金盤玉筋無消息，此日嘗新任轉蓬。」（野人送朱櫻）

「掖垣竹埤梧十尋，洞門對霤常陰陰。落花遊絲白日靜，鳴鳩乳燕青春深。腐儒衰晚謬通籍，退食遲迴違寸心。袞職曾無一字補，許身愧比雙南金。」（題省中院壁）

就詩而論，「野人送朱櫻」之立意乃在寫見蜀櫻而憶朝賜。吳喬謂「數回細寫愁仍破，萬顆勻圓訝許同」用虛字而不見薄弱，乃因「愁仍破」、「訝許同」二語正所以起後半之意，言我昔日曾在京師見賜此物，何意而蜀亦有此物！一片傷心無奈之情，都從此二句流出。所以雖用虛字而不見薄弱。至於「題省中院壁」則有時事難言，姑題院壁以自識腐儒之意。吳喬謂「落花遊絲白日靜，鳴鳩乳燕青春深」二句用實字而不見窒塞，乃因此二句雖是賦景之作，然而其中「靜」字、「深」字却是承上句「洞門對霤常陰陰」而出，並寫出居省院時之一片生意、樂意、恬適意，而此種生意、樂意、恬適意又與五、六以下四句的寫懷感傷形成一種強烈的對比。所以雖用實字而不見窒塞。這兩首詩由於老杜的善於立意，所以能博得吳喬的推贊。

事實上，杜詩中此種意藏篇中，以意爲主之例，眞是比比皆是。如「孤雁」詩：

「孤雁不飲啄，飛鳴聲念羣。誰憐一片影，相失萬重雲。望斷似猶見，哀多如更聞。野鴉無意緒，鳴噪亦紛紛。」

全詩意在「孤」字而內蘊同氣分離之感，名爲詠物，但實有託意。雖五、六二句寫孤雁之思羣至極，仍是意藏篇中，不輕外現。以至浦起龍「讀杜心解」謂爲：「寫生至此，天雨泣矣！」然而其中，又夾有「似」、「如」二字，更令人深覺老杜之意不僅止於此，而有如清風拂波，浪紋不絕。再如「燕子來舟中作」：

「湖南爲客動經春，燕子銜泥兩度新。舊入故園嘗識主，如今社日遠看人。可憐處處巢君室，何異飄飄託此身。暫語船檣還起去，穿花貼水益霑巾。」

全詩意在「爲客經春」四字，中二聯詠燕即是自詠，仍是意藏篇中，渾而不露。結語更寫出燕子若捨若離之情，而以「益霑巾」三字轉入自家心中，正無篇中結鎖之病。

由上述諸例可以看出，杜詩中以意爲主，意藏篇中的技巧實是造成杜詩備受清初諸家推崇的原因之一。平心而論，詩歌原本即是一種沈潛感情的再現，因此詩中如果寬於用意，自然會令人有尺幅萬里的感覺。所以就杜詩中的藝術展現技巧而言，此種以意爲主，意藏篇中的手法經常會令人感受到老杜的言外之意漫漫無盡，無所窒礙。船山因此而推老杜爲大家，可說是眼光獨具。

【附註】

① 「亦可懷也」，今本詩經中無此句。戴鴻森以爲疑是「伊可懷也」之誤，爲豳風東山章中之句，理似可通。詳參木鐸本「薑齋詩話箋注」頁十八。

第二節　情景交融手法的運用

詩中的情景交融，實際上即是物我合一，也就是美學上的「移情作用」（empathy）。何謂「移情作用」呢？且看朱光潛先生於「西方美學史」中所云：

「什麼是移情作用？用簡單的話來說，它就是人在觀察外界事物時，設身處在事物的境地，把原來沒有生命的東西看成有生命的東西，彷彿它也有感覺、思想、情感、意志和活動。同時，人自己也受到對事物的這種錯覺的影響，多少和事物發生同情和共鳴。這種現象是很原始的、普遍的。………。我國古代詩歌的生長和發展也是如此，特別是『托物見志』的興。」（漢京版下册頁二四六～二四七）

這一段話的闡述十分明晰。也就因爲如此，中國詩人一向把情景交融視爲最高境界。這個道理其實並不深奧，因爲任何文學作品的起源都是由於作者欲將自己所經驗過的情感傳達給別人，而在傳達之前，作者必須先在自己的心靈中先作一種醞釀以使從前的經驗逐漸再生。這個時候，如果外在的景物突然和作者心靈中逐漸重生的經驗相契合，便會在作者的心中引起一陣震動，於是便產生了創作的慾望和動機。因此鍾嶸的「詩品」說：「氣之動物，物之感人，故搖蕩性情，形諸舞詠。」劉勰文心雕龍「明詩篇」亦云：「人禀七情，應物斯感，感物吟志，莫非自然。」由此可見，詩歌的創作原是外物挾著一股不可抗拒的力量震盪作者的心靈，才有所謂感物吟志的作品出現。這種應物斯感，感物吟志的作品，即是一種情景交融的表現。但是朱光潛先生爲何特別標擧出中國詩中的「興」來說明這種情景交融的境界呢？且看明謝榛於「四溟詩話」卷四頁十五中所云：

「夫情景相觸而成詩，此作家之常也。或有時不拘形勝，面西言東，但假山川以發豪興爾。譬如倚太行而詠峨嵋，見衡漳而賦滄海，即近以徹遠，猶夫兵法之出奇也。」

所謂「面西言東，但假山川以發豪興爾」的說法，亦就是朱子「詩集傳」中所言：「興者，先言他物以引起所詠之辭也。」因此，王夫之在闡析杜詩的藝術技巧時，也就準此論點出發，其「詩譯」頁三中云：

「興在有意無意之間，比亦不容雕刻。關情者景，自與情相爲珀芥也。情景雖有在心在物之分，而景生情，情生景，哀樂之觸，榮悴之迎，互藏其宅。天情物理，可哀而可樂，用之無窮，流而不滯，窮且滯者不知爾。『吳楚東南坼，乾坤日夜浮。』乍讀之，若雄豪，然而適與『親朋無一字，老病有孤舟。』相爲融浹。」

其間所擧之例，即杜甫「登岳陽樓」一詩，全詩爲：

「昔聞洞庭水，今上岳陽樓。吳楚東南坼，乾坤日夜浮。親朋無一字，老病有孤舟。戎馬關山北，憑軒涕泗流。」

詩中「吳楚東南坼，乾坤日夜浮。」二句，正是登樓即目所見之景。船山之所以謂「乍讀之，若雄豪。」

即因杜甫寫景筆力之大。蓋吳在東，楚在南，而洞庭之水流坼於其間，因覺乾坤日夜浮於水上。這種濶大寫景的筆力一轉而成「親朋無一字，老病有孤舟。」的極度凄涼，使得詩境呈現強烈對比，而凸顯出老杜胸中一片身事落寞之情。換句話說，「吳楚東南坼，乾坤日夜浮。」之濶大筆力，即是用來興起「親朋無一字，老病有孤舟。」的凄涼，所以船山才會有「相為融浹」之說。此種相為融浹的技巧，亦即為情景交融手法的運用。因此黃生「杜工部詩說」卷五評此詩謂：

「寫大景妙在移不動。然徒能寫景而不能見作者身分，譬如一幅大山水，不畫人物，終難入格。」所謂畫大山水者，即是大景的描摹；畫人物者，即是情的展現，兩者皆具，即是情景交融的境界，唯能如此，方能入格。

此外船山更在「夕堂永日緒論」內編頁三舉出老杜的「喜達行在所」三首之三，及「和賈至舍人早朝大明宮」來細分老杜情景交融的寫作技巧：

「情景名為二而實不可離，神於詩者，妙合無垠。巧者則有情中景、景中情。景中情者，如『長安一片月』，自然是孤棲憶遠之情。『影靜千官裏』，自然是喜達行在之情。情中景尤難曲寫，如『詩成珠玉在揮毫』，寫出才人翰墨淋漓，自心欣賞之景。凡此類知者遇之，非然亦鶻突看過，作等閒語耳。」

這段話即指出老杜不但能在詩中展現出情景交融的境界，而且還有景中情及情中景二種表達技巧。「長安一片月」為李白「子夜吳歌」中語，此處不論。景中情所舉之「影靜千官裏」為杜甫「喜達行在所」三首之三中語，三詩如下：

「西憶岐陽信，無人遂却回。眼穿當落日，心死著寒灰。霧樹行相引，連山望忽開。所親驚老瘦，辛苦賊中來。」

「愁思胡笳夕，淒涼漢苑春。生還今日事，間道暫時人。司隸章初睹，南陽氣已新。喜心翻倒極，嗚咽淚沾巾。」

「死去憑誰報，歸來始自憐。猶瞻太白雪，喜遇武功天。影靜千官裏，心蘇七校前。今朝漢社稷，新數中興年。」

船山謂「影靜千官裏」一句，是喜達行在之情。事實上，老杜這三首詩，可以說都帶有景中情的描寫技巧。譬如第一首寫未達行在之前直到初達之景，已將喜悅之情寓於其中。前四句寫未至行在之前，五、六句則寫竄出賊中之徑及將至行在之景。末聯「所親驚老瘦，辛苦賊中來。」則以所親慰勞之景，寫出心中一片喜悅之情，即是景中帶情手法的展現。次首寫初達行在之情，却反從身陷賊中之景敍起，已是景中情技巧的表現。所謂「愁思胡笳夕，淒涼漢苑春。」即是回憶身陷賊中之景的追述。「生還今日事，間道暫時人。」則是針對上首「所親驚老瘦」一句而發，雖作歎息之聲，而喜悅之情隱然可見。五、六句「司隸章初睹，南陽氣已新。」則明寫到達行在之景，並引出七、八句「喜心翻倒極，嗚咽淚沾巾。」之情，明欲言喜，却反從悲中敍出，使心中之喜更加深刻。末首寫出到達行在之後的情懷。先言「死去憑誰報，歸來始自憐。」者，乃因幸得不死，否則所謂「太白雪」、「武功天」並皆不得瞻遇，心中之喜情已自然瀉出。因此「影靜千官裏，心蘇七校前」自然以面君之景寓出心中之喜情，亦是景中現情的技巧呈現。由此可見，三首詩皆意在「喜」字的描寫，却反從危苦情景敍起，令人讀之，更覺驚心動魄。這種技巧，其實即是一種「反襯」修辭法的表現。船山雖然沒有明白指出，但是在「詩譯」頁一中却有同樣的看法：

「『昔我往矣，楊柳依依。今我來思，雨雪霏霏。』以樂景寫哀，以哀景寫樂，一倍增其哀樂。知此，則『影靜千官裏，心蘇心校前。』與『唯有終南山色在，晴明依舊滿長安。』情之深淺宏隘見矣。」

此處所謂「以樂景寫哀，以哀景寫樂」即是一種「反襯」的手法，船山亦知使用此種修辭手法能「一倍增其哀樂」。歸結言之，仍是推重老杜之詩，有情景交融之妙，故無窮滯之病。杜甫詩中，此種以樂景寫哀，哀景寫樂的例子相當多，茲舉數例如下：

「崢嶸赤雲西，日腳下平地。柴門鳥雀噪，歸客千里至。妻孥怪我在，驚定還拭淚。世亂遭飄蕩，生還偶然遂。鄰人滿牆頭，感歎亦歔欷。夜闌更秉燭，相對如夢寐。」（「羌村三首」之一）

本欲寫還家喜樂之情，却反從帶淚之景中敍出。「妻孥怪我在，驚定還拭淚。」二句，即是以哀景寫樂，使得喜樂之情更加逼眞。又如：

「平生所嬌兒，顏色白勝雪。見耶背面啼，垢膩腳不襪。牀前兩小女，補綻才過膝。海圖拆波濤，舊繡移曲折。天吳及紫鳳，顛倒在短褐。老夫情懷惡，數日臥嘔泄。那無囊中帛，救汝寒凜慄。粉黛亦解苞，衾裯稍羅列。瘦妻面復光，癡女頭自櫛。學母無不爲，曉妝隨手抹。移時施朱鉛，狼籍畫眉闊。」（「北征」）

全段寫到家所見之景，無句不令人心酸。然而在這些哀景的描述之中，却又帶出返家的喜樂之情，因此才會有「生還對童稚，似欲忘饑渴。問事競挽鬚，誰能即嗔喝。翻思在賊愁，甘受雜亂聒。」的喜情流露。所以此處雖是以描述哀景爲主，却帶出一片喜樂的還家之情。再如：

「中堂有神仙，煙霧蒙玉質。暖客貂鼠裘，悲管逐清瑟。勸客駝蹄羹，霜橙壓香橘。朱門酒肉臭。路有凍死骨。」（「自京赴奉先縣詠懷五百字」）

全段統言君臣與宴之樂景，却以窮民相形，自然流露出一股哀時之情，故而接言「榮枯咫尺異，惆悵難再述。」。所以這是一種以樂景寫哀的手法。

至於船山謂老杜亦有情中景之作，並舉「詩成珠玉在揮毫」爲例，謂是最難曲寫。此句見於杜甫「奉和賈至舍人早朝大明宮」一詩，全詩如下：

「五夜漏聲催曉箭，九重春色醉仙桃。旌旗日暖龍蛇動，宮殿風微燕雀高。朝罷香煙攜滿袖，詩成珠玉在揮毫。欲知世掌絲綸美，池上于今有鳳毛。」

首聯二句寫早朝之事已盡，頷聯二句則再補寫早朝之景。黃生「杜工部詩說」卷八云：「九重指至尊，醉仙桃暗用漢武事，以喻天顏晬潤耳。惟近臣得覲至尊，故著此語，自與泛作早朝詩者有別。『天顏有喜近臣知』，與此參看便明。」由此可見，上四句雖看似寫早朝之景，但是却是用一種言情的心理來寫景，與「喜達行在所」用寫景的心理來言情自有不同。而這種言情的心理正如黃生所言，是一種「天顏有喜近臣知」之情。後半四句雖專敍和詩之意，但是仍爲情中景的描述。「朝罷香煙攜滿袖，詩成珠玉在揮毫。」二句。正如船山所言，寫出才人翰墨淋漓，自心欣賞之景，所以也是一種情中帶景的描述。

杜甫詩中有關此種情中景的描述技巧亦多，就中尤以「端午日賜衣」一首爲最，全詩如下：

「宮衣亦有名，端午被恩榮。細葛含風軟，香羅疊雪輕。自天題處濕，當暑著來輕。意內稱長短，終身荷聖情。」

通篇無一處不展示著情中景的寫作技巧，可以說即是一篇近臣謝表。此種情中景的境界和上述的景中情皆是一種情景交融的手法，杜詩中由於屢有此種境界的展示，所以船山會推爲大家。

船山之外，吳喬論杜亦重其情景交融手法的闡述。「圍爐詩話」卷一中云：

「夫詩以情爲主，景爲賓。景物無自生，性情所化，情哀則景哀，情樂則景樂。唐詩能融景入情，寄情於景，如子美之『近淚無乾土，低空有斷雲。』……。景中哀樂之情宛然。」

所謂「融景入情，寄情於景」也就是情景交融的境界。「近淚無乾土，低空有斷雲。」爲杜甫「別房太尉墓」詩中語，全詩如下：

「他鄉復行役，駐馬別孤墳。近淚無乾土，低空有斷雲。對棋陪謝傅，把劍覓徐君。唯見林花落，鶯啼送客聞。」

吳喬既然主張「情哀則景哀，情樂則景樂。」，因此對此詩之評便爲「景中哀樂之情宛然」。事實上這種說法，即是船山所謂的情中景之寫作技巧，也就是一種用言情來寫景的手法。所以黃生「杜工部詩說」卷五評此詩謂：

「三（近淚無乾土）實事，四（低空有斷雲）形容。然四自然，三著力，必先有下句，後成上句耳。人只從眼中寫淚，此却從土上寫淚，使霑襟濕衣等語一新，又出眞情，非同矯飾。宜其性情與筆墨並存千古也。」

此種申論，即是說明杜甫此詩之三、四句乃是一種情中帶景的技巧表現。老杜所以不從眼中寫淚而從土上寫淚，正在表現出他與房琯感情之深厚，使得景中哀傷之情宛然可見。吳喬此種情景交融的論詩態度，基本上和船山所謂「情景名爲二而實不可離」的說法是相同的。所以「圍爐詩話」卷一中又云：

「予與友人說詩曰：古人有通篇言情者，無通篇敍景者，情爲主，景爲賓也。情爲境遇，景則景物也。又曰：七律大抵兩聯言情，兩聯敍景，是爲死法。蓋景多則浮泛，情多則虛薄也。然順逆在境，哀樂在心。能寄情于景，融景入情，無施不可，是爲活法。」

這種說法和船山於「夕堂永日緒論」內編中所言大致相同。船山云：「夫景以情合，情以景生，初不相離，唯意所適，截分兩橛，則情不足興，而景非其景。……。陋人標陋格，乃謂『吳楚東南坼』四句，上景下情，爲律詩憲典，不顧杜陵九原大笑。」觀二人之論，率皆反對將詩中的情景割離爲二，船山並擧杜甫「登岳陽樓」詩中的「吳楚東南坼，乾坤日夜浮。親朋無一字，老病有孤舟。」四句爲例，說明以上景下情爲論者之愚。平實而論，此四句之「吳楚東南坼，乾坤日夜浮。」雖看似即目所見景物的描寫，但是由於在濶大的筆力之後，已隱伏有下二句「親朋無一字，老病有孤舟。」的身世悠悠之感。所以若是一味以上景下情來加以割離，不僅詩意全失，而且會有支離破碎之感。因此，船山和吳喬於此可謂智者所見略同。杜詩中這種情景交融而不可任意割裂爲二的例子，自以「登高」一詩最具代表性。全詩如下：

「風急天高猿嘯哀，渚清沙白鳥飛廻。無邊落木蕭蕭下，不盡長江滾滾來。萬里悲秋常作客，百年多病獨登臺。艱難苦恨繁霜鬢，潦倒新亭濁酒杯。」

此詩黄生即以爲「前景後情，自是杜詩常格。」但是仔細分析，前四句固爲登高即目所見，然而景中仍含蘊情感在內，實在不可等閒劃分。首句「風急天高猿嘯哀」雖是即目所見之景，但是已隱伏「萬里悲秋常作客」的情感在內。也就是說杜甫面對此種景象，其內心深處深受震盪而生出多層感觸，但是此一層感觸只是仰視所見，因而下句「渚清沙白鳥飛廻」便寫出俯視之景而與上句成了一種對比；上句氣勢高亢悲壯，下句出以平靜的畫面，更使杜甫的心靈起了一種強烈的衝擊。在此一衝擊之下，詩人的創作源泉於是迸發。於是頷聯的「無邊落木蕭蕭下，不盡長江滾滾來。」便承續上聯而反映出杜甫當時的心境。表面上雖只描述了蕭蕭落木以及滾滾長江，而事實上所謂作客悲秋，艱難苦恨，失意潦倒諸多人生無常的感觸已經一起湧上心頭。所以此四句看似爲即景之作，却已隱含情感的種子在內。因而頸聯以下四句，便成了杜甫過去經驗的再生而與眼前之景、情相契合。所以說在本詩中，所謂情與景事實上是不能嚴格區分的。

清初論杜諸家除船山、吳喬二人之外，黃生對於杜詩中情景交融的技巧亦頗多闡析。如「杜工部詩說」卷五評「舟中夜雪有懷盧十四侍御弟」詩云：「總是對雪懷人，以雪起，以人終。三、四寫被地之雪，意中想像；五六寫己地之雪，即事形容。情中景，景中情，融成一片，無象可窺，此之謂化境。」此詩如下：

「朔風吹桂水，大雪夜紛紛。暗度南樓月，寒深北渚雲。燭斜初近見，舟重竟無聞。不識山陰道，聽雞更憶君。」

此詩表面看來，似乎前六詠雪，後二懷人，彷彿前景後情。但是細觀之後，可以見出黃生所謂「情中景，景中情，融成一片。」之論，並非無的發矢。蓋詩題爲「舟中夜雪有懷盧十四侍御弟」，則前六句的詠雪之中，必定有盧所居之地與杜甫所處舟中之分。也就是在這六句之中，有的是詠盧十四居處之雪，有的是詠杜甫所處之地的雪。因此三、四句的「暗度南樓月，寒深北渚雲。」是詠盧十四居處之雪，五、六句的「燭斜初近見，舟重竟無聞。」是詠老杜本身所居舟外之雪。言「暗度」、「寒深」，皆已融情入景，而非單純的景物刻劃。所以黃生又云：「雲曰寒深，憶盧之寥落也。此意直述，必費周折。妙在只就景中見人、見事、見情，意到筆隨，詩來神助。」由此可見，此詩亦是一種蘊有情景交融手法的作品。

再如「客夜」詩：

「客睡何曾著，秋天不肯明。入簾殘月影，高枕遠江聲。計拙無衣食，途窮仗友生。老妻書數紙，應悉未歸情。」

黃生「杜工部詩說」卷四評云：「月影江聲，本是清宵好景，以無眠之人見之聞之，偏不可耐，一心止望天明而已！奈何天又不肯明，展轉增人不寐。人知三、四寫景，豈知字字是寫情耶？」這種引論，眞令後來評杜者爲之擱筆！

經由以上論述，我們可以發現杜詩由於寓有情景交融的寫作技巧。所以清初論杜諸家皆力加推崇。一般而言，要產生一首好詩的首要條件是「見」，由所見的景觸發而生情，我們平常口頭上所說的「見景生情」、「托物見志」就是這個道理。但是天地間的景象事物並非一成不變，因而要抓住瞬間的靈光來與眼前景相契合，以達到情景交融的境界並非易事，此時便非具有深厚的學養不可。杜甫既自言「讀書破萬卷，下筆如有神。」因此這種情景交融的手法，便在他的詩中發揮得淋漓盡致。所以這也是杜詩藝術技巧中的一大特色。

第三節　無理而妙境界的提出

詩中無理而妙的境界，實際上就是一種「創造的想像」（Creative imagination）的境界。而何謂「創造的想像」呢？我們知道任何文學作品在未經文字表達之前，都只是作者的一種想像，而想像即是停留在作者心靈中的一幅知覺圖象。比如陽春三月，花紅草長，映入人的心中便是一幅春天的圖象。這種春天的圖象既已映存於心靈中，就算春天已過，人仍然可以隨時回想那一幅花紅草長的圖景，這就是一種想像。但是這種想像只是單純過去記憶的召回，沒有什麼新創，是不能產生偉大的文學作品。所以此時的作者除了必須補捉這種記憶中的想像之外，更要加入本身特殊的心靈感受來予以剪裁、錘鍊，使這種重現的想像以一種新的形式出現。這種加入作者本身特殊心靈感受而出現的想像，即是「創造的想像」。此種想像的重點既然在於「創造的」，所以絕對不能重演記憶中的舊經驗而必須有所創新。但是既是「想像」，所以也必須有「象」可想。因此所謂「創造的想象」境界的產生，便只有依靠聯想作用來產生創新的成分了。張夢機師於「鷗波詩話」中云：

「一般說來，詩的『無理而妙』，多因於聯想的深微所致。深微之極，不免使人感覺與實象不合，與常情乖反，因而懷疑它不當於理。可是細想之下，又覺得它鞭辟入裏，透徹精警，產生一種奇妙靈動的詩趣。可見所謂『無理』，並非意謂礙理，只是對於理因多了一層曲折的探索，而將一般人不易注意到的理呈現出來罷了。」（見漢光文化事業公司出版之「鷗波詩話」頁十九）

其中指出詩的「無理而妙」多因於聯想的深微所致，可謂一語中的。因此作者在構思一幅「創造的想像」之時，聯想作用便是主要的工具之一。因爲經過了聯想作用的牽繫，許多原本漫不相關的事物便可以同時出現在一個意象中，所以竹本無香，老杜可以說「風吹細細香」；花鳥本爲無情之物，也可以說「感時花濺淚，恨別鳥驚心。」這種詩句，乍看之下，正如張夢機師所言，由於精微的聯想作用，使人感覺與實象不合，因而懷疑它無理。但是細思之下，又覺得自有一種奇妙靈動的詩趣。這就是「創造的想像」賦予文學作品更具生命力的地方。

中國最先提出「無理而妙」一詞，並運用於作品批評上的爲賀裳在「皺水軒詞筌」中所云：

「唐李益江南曲云：『嫁得瞿塘賈，朝朝誤妾期。早知潮有信，嫁與弄潮兒。』宋張子野一叢花末句『沉恨細思，不如桃杏，猶解嫁東風。』此皆無理而妙。」①

鄒祇謨又云：

「張子野『不如桃杏，猶解嫁東風。』詞筌謂其無理而妙；羨門（彭孫遹）『落花一夜嫁東風，無情蜂蝶輕相許。』愈無理而愈妙，試與解人參之。」

根據賀、鄒二人的引例來看，賀裳所謂的「無理而妙」，比較接近「變形的聯想」；而鄒氏所說的「無理而妙」，則比較接近「擬人的聯想」。「變形的聯想」是把甲物看成乙物，近似於比喻；「擬人的聯想」則是將物看成人，亦即美學上的「移情作用」。賀裳這種理論，在當時頗爲吳喬所推重，「圍爐詩話」卷一中云：「予友賀黃公曰：嚴滄浪謂詩有別趣，不關於理。而理實未嘗礙詩之妙。如元次山春陵行，孟東野游子吟等，直是六經鼓吹，理豈可廢乎？其無理而妙者，如『早知潮有信，嫁與弄潮兒。』，但是于理多一曲折耳。」由此可見，詩中「無理而妙」的境界，在清初是頗爲人重視的。葉燮的「原詩」中雖然沒有直接提出「無理而妙」四字來加以闡述，但是所論內容重點，却恰和

「無理而妙」的意義相合。「原詩」內篇頁十六～十八中云：

「然子但知可言可執之理之爲理，而抑知名言所絕之理之爲至理乎？子但知有是事之爲事，而抑知無是事之爲凡事之所出乎？可言之理，人人能言之，又安在詩人之言之？可徵之事，人人能述之，又安在詩人之述之？必有不可言之理，不可述之事，遇之于默會意象之表，而理與事無不燦然于前者也。………。夫情必依乎理，情得然後理眞。情理交至，事尚不得邪？要之作詩者，實寫理、事、情，可以言，言可以解，解即爲俗儒之作。惟不可名言之理，不可施見之事，不可徑達之情，則幽渺以爲理，想像以爲事，惝恍以爲情，方爲理至事至情至之語。此豈俗儒耳目心思界分中所有哉！」

這段話的重點即在闡述詩歌的創作須言不可言之理，不可述之事，不可達之情，如此可爲佳篇。其間葉燮並擧四首杜詩之句來加以說明，此四首杜詩列擧如下：

「配極玄都閟，憑高禁籞長。守祧嚴具禮，掌節鎭非常。碧瓦初寒外，金莖一氣旁。山河扶繡戶，日月近雕梁。仙李蟠根大，猗蘭奕葉光。世家遺舊史，道德付今王。畫手看前輩，吳生遠擅場。森羅移地軸，妙絕動宮牆。五聖聯龍衮，千官列雁行。冕旒俱秀發，旌旆盡飛揚。翠柏深留景，紅梨廻得霜。風箏吹玉柱，露井凍銀牀。身退卑周室，經傳拱漢皇。谷神如不死，養拙更何鄉。」（「冬日洛城北謁玄元皇帝廟」）

「花隱掖垣暮，啾啾棲鳥過。星臨萬戶動，月傍九霄多。不寢聽金鑰，因風想玉珂。明朝有封事，數問夜如何。」（「春宿左省」）

「依沙宿舸船，石瀨月娟娟。風起春燈亂，江鳴夜雨懸。晨鐘雲外濕，勝地石堂煙。柔櫓輕鷗外，含悽覺汝賢。」（「船下夔州郭宿雨濕不得上岸別王十二判官」）

「湍駛風醒酒，船廻霧起隄。高城秋自落，雜樹晚相迷。坐觸鴛鴦起，巢傾翡翠低。莫須驚白鷺，爲伴宿青溪。」（「晚秋陪嚴鄭公摩訶池泛舟」）

葉燮舉老杜這四首詩爲例，並說明「無理而妙」的境界，如「冬日洛城北謁玄元皇帝廟」中「碧瓦初寒外」一句云：「逐字論之，言乎『外』，與內爲界也。初寒何物？可以內外界乎？將碧瓦之外，無初寒乎，寒者，天地之氣也。是氣也，盡宇宙之內，無處不充塞，而碧瓦獨居其外，寒氣獨盤踞于碧瓦之內乎！寒而曰初，將嚴寒或不如是乎？初寒無象無形，碧瓦有物有質，合虛實而分內外，吾不知其寫碧瓦乎？寫初寒乎？寫近乎？寫遠乎？使必以理而實諸事以解之，雖稷下談天之辨，恐至此亦窮矣。」根據葉燮此段話的說明，我們可以發現他在解「碧瓦初寒外」一句中的「無理之妙」，既非賀裳所舉「變形的聯想」，亦非鄒祗謨所舉「擬人的聯想」，而是一種「反常合道」的聯想。換句話說，「碧瓦初寒外」之所以「無理而妙」，乃是杜甫故意用非日常習慣的語言聯接法來加以展現一片圖景。這種想像的呈現並非純是記憶的再生，而是寓有杜甫本人複雜的心靈感受在內，所以是一種「創造的想像」。

評「春宿左省」詩中「月傍九霄多」一句云：「後來言月者，祗有言圓缺，言明暗，言升沉，言高下，未有言多少者。若俗儒不曰月傍九霄明，則曰月傍九霄高，以爲景象眞而使字切矣！今曰『多』，不知月本來多乎？抑傍九霄而始多乎？不知月多乎？月所照之境多乎？有不可名言者。試想當時之情景，非言明、言高、言升可得，而惟此『多』字可以盡括此夜宮殿當前之景象。他人共見之，而不能知、不能言，惟甫見而知之，而能言之，其事如是，其理不能不如是也。」這種解析，可說十分精闢。而這種「無理而妙」的手法，也是一種反常合道的聯想。用一「多」字，乍讀之下，似乎和實景不合，但是仔細推敲之後，不免會爲杜甫靈動的詩趣所迷。而且如曰明、曰高，則此詩的張力即大受限制，也就失去「創造的想像」所具有的特殊藝術性。但是葉燮沒有提到上句的「星臨萬戶動」亦是「無理而妙」手法的運用，未免美中不足。「星臨萬戶動」一句，即是將星看成人，故會閃動，這是一種帶有移情作用的擬人聯想，也就是和鄭祇謨引述的例子相同。

評「船下夔州郭宿雨濕不得上岸別王十二判官」詩中「晨鐘雲外濕」一句云：「以晨鐘爲物而濕乎？雲外之物，何啻以萬萬計！且鐘必於寺觀，即寺觀中，鐘之外，物亦無算，何獨濕鐘乎？然爲此語者，因聞鐘聲有觸而云然也。聲無形，安能濕？鐘聲入耳而有聞，聞在耳，止能辨其聲，安能辨其濕？曰雲外，是又以目始見雲，不見鐘，故云雲外。然此詩爲雨濕而作，有雲然後有雨，濕爲雨鐘，則鐘在雲內，不應云外也。斯語也，吾不知其爲耳聞邪！爲目見邪！爲意揣邪！俗儒于此，必曰『晨鐘雲外度』又必曰『晨鐘雲外發』，決無下濕字者。不知其于隔雲見鐘，聲中聞濕，妙悟天開，從至理實事中領悟，乃得此境界也。」這種「無理而妙」的手法，既非「變形」，亦非「擬人」，同時也不是反常合道的聯想，而是一種「以虛爲實」的手法。所謂「以虛爲實」，即是將作者主觀的情思或抽象的概念來予以形象化，譬如本句「晨鐘雲外濕」，正如葉燮所云：「聲無形，安能濕？鐘聲入耳而有聞，聞在耳，止能辨其聲，安能辨其濕？」所以杜甫此處不用記憶中的舊經驗而使用「創造的想像」，把原本抽象的概念化爲具體的形象來描寫，所以造成「晨鐘雲外濕」的句子，並點明了題意「雨濕不得上岸別王十二判官」，同時也引出了結聯「柔櫓輕鷗外，含悽覺汝賢。」的情懷出來。

此外評「晚秋陪嚴鄭公摩訶池泛舟」詩中「高城秋自落」一句云：「夫秋何物，若何而落乎？時序有代謝，未聞云落也。即秋能落，何繫之以高城乎？而曰高城落，則秋實自高城而落，理與事俱不可易也。」這種「無理而妙」的手法，基本上仍是一種「擬虛爲實」的技巧，也就是杜甫將「秋」這個抽象概念形象化來予以具體描寫，所以讀來于理多一曲折而更顯出其中的詩趣來。

根據上述葉燮所舉杜詩之例，我們可以發現其所謂「無理而妙」手法的運用，在杜詩中至少有三種形態，即「反常合道的聯想」、「擬人的聯想」、「擬虛爲實」等三種。爲了更詳細了解杜詩中此種「無理而妙」手法的運用，再舉例分述如下：

一、反常合道的聯想

前文已經提及，所謂「反常合道的聯想」即是作者在使用「創造的想像」時，故意用非日常習慣的語言聯接法來展現他的心靈圖景。所以乍看之下，似乎不成句，細繹之後，却是別有風味。故徐增

「而菴詩話」中云：

「論詩者以爲杜詩不成句者多，乃知子美之法失久矣！子美詩有句有讀，一句中有二三讀者，其不成句處，正是其極得意之處也。」

「不成句處」即是說杜詩中使用「反常合道的聯想」來加以創作。例如「秦州雜詩」二十首之一：

「滿目悲生事，因人作遠遊。遲迴度隴怯，浩蕩及關愁。水落魚龍夜，山空鳥鼠秋，西征問烽火，心折此淹留。」

五、六「水落魚龍夜，山空鳥鼠秋。」二句，本以魚龍水、鳥鼠山點明地方，但是由於杜甫使用反常合道的聯想來加以創作，使得魚龍、鳥鼠由死物變成活物，詩趣也變得靈活生動。看似與常情乖反，實則是種「無理而妙」的手法運用。再如「望嶽」：

「岱宗夫如何，齊魯青未了。造化鍾神秀，陰陽割分曉。盪胸生曾雲，決眥入歸鳥。會當凌絕頂，一覽衆山小。」

此詩可說是一首標準的反常合道之作。「岱宗夫如何」一句乃遙想之詞，「齊魯青未了」則是故作不合理的誇張來表示嶽之高且遠，此爲「創造的想像」。若經俗儒之手，則必直言岱宗之高若干，寬廣若干，則趣妙全失！「造化鍾神秀，陰陽割昏曉。」除了言昏曉分開陰陽之氣外，更現出一片近觀之景。一個「割」字，正是「無理而妙」手法的展示。從來言割者，率皆爲刀劍等利器而發；今言「陰陽割分曉」，不知昏曉之爲利器乎？亦陰陽之爲利器乎？看似無理，卻又帶有奇險之意。割字雖有分義，然而若曰「陰陽分昏曉」，則活句變死句，生趣全無！這即是前文吳喬所言「于理多一曲折」。五、六「盪胸生曾雲，決眥入歸鳥。」二句，則是一種不合常理習慣的聯想。朱鶴齡云：「觀層雲之出其上，則胸搖；送歸鳥之入其中，則眥裂。極言所望之高且遠。」（「輯注杜工部詩集」卷一）所言極是。因此，這兩句非但經由聯想作用將二個（盪胸、曾雲，決眥、歸鳥。）不可能相互聯接的意象來加以結合，甚至還出以誇張的手法。因此乍讀之下，不禁會為老杜設想之奇所震懾。這種屬於「無理而妙」的手法，眞是令人歎服不已。仇兆鰲「杜詩詳註」卷一引盧世潅之言云：

「公初登東嶽，似稍緊窄，然而曠甚。後望南嶽，似稍錯雜，然而肅甚。固不必登峯造極，而兩嶽眞形已落其眼底。」

盧德水所謂「固不必登峯造極，而兩嶽眞形已落其眼底。」一語，即就杜甫詩中使用「創造的想像」而言。蓋因此詩所表現的手法、內容，並非純是杜甫記憶中舊經驗的複演，而是根據已有的意象來加以綜合、剪裁。看似有乖常理，事實上却是「無理而妙」。

除此而外，杜詩中使用反常合道的聯想手法以達到「無理而妙」境界的尚有許多，諸如「星垂平野闊，月湧大江流。」（「旅夜書懷」）「石影銜珠閣，泉聲帶玉琴。」（「憶鄭南」）「飛星過水白，落月動沙虛。」（「中宵」）「魚龍迴夜水，星月動秋山。」（「草閣」）「地與山根裂，江從月窟來。」（「瞿唐懷古」）「返照入江翻石壁，歸雲擁樹失山村。」（「返照」）「三峽樓臺淹日月，五溪衣服共雲山。」（「詠懷古跡」五首之一）以上所舉之例，無一不是老杜使用反常合道的聯想手法所創造出來的佳句。這些詩句由於看似無理，內蘊妙趣，所以往往會令人有一種驚奇的感受。而且由這些例子中可以見出所謂反常合道的聯想手法，其實就是詩人鍊字和鍊句的技巧。換句話說，此種「無理而妙」的手法，仍須植根於作者鍛鍊之功力，並非人人可達。老杜既自言「爲人性僻耽佳句，語不驚人死不休。」（「江上値水如海勢聊短述」），所以對於這種反常合道的聯想手法，自是運用裕如而達到「無理而妙」的境界。

二、擬人的聯想

「擬人的聯想」就是把物看成人，也就是一種移情作用的展現。換句話說，作者在面對所欲描寫的景物之時，由於凝神觀照，在不知不覺之中，把在我的情感外移到物的身上去，由物我兩忘而進入物我合一的境界。由於物本身原是沒有生命，不具情感的，但是經由作者移情手法的使用，便變得既具生命又帶情感。所以乍看之下，似乎有反常理，但是細琢之後，卻往往能從其中領略出作者的一片深情。所以這種「擬人的聯想」也是詩中「無理而妙」的一種手法。老杜詩中此種「擬人的聯想」手法運用得最多的莫過於他的詠物作品。如「見螢火」：

「巫山秋夜螢火飛，疏簾巧入坐人衣。忽驚屋裏琴書冷，復亂簷前星宿稀。却繞井欄添箇箇，偶經花蕊弄輝輝。滄江白髮愁看汝，來歲如今歸未歸。」

詩中所謂「忽驚」、「復亂」、「却繞」、「偶經」等詞，全都是擬螢作語，而貫注了杜甫的情感在內。其中尤以「忽驚屋裏琴書冷」一句，最得「無理而妙」的神髓。蓋螢本爲無知之物，却驚於屋裏琴書之冷，則室內之淒寂不言可知。這完全是杜甫的一種情感上的幻化作用。所以在本詩內，螢便成了一種有情之物而爲杜甫情感的宣洩對象。這就是杜甫移情手法的巧妙運用，也就是一種「擬人的聯想」。再如「春望」：

「國破山河在，城春草木深。感時花濺淚，恨別鳥驚心。烽火連三月，家書抵萬金。白頭搔更短，渾欲不勝簪。」

溫公「續詩話」云：「山河在，明無餘物矣！草木深，明無人矣！花鳥平時可娛之物，見之而泣，聞之而悲，則時可知矣！」（藝文本「歷代詩話」頁一六五～一六七）司馬光此說，即已點明「春望」詩中最大的特色—擬人的聯想。由於杜甫將本身的感覺外射到花、鳥身上，所以無知的花、鳥才會見之而泣，聞之而悲。杜甫集中諸如此種「擬人的聯想」之例亦多，諸如「引頸嗔船逼，無行亂眼多。」（「舟前小鵝兒」）、「菊蕊淒疏放，松林駐遠情。」（「西閣雨望」）、「有猿揮淚盡，無犬附書頻。」（「雨晴」）、「爽合風襟靜，高當淚臉懸。」（「月三首」之三）、「雲隨白水落，風振紫山悲。」（「人日二首」之一）、「片雲天共遠，永夜月同孤。」（「江漢」）。上述諸例，無一不是杜甫情感的幻化，藉著物來予以宣洩。所以在這些物身上顯出來的喜、怒、哀、怨，其實就是杜甫本人當時的情緒反應，由於他使用了「擬人的聯想」來加以創作，所以原本無生氣的事物都顯出一片生機來。這種作品也是看似不合常理，但是却令人更能感受出作者胸中隱含的情懷，因此也是一種「

無理而妙」手法的展現。

三、擬虛爲實

「擬虛爲實」的手法就是將作者主觀的情感或抽象的概念來予以形象具體的描述。由於「擬虛爲實」手法的運用，通常都是起於作者的一種直覺描述，所以對日常生活中習見事物的關係常識便不太重視。例如葉燮所舉的杜詩「晨鐘雲外濕」一句，按常識而言，鐘聲入耳止能辨其聲，安能辨其濕！杜甫之所以如此描述，純是一種直覺反應而不顧時人對鐘的常識認知。「擬虛爲實」既是作者的直覺描述，所以也往往是作者心中美感經驗的重現。因爲當作者心中正在從事美感經驗的心理活動時，除開所觀照的對象之外，全都忘懷，連知識的判斷亦不例外。杜詩中此種「擬虛爲實」的作品如：

「村晚驚風渡，庭幽過雨霑。夕陽薰細草，江色映疏簾。書亂誰能帙，杯乾自可添。時聞有餘論，未怪老夫潛。」（「晚晴」）

其中「夕陽薰細草，江色映疏簾。」二句，即是一種「擬虛爲實」的手法運用。蓋夕陽將下，其色如火，映照於細草之上，故曰「薰」。然而按常理而言，其色雖如火，但仍非火，故用「薰」字形容，似爲無理。但是由於杜甫將夕陽映照這幅主觀的感覺透過他的直覺來予以形象化，化虛爲實，所以便以「薰」字來形容。此時杜甫的心靈中，除了這一幅圖象的觀照之外，任何外在的常識判斷都不在考慮範圍之內，所以便成就了這句「無理而妙」的詩句。至於「江色映疏簾」亦同。試想「江色」何以能映疏簾？原來是夕陽照於江中，然後反射於疏簾，並非直指江色能映疏簾。黃生「杜工部詩說」卷四評此二句云：「上句藏一更字，下句藏一仍字，始見承接脈絡。」所言極是。又如「移居夔州作」：

「伏枕雲安縣，遷居白帝城。春知催柳別，江與放船清。農事聞人說，山光見鳥情。禹功饒斷石，且就土微平。」

三、四「春知催柳別，江與放船清。」二句亦是「擬虛為實」手法的運用，蓋因「春知」、「江與」皆為杜甫主觀的情思，加上了動詞「催」、「放」而將此種情思形象化，這也是杜甫美感經驗的追述。

杜詩中有關此種「擬虛為實」的作品亦不在少數。諸如：「秋花危石底，晚景臥鐘邊。」（「秦州雜詩」二十首之十二）、「石出倒聽楓葉下，櫓搖背指菊花開。」（「送李八秘書赴杜相公幕」）、「浮雲不負青春色，細雨何孤白帝城。」（「崔評事弟許相迎不到應慮老夫見泥雨怯出必愆佳期走筆戲簡」）。以上所舉之例，率皆為杜甫心中的直覺描述，所以儘管非是常理，仍然詩趣靈動，而達到「無理而妙」的境界。

綜上而論，杜詩中「無理而妙」手法的運用除了個人獨具的「創造的想像」之外，深厚的鍊字功夫和學養也是不可或缺的。葉燮能對杜甫詩中此種「無理而妙」手法的作品特別提出討論，可說是眼光獨具。當然，所謂「無理而妙」手法的運用並不止於葉燮所舉的三種，不過本文乃針對清初論杜諸家而發，故於他類略而不論②。

【附註】

①此種說法乃根據張夢機師於「鷗波詩話」頁十九中所言。

②關於他類「無理而妙」手法的運用，黃永武先生在「中國詩學設計篇」中有詳論。此書爲台北巨流圖書公司出版，可以參看。

第四節　情語能以轉折爲含蓄的推贊

船山於「夕堂永日緒論」內編中推贊杜甫謂：「情語能以轉折爲含蓄者，唯杜陵居勝。『清渭無情極，愁時獨向東。』『柔艣輕鷗外，含悽覺汝賢。』之類是也。」此處船山雖以「情語能以轉折爲含蓄」來推贊杜甫，但是觀其所擧之例，實即老杜所自許之「沉鬱頓挫」，船山不過換言之而已！

至於何謂「沉鬱頓挫」，近人劉中和先生於「杜詩研究」一書中有極精闢的見解：

「從一『沉』字，可想其如浩瀚海洋所貯蓄之深；從一『鬱』字，可想其如崇山萬林所儲藏之富。如此既深且富之內蘊，在詩中，殊不似後人以資料故實，補綴堆砌爲事，而能化爲杜詩所以爲杜詩之『質地』。故『沉鬱』二字，所以形容杜詩之素質，………。而『頓挫』二字，所以形容杜詩之形態。」（益智書局印行本頁一一六）

本此見解，我們再看船山所引之兩首杜詩：

「秦州城北寺，勝跡隗囂宮。苔蘚山門古，丹青野殿空。月明垂葉露，雲逐度溪風。清渭無情極，愁時獨向東。」（秦州雜詩廿首之二）

前四句皆就秦州名勝處述而誌之，看似無出奇之處。然而「月明垂葉露」以下，情感為之一轉，寫古寺之悽寂，並由當前之勝跡而遙想長安，章法頓挫而隱現沉鬱之情。「草堂詩箋」卷十五引趙傁之言云：

「寺枕秦山，下接渭水。渭水東流長安，公乃心乎長安可知矣。」

黃生「杜工部詩說」卷六亦云：

「長安在東，人不能東而水獨東，愁時對之，更覺難堪，言其不解人愁也。」

因此尾聯二句，實隱含悲世之情在內。渭水不解人愁，獨自東向流往長安，豈非即是無情？而無情之渭水尚知流向長安，己身思念長安之情，又何能獨免？這種感情的曲達若隱若現，若有若無，即是船山指其「情語能以轉折為含蓄」的根由。故船山於「唐詩評選」卷三亦云：

「『月明垂葉露』，險句出之平夷。即如末一語，有兩轉意而混成不覺，方可謂意句雙收。」

所謂「兩轉意而混成不覺」，即指老杜此詩含有沉鬱之情兼具頓挫的章法而不露痕跡。再如「船下夔州郭宿雨濕不得上岸別王十二判官」：

「依沙宿舸船，石瀨月涓涓。風起春燈亂，江鳴夜雨懸。晨鐘雲外濕，勝地石堂煙。柔艣輕鷗外，含悽覺汝賢。」

首聯寫未雨前之景，頷聯轉寫夜雨之景，而此二景又皆爲昨夜之景的追述，已先有轉折在內。頸聯則又轉寫因濕而不得上岸，並帶入結聯的沉鬱之情中。黃生「杜工部詩說」卷五評此詩謂：「題略者，詩詳之；題明者，詩隱之；題順者，詩倒之。寫景精切，寓意雋永，五律至此，即贊歎亦無所加。」這種配合題意而忽隱、忽詳、忽倒的寫作技巧，也就是一種頓挫的章法表現。清施鴻保「讀杜詩說」卷十五亦云：「言判官僻居勝地，今因雨濕不得上岸相別，但於柔櫓輕鷗之外，想慕其賢，而自嘆漂流無定，不能相及也。」這種說法，顯然和船山所謂「情語能以轉折爲含蓄」之理暗合。

船山之外，吳喬評杜亦有此種觀點。「圍爐詩話」卷一中云：

「意由于識。馬嵬事吟咏甚多，而子美云：『不聞周殷衰，中自誅褒妲。』曲折有含蓄，子瞻稱之。鄭畋云：『肅宗迴馬楊妃死，雲雨雖亡日月新。終是聖朝天子事，景陽宮井又何人。』人知其有宰相器。劉夢得、白樂天直言六軍逼殺天子矣。」

吳喬舉出「北征」詩中之「不聞周殷衰，中自誅褒妲。」二句，謂爲曲折有含蓄，故東坡以爲識君臣之大體而稱之。這種論點，早在宋朝魏泰的「臨漢隱居詩話」中已提及：

「唐人詠馬嵬之事者多矣，世所稱者，劉禹錫曰：『官軍誅佞倖，天子捨妖姬。羣吏伏門屏，貴人牽帝衣。低徊轉美目，清日自無輝。』白居易曰：『六軍不發將奈何，宛轉蛾眉馬前死。』此乃歌詠祿山能使官軍皆叛，逼迫明皇，明皇不得已而誅楊妃也。噫！豈特不曉文章體裁而造語拙惷，已失臣下事君之禮也。老杜則不然，其北征詩曰：『憶昔狼狽初，事與前世別。不聞夏商衰。中自誅褒妲。』方見明皇鑑夏商之敗，畏天悔過，賜妃子死，官軍何預焉？唐闕史載鄭畋馬嵬詩，命意似矣，而詞句凡下，比說無狀，不足道也。」

魏泰這種說法，錢謙益及朱鶴齡於杜詩注中，並皆採用，可見已得到清初論杜諸家的認同。吳喬以爲此詩情感表達曲折有含蓄，基本上是由他的「比興」觀念來予以析論的。不過根據他所舉之「不聞周殷衰，中自誅褒妲。」以及船山上述所舉之例，似乎偏向於「比」的部分，而且是種隱喻而非明喻。因爲船山及吳喬所舉杜詩中的例子，都必須透過它的表面文字來探索它的內在含義。自詩外表所呈現的文字而言，都只是在抒寫一件單一的事件或景物，彷彿沒有作者所欲表達的情旨在內；但是其中含寓的主旨，只要稍經思索，馬上可以觸及到作者的心靈深處。船山謂「以轉折爲含蓄」，吳喬說「曲折有含蓄」，都已指明這種情感的傳達不是直接而是訴諸委曲。簡而言之，即是借由形象的隱喻和委曲的表達方法，讓讀者的心靈在不自覺中與作品發生情感上的交流與共鳴。形象的隱喻由於不是叫囂似的激情，所以令人覺其「沉鬱」；委曲的表達方法由於形態非一，所以令人有「頓挫」之感。所以船山謂「唯杜陵居勝」，眞是恰到好處的形容。

杜詩中此種「情語以轉折爲含蓄」手法的運用，可以說是比比皆是。例如「題鄭縣亭子」：

「鄭縣亭子澗之濱，戶牖憑高發興新。雲斷岳蓮臨大路，天清宮柳暗長春。巢邊野雀羣欺燕，花底山蜂遠趁人。更欲題詩滿青竹，晚來幽獨恐傷神。」

這一首詩本是老杜憑高發興之作，所以前四句便寫出一幅大景的形象來。這幅形象雖然是描述一種自然的圖景，讓眼前景和心底情來作一番交融，但五、六句「巢邊野雀羣欺燕，花底山蜂遠趁人。」就不單是自然圖景的映現，而是已有老杜的情感隱伏在裏頭。因此這二幅形象便經由隱喻的方式，曲折地表達出杜甫生活的底層，彰顯他的人生中一些隱微之事。「雀欺燕」和「蜂趁人」看似一種形象的映現，但是稍經思索，到底何者爲雀？何者爲燕？何者爲蜂？人指的又是誰？這些問題所指的核心，便殊堪玩味。這種形象的映現，除了具現了自然的圖景之外，亦含蓄著人生的縮影在內，但是想要了解杜甫這幅人生的縮影，就必須先了解「巢邊野雀羣欺燕，花底山蜂遠趁人。」這幅形象所隱喻之意。透過這幅形象的了解，所謂「晚來幽獨恐傷神」之情即可以稍稍領會。故黃生「杜工部詩說」卷八云：

「五、六喻小人衆多，排斥君子。小人衆則君子孤，故以幽獨二字承其意。七句『更欲』二字振得響。來時發興，將去則又傷神。三、四應前，五、六起後，發興者即目，傷神者本懷也。」

這種詮釋法，即將「巢邊野雀羣欺燕，花底山蜂遠趁人。」二句解成一種形象的隱喻。而「發興者即目，傷神者本懷。」就是指杜甫此詩的情語表達兼具曲折含蓄。再如「登樓」：

「花近高樓傷客心，萬方多難此登臨。錦江春色來天地，玉壘浮雲變古今。北極朝庭終不改，西山寇盜莫相侵。可憐後主還祠廟，日暮聊爲梁甫吟。」

首句「花近高樓」，即寫出一幅春滿眼前的形象來，並爲三句「錦江春色來天地」預作伏筆。而這些自然風貌的形象描寫，其實也正是詩人心境的映現。「花近高樓」、「錦江春色」兩幅形象自然襯托出風景不殊，人事自異的情感來，所以有「傷客心」之嘆。單是此地情感的展示已委曲多折。五、六句「北極朝庭終不改，西山寇盜莫相侵。」則分別自三、四句承意而出，故黃生「杜工部詩說」卷八云：

「錦江春色，依舊來天地；玉壘浮雲，一任變古今，承上起下之辭。古今遞變如浮雲，以治亂興亡相尋不已也。然今日國祚靈長，如天時終古不忒，雖有小醜，安能爲患？故若呼寇盜而告之。語雖警寇盜而意實諷朝庭，故終託喻後主而梁父成吟則比己，登樓有作焉爾。」

又云：

「錦江玉壘，後主祠廟，登臨所見。北極朝庭，西山寇盜，登臨所懷。」

由此可見，本詩中所描述之自然形象，實即隱伏了杜甫心中的一付情懷，而這付情懷仍是借助於形象的隱喻以及委曲轉折的表達手法來加以凸顯。全詩情語的表達轉折委曲，又有如鏡花水月，有象無痕，極其沉鬱之至。當讀者面對本詩的形象描述之際，由於杜甫有意的暗示安排，往往會有一股感性的共鳴在不知不覺中充斥於心靈內。吳喬謂：「詩意之明顯者，無可著論，惟意之隱僻者，詞必紆迴婉曲。（「圍爐詩話」卷一）這種論點用於杜詩中眞是貼切之論。又如「禹廟」：

「禹廟空山裏，秋風落日斜。荒庭垂橘柚，古屋畫龍蛇。雲氣噓青壁，江聲走白沙。早知乘四載，疏鑿控三巴。」

全詩皆由眼前景所構成的一幅形象，而且生動自然，歷歷在目。首聯寫秋時之形象，頷聯則爲近景，寫禹廟中之形象。錢謙益引孫莘老之言云：「橘柚錫貢驅龍蛇，皆禹之事，公因見此有感也。」（「

錢注杜詩」卷十四）由此可見，老杜這幅形象的描敍已是明事暗用，妙在有意無意之間。而情感的展現也隨著這種形象的暗喻，以轉折委曲的手法隱現於字裏行間。頸聯則是遠景的描寫，而山水險峻之意自現。但是這幅山水險峻的形象又爲結尾的「早知乘四載，疏鑿控三巴。」預作提示，故黃生「杜工部詩說」卷五中謂：

「言此地扼三巴之險也。蜀中有險可據，故往往生亂。使禹早知如此，乘四載而疏鑿之，則三巴失控扼之勢而盜賊無竊據之虞矣！二語若作『早知藏盜賊，疏鑿靖三巴』，意即了然。然此詩却入盜賊字不得，故隱約其辭。」

換句話說，杜甫此詩即是有意將所含蘊的情思，透過形象的暗喻而出之以委曲轉折的手法。所以看似寫景，實則語帶含蓄而意在言外。

綜合以上所舉之例而論，杜詩中此種情語以轉折爲含蓄手法的運用，事實上即是歷代詩評家所津津樂道的語帶比興一語。這種手法的運用由於能夠曲盡老杜胸中所蘊積的情懷，所以幾乎成爲杜詩中最主要的寫作特色。由此可見，船山評杜是頗具藝術眼光的。

第五節　意象化的技巧表現

「意象」（image）一詞，在文學作品探討中經常被廣泛地使用著。一般談論此一名詞時，大多誤以爲乃西方文學理論的特產。就詞義的解釋而言，「意象」固然是心理學上的名詞，意指過去的感受經由回憶與沉思而呈現的一種心理過程。然而中國古代雖然缺乏此類詳細的解說，但是有關「意象」一詞的使用卻和此意不謀而合。所以「意象」一詞並非舶來品，而是古已有之。如曰不信，請看實例：

(1)劉勰「文心雕龍」神思篇：

「是以陶鈞文思，貴在虛靜，疏瀹五藏，澡雪精神。積學以儲寶，酌理以富才，研閱以窮照，馴致以懌辭。然後使元解之宰，尋聲律而定墨；獨照之匠，闚意象而運斤。此蓋馭文之首術，謀篇之大端。」

(2)唐司空圖「二十四詩品」縝密下云：

「是有眞迹，如不可知。意象欲生，造化已奇。水流花開，清露未晞。要路愈遠，幽行爲遲。語不欲犯，思不欲癡。猶春於綠，明月雪時。」

(3)宋王安石「宿土坊驛寄孔世長」詩：

「燒夜郭原百草荒，弊裘朝去犯嚴霜。殘年意象偏多感，回首風煙更異鄉。往返自非名利役，辛勤應見友朋傷。章江猶得同遊處，最愛梅花醮水香。」

(4)宋強幼安「唐子西文錄」：

「謝元暉詩云：『寒城一以眺，平楚正蒼然』平楚猶平野也。呂延濟乃用翹翹錯薪，言刈其楚，謂楚木叢，便覺意象殊窘。」

(5)姜白石「念奴嬌」詞序：

「予與二、三友人，日蕩舟其間，薄荷花而飲；意象幽閒，不類人境。」

以上諸例中有關「意象」一詞的使用，大概皆指出作家在創作之時，各自憑藉記憶或回憶將過去感受到的經驗透過想像而呈現於作品中，也就是一種「心象」的展示。所以我們可以大膽地說：「意象」一詞原是中國固有的，而且前人也曾很精確地使用它。由於「意象」一詞及其含義，牽涉到文學的具體描寫及文學作品的基本要素，和文學原理的核心問題，因此不可不辨。

「意象」既是一種心理歷程，所以凡是憑藉記憶與回憶將過去的感覺或是已理解過的經驗召回，使之重現於心靈上的均屬之。由於是憑藉記憶與回憶來重現過去的經驗，所以想像及虛構都是必須的。而這兩者，其實就是構成一件文學作品的主要條件。因此當我們誇讚一件文學作品的「意象」深遠時，即已被作者的想像力及虛構力所迷。

一般而言，文學作品的表現特質有二，一是映現生活的圖景，一是呈現作者心靈的圖景。前者較偏向於具體的描寫，能予人以鮮明生動的形象，例如詠物詩的創作即是。後者則著重在心靈的再生，是集合作者的感覺而將其印象內容組合而成的意象，能予人一種沉潛的感染力。所謂含蓄、沉鬱的境界，也就是一種意象化的表現。

而此種意象化的表現在文學上有何價值呢？宋歐陽修「六一詩話」載梅聖俞之言云：

「聖俞嘗語余曰：『詩家雖率意而造語亦難，若意新語工，得前人所未道者，斯爲善也。必能狀難寫之景如在目前，含不盡之意見於言外，然後爲至矣。』」也就是說寫景之詩不宜隱，隱則易流於晦澀；而寫情之詩不宜太顯，顯則流於膚淺。一語指出詩有「隱」與「顯」的分別。我們經常說詠物詩必須狀物工切，體物得神，這是顯的道理，也就是形象的生動表現。而杜甫的沉鬱、情景交融等都是「隱」的道理。言情宜隱，其情乃長，這即是一種意象化的表現，也就是中國詩人所致力追求的目標之一。例如代表東漢末期五言詩成熟期之最高藝術成就的古詩十九首，「文心雕龍」明詩篇說：「觀其結體散文，直而不野，婉轉附物，怊悵切情，實五言之冠冕也。」鍾嶸「詩品」亦云：「文溫以麗，意悲而遠，驚心動魄，可謂幾乎一字千金。」亦即說明古詩十九首的妙處在於「隱」，正如梅聖俞所說的「含不盡之意見於言外」。另就十九首的內容而言，正如古詩源所謂：「十九首大率逐臣棄妻，朋友闊絕，死生新故之感。」換句話說，古詩十九首的作者處於亂世散離的環境下，將本身遭遇經驗的累積，透過回憶而用想像及虛構作用呈現在心靈上的一種映象。在這些心靈映象中，或用隱射、或用暗示來揭露其心靈中對於時代亂離所刻下的圖景，這正是一種意象化的表現。由於其深具美感經驗，因此更令人咀嚼無窮。

所以詩和其他文學一樣，深遠的意象是必要的。一首詩涵育了深遠的意象，才能引起讀者的直覺而產生移情作用。例如宋歐陽修有一首題爲「夢中作」的七言絕句：

「夜涼吹笛千山月，路暗迷人百種花。棋罷不知人換世，酒闌無奈客思家。」

以及唐杜荀鶴的「旅館遇雨」：

「月華星集坐來收，嶽色江聲暗結愁。半夜燈前十年事，一時隨雨到心頭。」

當我們欣賞這兩首詩時，心中自然會有一瞬間將詩中所表現的意象看成一個孤立的圖景，然後在凝神靜觀之餘，常導致物我兩忘甚至合一，這便是一種直覺。換句話說，在這二首涵寓深遠意象詩作之前，我們很難同時想起「是誰在吹笛？誰在下棋？」和「嶽是那座山」以及「十年事是指何事」等不相干的聯想。因爲心中一起了這些現實的聯想，就不可能與物合一而移情入物，既不能使人移情入物就表示這首詩的表情方法有問題，也就是缺乏深遠獨立的意象。一首詩如果缺乏此種意象化的表現，就會顯得空洞、膚淺而不能算是好詩。

所以就意象而言，它並非一種知識，也不能用知覺來予以肯否。當然也不是所有過去的經驗在我們心靈中流轉的都可以賦予文學上新的生命，所以必須再加上帶有作者個人情感的想像作用和虛構作用，使直覺、想像、虛構、創造合而爲一。此種作者心靈的綜合作用所呈現之意象方能產生有生命的文學。因此，意象在文學上的價值就是使文學作品本身產生一種朦朧深遠之美而沒有過於顯露之病，另外能使不同的讀者在欣賞之際，皆能感受作者緜密不盡之情而產生移情作用。文學作品得以亙古不朽，泰半得力於此。

前文已談及構成一幅意象的兩個主因一是想像，一是虛構，缺此兩作用，所謂意象的構成根本不能成立。清初論杜諸家言及意象一詞時，亦多能把握住此二大重點。如錢謙益「湯義仍先生文集序」云：

「義仍晚年之文，意象萌出，根荄屈蟠。其源汩汩然，其質熊熊然。」（「初學記」卷卅一）「意象萌出，根荄屈蟠。」即是形容湯義仍晚年之文想像及虛構之深遠疊出。葉燮則於「原詩」內篇中云：

「可言之理，人人能言之，又安在詩人之言之？可徵之事，人人能述之，又安在詩人之述之？必有不可言之理，不可述之事，遇之于默會意象之表，而理與事無不燦然于前者也。」

葉燮強調詩人須言不可言之理，不可述之事，而遇之于默會意象之表，則作品會更爲燦然。這種說法也是間接贊成意象的構成是經由想像及虛構作用來言出不可言之理，述出不可述之事。觀其所舉之例，如「碧瓦初寒外」（冬日洛城北謁玄元皇帝廟）及「月傍九霄多」（春宿左省）和「晨鐘雲外濕」（船下夔州郭宿雨濕不得上岸別王十二判官）、「高城秋自落」（晚秋陪嚴鄭公摩訶池泛舟）等詩句，就手法表現而言，固然是「無理而妙」；但是就意象的構成而言，仍是想像及虛構所組成的。所以葉燮在前文已先藉他人之發問云：

「詩之至處，妙在含蓄無垠，思致微渺，其寄托在可言不可言之間，其旨歸在可解不可解之會。言在此而意在彼，泯端倪而離形象，絕議論而窮思維，引人于冥漠恍惚之境，所以爲至也。」

所謂「泯端倪而離形象」一語，最可深思！既不見端倪又不見形象，可見詩作所表現出來的心靈映象非是鮮明而具體的。非鮮明具體的心靈映象，且要窮思維以引人入于冥漠恍惚之境，這其中不就是想像作用及虛構作用的能力顯示嗎？

在此種理論支持下，清初論杜諸家在討論杜詩中意象化的技巧表現，便多準此出發。例如朱鶴齡在「漫成」二首之一「野日荒荒白，春流泯泯清。」下云：

「泯泯對荒荒，極狀江流之遠大。張有復古編云：湣，古活字，泯泯是活活之誤。不知泯泯、活活，意象各不侔。」（「輯注杜工部詩集」卷八）

也就是說朱鶴齡認定老杜用「春流泯泯清」的意象和「春流活活清」的意象不同，全詩如下：

「野日荒荒白，春流泯泯清。渚蒲隨地有，村徑逐門成。只作披衣慣，常從漉酒生。眼邊無俗物，多病也身輕。」

這兩句「野日荒荒白，春流泯泯清。」由於是一幅視覺意象所組成，所以朱鶴齡才會說「不知泯泯、活活，意象各不侔。」可是問題在「泯泯」和「活活」的意象何以不侔？它的分別在那裏？要解決此一問題，仍必須先從本詩的意象構成談起。

杜甫這首題爲「漫成」的五律，主旨在寫「無俗物」三字。而所謂「眼前」，指的即是「野日荒荒白，春流泯泯清。渚蒲隨地有，村徑逐門成。」這一幅視覺圖象。此一幅圖景看似一種眼前景的描寫，實際上是沈潛於杜甫心靈中的一幅映象，所以基本上是屬於一種經由沉思所得的幻象。不然「渚蒲隨地有，村徑逐門成。」二句便無法解析。因爲「隨地有」、「逐門成」都非指當前具體的圖象，而是一種視覺經驗的再生。「荒荒白」正是不甚白之意、「泯泯清」恰是不甚清之意，兩者相互配合，正可產生一種暈化作用的美，也就是所謂「朦朧的美」，這正是視覺意象所造成的特殊效果。如用「活活」代替「泯泯」兩字，則換之而起的則是一幅鮮明生動的圖景，和老杜的原意便不合。所以朱鶴齡謂：「泯泯對荒荒，極狀江流之遠大。」由於要表示江流之遠大，具體而鮮明的形容便不適合，不如用幻象來代替。因爲所謂想像力是無遠弗屆的。朱鶴齡由於深知「泯泯」意象的構想視野較「活活」大，而且明晰度較小，和杜甫的詩意較接近，所以才會說「不知泯泯、活活，意象各不侔。」的話來。再如黃生於「春日憶李白」下評云：

「從來懷人之作，多因時物以起興，但出景不同，則係其人之手筆。如此詩本以清新俊逸目李，五、六二語，不必有意擬似，覺清新俊逸四字，意象浮動其間，此以神遇，不以力造者也。」

（「杜工部詩說」卷四）

本詩如下：

「白也詩無敵，飄然思不羣。清新庾開府，俊逸鮑參軍。渭北春天樹，江東日暮雲。何時一樽酒，重與細論文。」

黃生所以謂「五、六二語，不必有意擬似，覺清新俊逸四字，意象浮動其間。」即著因於此詩乃全憑記憶聯想，將杜甫過去對李白的印象內容自由組合之後，再出現於他的心靈中。換句話說，李白的「樣子」經由老杜的回憶而重生在杜甫的腦海裏。因此「詩無敵」、「思不羣」、「清新」、「俊逸」都是李白在過往的生活中留在杜甫記憶中的映象。「渭北春天樹」乃是寫杜甫所在之地，「江東日暮雲」則是想像李白所居之地，而所有「春日憶李白」的情思便透過想像力來往於渭北、江東之間。這種往來兩地的情思，又以昔日李白的清新逡逸爲主，所以黃生才會有「覺清新俊逸四字，意象浮動其間。」之語。又如「舟中夜雪有懷盧十四侍御弟」下黃生評云：

「總是對雪懷人，以雪起，以人終。三、四寫彼地之雪，意中想像。五、六寫己地之雪，即事形容。情中景，景中情，融成一片，無象可窺，此之謂化境。」（「杜工部詩說」卷五）

本詩如下：

「朔風吹桂水，大雪夜紛紛。暗度南樓月，寒深北渚雲。燭斜初近見，舟重竟無聞。不識山陰道，聽鷄更憶君。」

就本詩而言，主旨乃在末句「聽鷄更憶君」一語。既明言「憶君」二字，可見杜甫在創作此詩時，盧十四並不在眼前，因此他唯有透過想像力與虛構力來予以回溯。「大雪夜紛紛」是杜甫所處之地的景象，所以五、六二句「燭斜初近見，舟重竟無聞。」可以說是老杜眼前雪景形象的描述。但是三、四二句「暗度南樓月，寒深北渚雲。」則是盧十四所在之地的雪景虛構，是杜甫經由回憶或聯想使之重現於心靈中的映像，所以是一種意象的捕捉。黃生所以謂爲「意中想像」，即是植因於此。其實這種寫法也就是經由「聯想的想像」，將所思憶的人、事、景、物再現於心靈上，所以就是一種「心象」（mental image）的重演。此詩雖先寫意象再寫己身所處之地的形象，但是就文學的創作思考而言，仍是「燭斜初近見，舟重竟無聞。」的形象在先，「暗度南樓月，寒深北渚雲。」的意象產生在後。綜合而言，就是觸景生情的寫作手法。因此黃生才會說：「即事形容，情中景，景中情，融成一片，無象可窺。」這即是說杜甫此詩的創作過程乃經由形象的描寫以至於意象的再現，而此種創作手法，在杜詩中是重要且常見的①。

經由上述的討論，我們已經確定「意象」並非專指一種圖畫式的具體描述，而是詩人沉潛回憶的再生。清初論杜諸家對於杜詩中意象技巧的詮釋也大多正確無誤。事實上，就文學作品的創作而言，任何詩人的主觀經驗仍須在心理的距離(psychical distance)之外來予以客觀化而成爲一種意象，才有文學生命的產生。同時，詩人在凝神沉思之際，把在我的知覺或情感透過心理的距離而外射到物身上去。這時詩人和物之間在不自覺中便起了一種微妙的反應，也就是詩人在瞬間會聯集過去所有對物的美感經驗而加諸於物的身上，由物、我兩忘而至於與物合一的境界。所以葉燮「原詩」中所說的「言在此而意在彼，泯端倪而離形象，絕議論而窮思維，引人于冥漠恍惚之境。」眞是恰到好處的形容！因爲唯有物我合一，泯端倪而離形象，才會使人有冥漠恍惚的感覺，而意象在文學上的價值亦在於此。

【附　註】

① 有關杜詩中「形象轉化爲意象」之論例，請參看拙作「杜詩中的意象表現」一文。此文收於台北學生書局印行之古典文學第五集。

第三篇　結論：清初杜詩學的價值與影響

第一章　清初杜詩學的價值

一般研究杜詩者，無不視有清一代爲集杜詩學之大成。論究其因，則肇因於清初論杜諸家具有承先啓後之功所致。就杜詩學源流而言，宋人尚輯注，元明尚批選，然皆不若清初諸家熔此二者於一爐。而且錢謙益於杜詩考證詳實，雖間有臆測附會之詞，後代亦無不奉爲圭臬。至於其他條分縷析以訓釋文義者，更對論杜者產生莫大之影響。本章先論清初杜詩學於文學批評史上之價值。

中國詩論史上往往重主觀的判斷而少客觀的比較考察，所以往往爲了評論方便而將詩風接近的歸類成派。唐代自是中國詩的黃金時代，其中杜甫尤爲佼佼者。杜詩在唐代雖似不甚受重視，但是入宋之後，由於梅、蘇、歐、王等人推尊杜詩，張戒又有「子美之詩，得山谷而後發明。」之說。從此天下學詩者，罕有不言及杜詩之人。降及明代，由於擬古風氣的興起，杜詩成爲模擬的主要對象，學杜更是蔚成風氣。明末清初，這種擬古風氣雖已受人抨擊，但是論者亦多以杜詩爲例來反駁擬杜者。在此種學風潮流之下，整個中國詩論史上，有關杜詩學的評論研究，似乎成了一條主流。因此研究清初杜詩學的最大價值，就在於了解這條詩學主流的衍化經過。以下便分別來加以敍論。

第一節 可以考知宋元杜詩學的取向

北宋初期，由於國家規模初定，全國上下，方厭倦戰亂而嚮往太平，故詩文創作，便產生了以追求藻麗爲主的西崑體。西崑體的主要人物楊億、劉筠、錢惟演等人率皆標擧義山而不滿於杜詩，楊億甚至目杜甫爲村夫子。但是就義山詩的內在藝術精神而言，仍和杜詩有甚多相通之處，所以「有唐一代，唯李玉溪直入浣花之室。」（「一瓢詩話」語，見藝文本清詩話頁八六二）的評論便爲諸家所承認。但是西崑體的作者只學義山詩華麗的形式而忽略其眞正之藝術精神。因此早在西崑形成風氣之先即有王禹偁推崇杜詩而開啓後來的新局。

王元之以爲杜詩之最大成就，乃在於詩歌開闢了寫實和議論的新領域。王元之雖卒於西崑成集之前，但是這點主張不但影響了宋人學杜的取向，同時對日後宋詩的發展亦有不少的啓示。所以他的「自賀詩」云：「本與樂天爲後進，敢期子美是前身。從今莫厭閑官職，主管風騷勝要津。」此處「主管風騷」四字，即暗示著欲以白居易、杜甫等寫實作品來轉移詩壇風尚。他的文學主張雖然沒有馬上得到廻響，但是有關「韓柳文章李杜詩」（「贈朱嚴詩」）的號召，却有如一顆潛伏的種子，在日後宋代詩壇上遂長成一棵巨樹。

宋人之重杜詩，始於北宋中葉。是時由於外患頻仍，國家聲勢逐漸由盛而衰，於是粉飾太平的華麗詩風便逐漸受有識之士不滿。因此，詩風遂亦由綺靡而趨向於樸實，而沈鬱寫實的杜詩遂漸為宋人所注意。其中尤以王安石推崇杜詩的原因，對宋人影響最大，其「題杜甫畫像」詩云：

「吾觀少陵詩，謂與元氣侔。力能排天斡九地，壯顏毅色不可求。浩蕩八極中，生物豈不稠？醜妍巨細千萬殊，竟莫見以何雕鎪。惜哉命之窮，顛倒不見收。青衫老更斥，餓走半九州。瘦妻僵前子仆後，攘攘盜賊生戈矛。吟哦當此時，不廢朝廷憂。常願天子聖，大臣各伊周。寧令吾廬獨破受凍死，不忍四海赤子寒颼颼。傷屯悼屈止此身，嗟時之心我所羞。所以見公畫，再拜涕泗流。推公之心古亦少，願起公死從之遊。」

在這首詩中，王安石所推贊的杜詩，已非如元稹於「杜工部墓係銘」中所推舉的「至於子美，蓋所謂上薄風雅，下該沈宋，古傍蘇李，氣奪曹劉，掩顏謝之孤高，雜徐庾之流麗，盡得古今之體勢，而兼昔人之所獨專矣………。至若鋪陳終始，排比聲韻，大或千言，次猶數百，辭氣豪邁而風調清深，屬對律切而脫棄凡近，則李尚不能歷其藩翰，況堂奧乎！」而是更進一步重視杜詩中忠君愛民的思想，並且認為此種思想乃是杜詩之所以有偉大成就的根源。這種立論不但迅即籠罩宋代的詩評界，同時也奠下了後人推尊杜詩的主要原因。

基於此一原由，王安石編選四家詩時，便將杜甫置於第一，而李白置於歐、韓之下。這種詩歌的理論看法，已經逐漸反映出寫實作品在宋代的地位超過浪漫主義的作品，而這種風氣經明入清，雖然偶有波折，但是大致而言，已成中國詩論中的主流。

杜詩中的忠愛思想一經王安石大力提倡之後，迅即受到當時學術界的重視，如蘇軾於「王定國詩集敍」中即云：「古今詩人衆矣，而杜子美爲首，豈非以其流落飢寒，終身不用，而一飯未嘗忘君也歟。」（東坡集卷廿四）因此表現在詩論中，便力主有爲而作，其「鳧繹先生詩集敍」中引述其父蘇洵對顏鳧繹詩文的評語並強調說：

「先生之詩文，皆有爲而作，精悍確苦，言必中當世之過。鑿鑿乎如五穀必可以療飢，斷斷乎如藥石必可以伐病。其游談以爲高，枝詞以爲觀美者，先生無一言焉。其後二十餘年，先君既沒，而其言存。士之爲文者，莫不超然出於形器之表，微言高論，既已鄙陋漢唐，而其反復論難，正言不諱，如先生之文者，世莫之貴矣。」

這種論詩強調有爲而作的主張，正是造成東坡推崇杜甫爲古今詩人之首的最大原因。東坡晚年由於政治環境的挫折，以致於詩風傾向於陶詩淡雅高遠的風格。但是和他推崇杜詩中一飯不忘君的作品理論並不相衝突。所以其弟蘇轍在「東坡先生墓誌銘」中說：「公詩本似李杜，晚喜陶淵明，追和之者幾遍。」可見東坡晚年喜和陶詩，和他的遭遇大有相關。

黃山谷論詩雖然沒有繼承杜詩中寫實作品的精神，但是所謂杜詩無一字無來歷的推崇影響後人更爲鉅大，而且山谷所有的詩論幾乎都是準此而發，並且衍成江西詩派重要的定律之一。這種理論，雖然提高杜詩的地位，但是爭議亦自此而生。例如張戒在「歲寒堂詩話」卷上即批評他說：「魯直學子美，但得其格律耳。」又謂：「余問魯直得子美之髓乎？居仁曰：然。其佳處焉在？居仁曰：禪家所謂死蛇弄得活。余曰：活則活矣，如子美『不見旻公三十年，封書寄與淚潺湲。舊來好事今能否，老去新詩誰與傳。』此等句，魯直少日能之。『方丈涉海費時節，元圃尋河知有無。桃源人家易制度，橘州田土仍膏腴。』此等句魯直晚年能之。至於子美『客從南溟來，朝行青泥上。』壯遊、北征，魯直能之乎？如『莫自使眼枯，收汝淚縱橫。眼枯却見骨，天地終無情。』此等句魯直能到乎？居仁沈吟久之，曰：子美詩有可學者，有不可學者。余曰：然則未可謂之得髓矣！」張戒此說，可謂間接反對山谷所強調之杜詩詩法的闡揚。清初論杜者反對以字句出處求杜的理論，可說得此啓示良多。

宋室南渡後，由於遭受流亡的慘痛經驗，詩歌中興、觀、羣、怨的觀念又更加受人重視。如張戒之所以於「歲寒堂詩話」中推贊杜詩，即着眼於老杜心存社稷、憂國憂民而言。因此對於元微之尊杜之論，便全部予以否定。「歲寒堂詩話」卷下云：

「鄙哉微之之論也，鋪陳排比，曷足以爲李杜之優劣？子曰：不學詩，無以言。又曰：詩可以興，可以觀，可以羣，可以怨。邇之事父，遠之事君。序曰：先王以是經夫婦，成孝敬，厚人倫，美教化，移風俗。又曰：上以風化下，下以風刺上，主文而譎諫，言之者無罪，聞之者足以戒。子美詩是已！」

又評「可嘆」詩云：

「觀子美此篇，古今詩人焉得不伏下風乎？忠義之氣，愛君憂國之心，造次必于是，顚沛必于是。言之不足，嗟嘆之；嗟嘆之不足，故其詞氣能如此。恨世無孔子，不列于國風、雅、頌爾。」

由這種觀念出發，論詩自然強調含蓄、委婉而反對率直淺露，杜甫也就被抬高到詩聖的地位了。

陸游早年亦心醉於江西詩法的追求，但是中年以後，由於生活閱歷增加，再加上對於國事的憂慮，所以便有「我昔學詩未有得，殘餘未免從人乞。力孱氣餒心自知，妄取虛名有慚色。」（「九月一日夜讀詩稿有感走筆作歌」）之悟。因此他在「老學庵筆記」中，自然對論杜力求出處也加以攻擊：

「今人解杜詩，但尋出處，不知少陵之意，初不如是。且如岳陽樓詩：『昔聞洞庭水，今上岳陽樓。吳楚東南坼，乾坤日夜浮。親朋無一字，老病有孤舟。戎馬關山北，憑軒涕泗流。』此豈可以出處求哉？縱使字字尋得出處，去少陵之意益遠矣。蓋後人元不知杜詩所以妙絕古今者在何處，但以一字亦有出處爲工。如西崑酬唱集中詩，何嘗有一字無出處者，便以爲追配少陵可乎？且今人作詩，亦未嘗無出處，渠自不知，若爲之箋注，亦字字有出處，但不妨其爲惡詩耳。」（卷七）

這種論點，已經指出作詩論詩，應以意爲重而不應只求字句出處，已開船山論杜以意爲主，意藏篇中理論之先。陸游此種理論，可以說較張戒更深中江西詩派的要害。同時宋人大力鼓吹杜甫詩史之名，陸游却於「讀杜詩」中云：「千載詩亡不復刪，少陵談笑即追還。常憎晚輩言詩史，清廟生民伯仲間。」已對時人迷信詩史之說略有不滿。所以「老學庵筆記」卷六便對宋人津津樂道的直記當時事提出質疑：

「杜子美梅雨詩云：『南京西浦道，四月熟黃梅。湛湛長江去，冥冥細雨來。茅茨疎易濕，雲霧密難開。竟日蛟龍喜，盤渦與岸回。』蓋成都所賦也。今成都乃未嘗有梅雨，惟秋半積陰氣令蒸溽，與吳中梅雨時相類耳。豈古今地氣有不同耶？」

雖然只是略表存疑，但是比之以杜詩所言所記皆爲實有其事之論，高下之別立然可辨，而且也有助於清初反對詩史之說的理論闡揚。

當杜詩風靡整個南宋詩壇時，已有人對此種規範之法深致不滿，此種風氣實開清初輕杜風氣之先。代表人物前有葉適，後有劉克莊。

水心論詩，提倡四靈一派，以遠追唐人，力矯江西之弊爲己任。因此對老杜之詩，雖然沒有率意批評之語，但是對於學杜者僅得杜詩之皮貌却頗致不滿。其「習學記言」卷四十九中云：

「杜甫強作近體，以功力氣勢，掩奪衆作，然當時爲律詩者不服，甚或絕口不道。至本朝初年，律詩大壞，王安石、黃庭堅欲兼用二體，擅其所長，然終不能庶幾唐人。………。七言絕句，凡唐人所謂工者，今人皆不能到，惟杜甫功力氣勢掩奪，則不復在其繩墨中，徒有纖弱而已。而今人絕句，無不祖述王氏，然安能窺唐人之藩牆，況甫之所掩奪者，尚安得至乎？」

這種理論爲永嘉四靈所宗。遂演變成盡棄江西之學而改學晚唐，詩宗賈島、姚合等人，以致有破碎尖酸之譏，實爲水心始料所未及。此種情勢之演變要非無因，蓋因江西詩派鼎盛之際，有並少陵詩集束諸高閣而不觀者。如胡仔「苕溪漁隱叢話」前集卷四十九中云：

「近時學詩者，率宗江西，然殊不知江西本亦學少陵者也。故陳無已曰：豫章之學博矣，而得法於少陵，故其詩近之。今少陵之詩，後生少年不復過目，抑亦失江西之意乎？江西平日語學者爲詩旨趣，亦獨宗少陵一人而已。余爲是說，蓋欲學詩者師少陵而友江西，則兩得之矣。」

由於江西詩派之末流實有連少陵之詩不復過目之弊，水心爲了挽此頹風，故並江西詩人所宗，亦斥爲非唐人之學。這種情形和王船山爲了矯正學杜者之弊，遂指斥杜甫爲風雅罪魁的方式可說同出一轍。因此葉適在「徐斯遠文集序」中便云：

「慶曆嘉祐以來，天下以杜甫爲詩，始黜唐人之學，而江西宗派彰焉。然而格有高下，技有工拙，趣有淺深，材有大小。以夫汗漫廣漠，徒枵然從之而不足，充其所求，曾不如脰鳴吻咉，出豪芒之奇，可以運轉而無極也。故近歲學者，已復稍趨於唐而有獲焉。」

由此可見，水心此種持論之意，專在補救時弊，然而更因其人識見卓特，所以貢獻又超出補救時弊之外。

劉克莊論詩特重詩歌中的藝術特質，所以自然也不滿於宋人的以文爲詩和江西詩派的缺乏韻味。追本溯源，遂對杜詩亦提出批評，如「跋韓隱君詩」中云：

「古人不及見後世之偶然比興，風刺之作，至列於經。後人盡誦讀古人書，而下語終不能髣髴風人之萬一，余竊惑焉。或古詩出於情性，發必善；今詩出於記聞博而已。自杜子美未免此病。於是張籍、王建輩，稍束起書袋，剗去繁縟，趨於切近，世喜其簡便，競起效顰，遂爲晚唐，

體益下，去古益遠。豈非資書以爲詩，失之腐；損書以爲詩，失之野歟！」（「後村先生大全集」卷九十六）

杜詩在宋代聲望如日中天，劉克莊敢冒時諱痛下評語，可見眼光、勇氣均超人一等。更値得注意的是他不只重視到杜詩中的藝術形式，對其中思想內容的批評也都予後人莫大的影響。如「後村詩話」前集卷一中云：

「杜五言感時傷事，如『親朋無一字，老病有孤舟。』如『敢料安危體，猶多老大臣。』如『不愁巴道路，恐濕漢旌旗。』其用事琢對，如『須爲下殿走，不可好樓居。』如『竟無宣室召，徒有茂陵求。』如『魯衞彌尊重，徐陳略喪亡。』八句之中，著此一聯，安得不獨步千古？若全集千四百篇無此等句語爲骨氣，篇篇都做『圓荷浮小葉，細麥落輕花。』道了，則似近人詩矣。」

後集卷二則云：

「杜八哀詩，崔德符謂可以表裏雅頌，中古作者莫及。韓子蒼謂其筆力變化，當與太史公諸贊方駕。惟葉石林謂長篇最難，晉魏以前無過十韻，常使人以意逆志，初不以敍事傾倒爲工。此八篇本非集中高作，而世多尊稱，不敢議其病，蓋傷於多。如李邕、蘇源明篇中多累句，刮去其半，方盡善。余謂崔、韓比此詩於太史公紀傳，固不易之語。至於石林之評累句之病，爲長篇者不可不知。」

這種立論方式，已開後人探索杜詩眞正藝術精神之先聲。尤以論老杜八哀詩之弊，謂傷於多，清初王漁洋則全盤承之，而施閏章亦有杜詩傷於太盡之說，足見劉克莊膽識之高。

金元好問對於杜詩的看法，亦頗有與張戒相合之處，其論詩絕句之十謂：「排比鋪張特一途，藩籬如此亦區區。少陵自有連城璧，爭奈微之識碔砆。」亦指出杜詩之所以流傳不朽之因，非是排比鋪張之作。此種理論延伸到清初，遂有王漁洋「草堂樂府擅驚奇，杜老哀時託興微。」（「戲仿元遺山論詩絕句」三十二首之九）的看法。此外，遺山對於江西詩派專事杜詩形式的模擬，也有「古雅難將子美親，精純全失義山眞。」（論詩絕句之廿八）的批評。其中「古雅」二字之意，即是指詩歌中寓有溫柔敦厚之意，窮而不怨，怨而不怒，辭旨深婉，含蓄不露。這也是後代詩論家推崇杜詩的最大根由。

元代年祚雖短，但是劉辰翁的評點杜詩，以及方回一祖三宗之說，都在杜詩學上留有不可磨滅的功績。辰翁評點杜詩，不但風靡一時，影響所及，明人批點杜詩之風亦大盛，直至清初，批點之風猶存。方回推尊杜甫、黃庭堅、陳師道、陳與義爲一祖三宗，在文學源流上的最大意義即是暗示江西詩派即爲杜甫詩派，爲後代學者揭示出更高的學習目標。因此，他在杜詩中便特重老杜後期「頓挫悲壯，剝浮落華」的作品，所以自然也推尊杜詩中所含蘊憂世憫人的懷抱。其「秋晚雜詩」云：

「竊嘗評少陵，使生太宗時。豈獨魏鄭公，論諫垂至茲，天寶得一官，主昏事已危。脫命走行在，窮老拜拾遺。卒坐鯁直去，漂落西南陲。處處苦戰鬥，言言悲亂離。其間至痛者，莫若八哀詩。我無此筆力，儼抱頗似之。」

可見方回雖然講求杜詩中的格律，但對於杜甫悲天憫人的情懷實亦有嚮往之感。而這點正是歷來論杜者對杜詩最爲普遍的評語。

經由上述簡論，可以約略看出，宋元時期杜詩學的取向幾乎環繞著江西詩派而發，而江西詩派對於提高杜詩在文學史上地位的功勞亦不可埋沒。其間有關杜詩學的爭議雖說僅見端倪，但是却已隱伏清初論杜諸家取材之來源。換言之，研究清初杜詩學必先尋出宋元杜詩學之取向脈絡，方克有成。根據本論文第一篇及第二篇的論述內容而言，清初杜詩學的研究正是具有此種文學源流上的價值。

第二節　可以知明代詩論之梗概

清初論杜諸家既皆橫跨明清兩代，評論杜詩，多少都和明代詩論有關。約略言之，整個明代詩論可以說是建立在擬古與反擬古的爭議中。擬古者既然以標榜盛唐，模擬杜詩爲主，反擬古者自然亦從對杜詩的了解中找尋證據來加以反擊①，因此可以說明代的詩論建立和杜詩的關係十分密切。此外由於明代學風偏於文藝理論方面，「空疏不學」便成了清人批評的口實。郭紹虞於所著「中國文學批評史」下卷第一篇總論明代文學批評中說：

「由於空疏不學，於是人無定見，易爲時風衆勢所左右。任何領袖主持文壇，都足以號召羣衆，使爲其羽翼；待到風會遷移，而攻讁交加，又往往集矢於此一二領袖。所以一部明代文學史殆全是文人分門立戶，標榜攻擊的歷史。」

這是十分中肯的評斷，而明代詩論也就在這種文人分門立戶之中衍生。

明初詩論自宋濂起即標榜師古，他在「答章秀才詩書中」，反復引論，指出自漢魏以至於明之詩人，無一不有師承，並謂：

「由此觀之，詩之格力崇卑，固若隨世而變遷，然謂其不相師可乎？第所謂相師者或有異焉！其上焉者師其意，辭固不似而氣象無不同；其下焉者師其辭，辭則似矣，求其精神之所寓，固未嘗近也。然唯深於比興者，乃能察知爾。雖然爲詩當自名家，然後可傳于不朽，若體規畫圓，準方作矩，終爲人之臣僕，尙烏得謂之詩哉？是何者？詩乃吟咏性情之具，……，非智力之所能增損也。古之人，其初雖有所沿襲，末復自成一家言，又豈規規然必于相師者哉！嗚呼！此未易爲初學道也。近來學者類多自高，操觚未能成章，輒濶視前古爲無物，且揚言曰：曹、劉、李、杜、蘇、黃諸作雖佳，不必師；吾即師，師吾心耳。故其所作往往猖狂無倫，以揚沙走石爲豪，而不復知有純和沖粹之意。」（「宋文憲公全集」卷卅七）

由此段引述可見，宋濂的師古雖亦存有擬古的傾向，但是和後來的擬古派並不相同。因爲他的師古是師古人之意，而且要深于比興，所以他便反對專事模擬。這種理論在後來反擬古者的言論中經常可以看見②。

眞正開明代擬古風氣之先的則爲高啓，其「獨庵集序」中云：「夫自漢魏晉唐而降，杜甫氏之外，諸作者各以所長名家，而不能相兼也。學者譽此詆彼，各師所嗜，譬猶行者，埋輪一鄉，而欲觀九州之大，必無至矣。蓋嘗論之：淵明之善曠，而不可以頌朝庭之光；長吉之工奇，而不足以詠丘園之致，皆未得爲全也。故必兼師衆長，隨事摹擬，待其時至心融，渾然自成，始可以名大方而免夫偏執之弊矣。」（「鳧藻集」卷二）在這段論述中，高啓以爲詩人若只以一種風格名家，未免有憾；而老杜所以不同於諸家，即在於兼備多樣的風格。這種由杜甫兼具多樣的風格的立論來推尊杜詩，自然使後來的擬古派走上專擬杜詩的方向。此外李東陽在「麓堂詩話」中亦云：

「長篇中須有節奏，有操有縱有正有變，若平鋪穩布，雖多無益。唐詩類有委曲可喜之處，惟杜子美頓挫起伏，變化不測，可駭可喜。蓋其音響與格律正相稱，回視諸作，皆在下風。然學者不先得唐調，未可遽爲杜學也。」（藝文本「續歷代詩話」下册頁一六四二～一六四三）

這裏已提出要學杜詩，必先學唐調的理論，於是詩崇盛唐，模擬杜詩之聲已經呼之欲出了。至李夢陽一出，擬古運動於是達到高潮。

不過由於李夢陽的擬古過分強調句模字擬，與其同時的何景明便有異言，其「與李空同論詩書」中云：「今爲詩不推類集變，開其未發，泯其擬議之迹以成神聖之功，徒斂其已陳修飾成文，稍離舊本，便自杌隉，如小兒倚物能行，獨趨顚仆。」（「大復集」卷卅二）也就是說模擬雖是作詩的不二法門。但是最好能不露痕跡，又能寓有自己的面目在內。基於此一理由，他對杜詩便認爲「調失流轉，雖成一家語，實則詩歌之變體。」（「明月詩序」）這種對杜詩不滿之因，歸根究底，即是由於反對李夢陽的句模字擬而起。所以胡應麟「詩藪」續編一中云：

「今人因獻吉祖襲杜詩，輒假仲默舍筏之說，動以牛後雞口爲辭，此未覩何集者。就仲默言，古詩全法漢魏歌行，短篇法杜，長篇王楊四子，五七言律法杜之宏麗而兼取王、岑、高、李之神秀，卒於自成一家，冠冕當代，所謂門戶堂奧，不過如此。古人影子之說，以獻吉多用杜成語，故有此規，自是藥石。非欲其盡棄根源，別安面目也。」（廣文本下册頁七三七～七三八）

可見何、李之爭，在當時已爲人所注目，而李夢陽的祖襲杜詩，亦是實情。因此胡應麟對其二人詩作之評亦從二人祖襲對象不同而發：「獻吉、仲默，各有秋興八章。李專主子美，何兼取盛唐。故李以骨力勝，何以神韻超。學何不至，不失雕龍，學李不成，終類畫虎。」（廣文本「詩藪」下册頁七五四）這種評論，十分公允。蓋因李夢陽祖襲杜詩，儘管得其神髓，亦只是形似而已。後人再學其詩，就難免只得糟粕之譏。

李攀龍論詩，正是繼承獻吉而來，謂詩自天寶而下不足觀，因此也鄙薄宋、元詩。至於模擬杜詩之作，更是比獻吉有過之而無不及，胡應麟即謂：「于鱗七言律所以能奔走一代者，實源流於早朝、秋興、李頎、祖詠等詩，大率句法得之老杜，篇法得之李頎。」（「詩藪」續篇二，廣文本頁七四八）所以基本上，他和李夢陽的句擬字模杜詩是沒有兩樣的。

這種擬古風氣由於類近於抄襲，所以繼起的公安，竟陵便標出性靈和幽深孤峭來與之對抗，因此便形成了一股對擬古風氣的反動和促成宋、元詩的興起，這種風氣，並且一直延續到清代，例如錢謙益即是此中代表人物③。

經由以上的略述，我們可以發現明代的詩論發展實際上即是循著擬古與反擬古兩股潮流而起的，而這兩股潮流也都成爲清初杜詩學的文學背景。其中尤以擬古派的格調說更是對王漁洋的神韻說帶有啓示作用而影響到他評論杜詩時的喜好判斷。因此，研究清初杜詩學之時也必須注意擬古與反擬古兩派的詩論大概，而此兩派也就是明代詩論的大概，所以這點也是研究杜詩學的價值之一。

【附　註】

① 例如袁宏道「夜坐讀少陵詩偶成」云：「嘗聞工書人，見書長一倍。每讀少陵詩，輒欲洗肝肺，體格備六經，古雅凌三代。武庫森戈戟，廟堂老冠佩。變幻風雲新。妖韶兒女黛。古鬼哭幽塚，羈遊感絕塞。古人道不及，公也補其廢。他工有遺巧，代之以覆載。僅僅蘇和仲，異世可相配。剪葉及綴花，諸餘多瑣碎。紛紛學杜貌，伺饗任嗚吠。入山不見瑤，何用拾瓊塊。」又錢謙益「曾房仲詩敍」云：「獻吉輩之言詩，木偶之衣冠也，土菑之文繡也，爛然滿目，終爲象物而已。……………。嗚呼！學詩之敝，可謂至于斯極者矣。奔者東走，逐者亦東走，將使誰正之？房仲有志于是，余敢以善學之一言進焉。杜之所以爲杜者，所謂上薄風雅，下該沈宋者是也；學杜有所以學者矣，所謂別裁僞體，轉益多師者是也。舍近世之學杜者，又舍近世之訾謷學杜者，進而求之，無不學，無不舍焉，于斯道也，其有不造其極矣乎？」這兩種說法都是從對杜詩的了解來攻擊擬古派步學杜詩的不當。

② 如吳喬於「圍爐詩話」卷一中云：「唐詩有意而托比興以襍出之，其詞婉而微，如人而衣冠。宋詩亦有意，惟賦而少

比興，其辭徑以直，如人而赤體。明之瞎盛唐詩，字面焕然，無意無法，直是木偶被文繡耳。」

③有關擬古風氣的影響和宋元詩的興起，請參看導論第一章之第三節及第四節。

第二章　清初杜詩學對後世的影響

杜詩學經由宋人之輯注，明人之批選，已有相當成就；入清之後，由於學術潮流及政治環境的影響，遂集前人之長而更闢新徑。無論批點、篇章、詩法、注釋、考證等皆兼而有之；就中尤以考證史實之功更是超邁前人，替後人立下典範。此外論杜詩之時，勇於指陳杜詩瑕疵處，引領後人直探詩心，亦對杜詩眞正藝術精神的闡揚貢獻良多。而杜甫詩史觀念的探討以及比興手法的注重，也都對其他詩論的形成有著相輔之功。另外錢謙益與朱鶴齡注杜之爭，雖說爲二人之不幸，然而杜詩中有關章句之詮釋，考證之詳實，以及對杜詩欣賞的領悟却因而愈爭愈明。洪業「杜詩引得序」中云：「錢氏求於言外之意，以靈悟自賞，其失也鑿。朱氏長於字句之釋，以勤勞自任，其病也鈍，後來作者大略周旋於二家之間，故清代杜詩之學當以二書爲首，而錢氏實開其端，功尤不可沒也。」此論甚爲持平。因此，就清初杜詩學對後世的影響而言，可以分成下列二點來加以敍論。

第一節　大啓後人研究杜詩之風

清初杜詩學自錢、朱二書出現之後，研究杜詩並因以成書之風大盛。僅康熙一朝，即有吳見思之「杜詩論文」、張溍之「讀書堂杜工部詩集」、盧元昌之「杜詩闡」、張遠之「杜詩會粹」、黃生之「杜詩說」、仇兆鰲之「杜詩詳注」和浦起龍之「讀杜心解」等七書相繼問世①，可說是有清一代研究杜詩之全盛時期，而有關杜詩之名著也率多成於此時。吳見思「杜詩論文」前有龔鼎孳序云：「虞山論其事，吳子論其文。」足見吳見思之作，乃錢謙益所未爲之餘事。因此，書中完全將杜詩段分句析以闡釋其章法、句法、字法。由於其書以詮釋篇章大義爲主，故不採舊注，而自作解於後。洪業「杜詩引得序」謂：「略述詩中各段之意，彌縫關照字句之間，亦具苦心，勝於單復及僞邵之作。四庫總目摘擧數條，譏其破碎費詞，然既貶居存目，遂不得不事吹求耳。」言下之意，似乎謂吳見思能學明人之批點杜集而更勝之，至於四庫提要之譏則爲吹求。然而就事論事，此種將杜詩段分句析以求其文法之作，似乎和金聖嘆的分解相似而其病亦同。蓋詩作重在靈悟，文章重在鋪述，兩者之成，原自不同。雖說杜詩中亦有「一片文章」之評論，但是並非集中上乘之作，所以四庫提要譏吳氏之書破碎費詞，要非無的。

張溍所撰之「讀書堂杜工部詩集」四庫提要謂：「以千家注爲本而稍節其冗複，凡稱原注者，皆千家注，每詩下評語及圈點則潛所增入也。」其書中自記謂得力於錢、朱之處甚多。如「庚戌閏二月二十七日薄暮，照錢牧齋註又閱杜一匝，疑者解十之九，不特知其用意佳處，即率筆晦筆，具得其故。」又云：「癸丑十一月廿二日，………。兼采朱長孺杜註，疑難盡豁，此後但玩其妙境可也。」由此可見，此書之成，受錢、朱之啓示良多。

盧元昌「杜詩闡」一書。以批注爲主，其中對杜詩亦頗有發明。如對「鳳凰臺」中之「安得萬丈梯，爲君上上頭。恐有無母雛，飢寒聲啾啾。」謂老杜以鳳雛比太子俶，本身則欲效園綺之功，使太子俶免於受張良娣之害。此種「比興」手法的發明，可能即受錢謙益之啓發而成。又「奉贈韋左丞丈二十二韻」之「騎驢三十載，旅食京華春。」下云：「當是騎驢十三載，時杜公年未四十。」錢謙益將此詩編於天寶未亂並陷賊中作，又於「甫昔少年日，早充觀國賓」下引黃鶴年譜，謂是年方二十三歲。以此推之，當知盧元昌所言不虛。

張遠「杜詩會粹」前二十三卷爲詩，末卷爲賦六篇，其凡例云：「少陵詩注不下百家，得朱長孺而備美，然滲軼尚多，止窺半豹，茲更詳爲采奪，庶不至掛一漏萬。錢虞山箋注以唐史證唐事，當日情事畢見，然多牽合附會，取其確切者著於篇。」王掞序亦云：「蕭山張邇可，博雅好學之士也，潛心學杜，得其要領，猶以虞山、松陵滲軼尚多，段落未剖，更爲采補，條分縷析。」由此可見其書之成，採用錢、朱之說甚多，惟更增段落分析以訓釋文意。張遠雖自言「長篇必分段落，眉目方自清楚，前人從無拈出。」此話頗以分段落爲自負，然其說甚爲不當。杜詩分段落之法，自明即有。如單復「

讀杜愚得」凡例中云：「愚得於長短古律詩，做朱子說詩騷賦比興例，分段以詳作詩命意之由，及遣詞用事之故，且於承接相照應處略提掇其緊要字面。」可見張遠亦不過拾人牙慧而已。

仇兆鰲「杜詩詳注」一書，亦採錢、朱之說，尤以朱氏之說特多。其書最大特色即在於繁徵博引，幾盡括當代有關杜詩的訓解之說。洪業先生以為「其中頗有傳本甚罕者，如明末王嗣奭『杜臆』，亦如黃生『杜詩說』頗多創見，乃向無刻本，即抄本亦不經見，兆鰲採錄不遺鉅細，是亦善意也。」然而「杜臆」及「杜詩說」二書，現在並爲常見之書，但是仇氏採錄之功，並未稍稍遜色。其杜詩凡例「近人註杜」條下云：「若盧世㴶之胥鈔，申涵光之說杜，顧炎武……，別有論著，亦足見生際盛時，好古攻詩者之衆也。」其中盧世㴶之「杜詩胥鈔」，申涵光之「說杜」並皆爲當時人所重視之杜詩論著，惜皆難見全書，然而仇兆鰲「杜詩詳注」中却大量徵引，足爲後人參考之用②。

仇氏之書雖然採自朱鶴齡之說特多，但是有關朱鶴齡刊行杜詩遺脫之處，仍加以批評補全。如其凡例「杜詩刊誤」條下云：

「近日朱長孺采集宋元諸本，參列各句之下，獨稱詳悉，然猶有遺脫。如何氏山林詩：異花開絕域。當是『來絕域』，於開拆不犯重。送裴尉詩：扁舟吾已就。當是『吾已僦』，於就此不相重。如冬深詩：花葉隨天意。當是『惟天意』，於隨類不相重。……。今或依他注改正，或據臆見參定。」

此處所謂「據臆見參定」，即是仇氏自己本身的見解。又評錢、朱二家之同異云：「錢于唐書年月，釋典道藏，參考精詳。朱于經史典故，及地里職官，考據分明。其删汰猥雜，皆有鹿清之功，但當解不解者，尚屬闕如。」可見仇氏除了吸取錢、朱二家之長處外，對於二家所闕如者，欲以己意補之。至於杜詩中比物託類之思，亦加以闡發詳釋，而所循脈絡，仍是依沿清初以來諸家論杜之跡而發。因此仇氏於自序中云：

「讀其詩者，一一以此求之，則知悲歡愉戚，縱筆所至，無在非至情激發，可興可觀可群可怨，豈必輾轉附會而後謂之每飯不忘君哉！若其比物託類，尤非泛然，……。皆切於忠孝大義，非他人之爭工字句者所可同日語。」

由此可見，仇氏一方面以性情求杜甫之眞精神而排除附會之說，另方面亦重視其出以比興而寓有忠孝大義的作品。這種評杜方式，可說是清初杜詩學的一種大綜合。

浦起龍「讀杜心解」則以闡釋篇章大義爲主，著重文學上的欣賞。書中雖亦多採錢、朱二家之說，但是與之立異之處亦不在少數。例如「北征」詩，錢、朱二人並引魏泰之言，謂乃是明皇畏天悔禍，無與官軍，深得事君之禮。浦起龍則謂：「玄禮爲親軍主帥，縱兇鋒於上前，無人臣禮。老杜既以『誅褒妲』歸權人主，復贅『桓桓』四語，反覺拖帶，不如並隱其文爲快。願與海內有識者商之。」又「塞蘆子」詩後云：「由錢之說，顧南則失北。由朱之說，顧北則失南。不特疏於索解，亦遜其長算矣。」「奉贈韋左丞丈廿二韻」則引朱注「有去國之思，猶未忍決去，以眷眷大臣也。然去志終不可回，當如白鷗之遠。意最委折而語非乞憐，應與昌黎『上宰相書』同讀。」之說，並批評謂「一結高絕，昌黎不及。」由此可見，此書乃浦起龍兼採錢、朱之說後深思所得。因而其「讀杜心解」發凡有云：

「吾讀杜十年，索杜於杜，弗得；索杜於百氏詮釋之杜，愈益弗得。旣乃攝吾之心，印杜之心，吾之心悶悶然而往，杜之心活活然而來，邂逅於無何有之鄉，而吾之解出焉。」

所以浦起龍之書除了受錢、朱二人之影響外，亦有許多本身的創見。此外對於錢謙益注解杜詩，每每涉及明皇、肅宗父子之間感情的不諧，特表不滿。故發凡中云：

「虞山輕薄人，每及明皇晚節、肅宗內蔽、廣平居儲諸事跡，率以私智結習，揣量周內，因之編次失倫，指斥過當。繼有作者，或附之以揚其波，或糾之而不足關其口。使藹然忠厚之本心，千年負疚，得罪此老不少。愚不惜刓精盡氣，疏通證明者，於此益力。」

因此浦起龍在錢謙益自以爲得意的「洗兵馬」箋注下不但不加一句贊詞，反而謂「錢箋此等，壞人心術，隳詩教，不可以不辯。予豈爲肅宗曲護哉！」③。所以浦起龍之「讀杜心解」可說是熟於考證者心得之作，有錢、朱二家之長而欲去其短，幾近後來居上。

自此以後，注杜之風逐漸衰微，其間除楊倫之「杜詩鏡詮」、吳瞻泰之「杜詩提要」尚稱佳構外，餘皆少有發明。嘉慶以後，以注杜稱善者更少。洪業「杜詩引得序」謂：「竊謂錢、朱、盧、黃、仇、浦之後，欲更以註解考證多取勝者，亦難矣。況乾隆中葉以後，錢氏之書，法所厲禁，縱曾讀其書而不敢徵引，故楊、許輩（楊倫、許寶善）皆不曾擧謙益之名。處此局勢下，縱於讀杜興趣濃厚，而欲有所稱述，只可轉而作詩話筆記之屬耳。」此論十分貼切。如趙翼「甌北詩話」中言及錢謙益本即不舉其名：「黃鶴、魯訔之徒，乃又爲之年經月緯，一若親從少陵遊歷者，則未免穿鑿附會，宜常熟本之笑其愚也。然常熟本開卷即以贈韋左丞爲第一首，謂此首布置最得正體，前賢皆錄爲壓卷云。」（卷二）此處「常熟本」指的即是錢謙益注本，可見趙翼彼時亦不敢直舉其名。不過讀杜雖轉作詩話筆記之屬，仍可看出承自清初論杜諸家的影響。例如「甌北詩話」卷二頁七～八云：

「書生窮眼，偶直聲伎之宴，輒不禁見之吟咏，而力爲鋪張。杜集中如陪諸公子丈八溝納涼則云：『公子調冰水，佳人雪藕絲。』陪李梓州泛江有伎樂則戲爲艷曲云：『江清歌扇低，野曠舞衣前。』陪王侍御宴通泉攜酒泛江有伎則云：『復攜美人登彩舟，笛聲憤怒哀中流。』戎州宴楊使君東樓則云：『座從歌伎密，樂任主人爲。』江上獨步尋花至黃四娘家則云：『黃四娘家花滿蹊，千朵萬朵壓枝低。』皆不免有過望之喜而其詩究亦不工。如陪李梓州艷曲云：『使君自有婦，莫學野鴛鴦。』固已毫無醞藉。戲惱郝使君云：『願攜王趙兩紅顏，再聘肌膚如素練』，則更惡俗殺風景矣！」

此種直接指斥杜詩中有不工及殺風景之句的評論，可以說亦是承續清初論杜諸家的精神而來④。又如李調元「雨村詩話」卷下云：

「杜詩云：『牛女年年渡，何曾風浪生。』註者云此刺明皇幸貴妃以致亂也。因有七夕牽牛事，故不嫌穿鑿，所謂旨隱而詞微。」

「註杜者全以唐史附會分箋，甚屬可笑。如少陵初月詩云：『光細絃欲上，影斜輪未安。微升古塞外，已隱暮雲端。河漢不改色，關山空自寒，庭前有白露，暗滿菊花團。』此不過詠初月耳，而蔡夢弼謂『微升古塞外』喩肅宗即位于靈武也，『已隱暮雲端』喩肅宗爲張皇后、李輔國所蔽也。句句附會實事，殊失詩人溫厚之旨，竊恐老杜不若是。」

這種反對宋人的附會之說，却提出本身對詩中隱旨的看法，和錢謙益極力攻擊宋人解杜一字一句皆有比託，但是本身注杜，仍然竭力以比興手法來闡揚杜詩中的隱旨之意基本上是相同。可見清初諸家論杜的影響力仍在。此外朱長孺言杜詩有不可解之處，不必強加解說。（詳見「輯注杜工部集序」）王船山以爲杜詩以意爲主，以轉折爲含蓄。「雨村詩話」卷下亦云：

「少陵詩有不可解之句，如詠懷宋玉一首曰：『悵望千秋一洒淚，蕭條異代不同時。』夫異代即不同時，乃作此語，何耶：身雖異代，搖落之悲却似同時人耳，此爲深知宋玉也。秋興之『瞿塘峽口曲江頭』，摘出一句不可解，下云：『萬里風煙接素秋』，乃知劉繼莊所謂兩句合而一句之義始成，眞妙論也。又如『晚節漸于詩律細，誰家數去酒盃寬。』偶對不測，自稱律細，何耶？蓋雨中遣悶，戲呈路十九曹長耳。雨中悶極，唯有作詩飮酒，故想路十九也。此皆意在空際之法。」

諸如此種解杜之法，亦可以見出朱長孺、王船山論杜之痕跡在內。至於對於前人刻本之失，亦屢有指摘之處，如翁方綱「石洲詩話」卷一云：

「四松詩：『得悋千葉黃』，悋與恪同，亦慳惜之意，得悋者，不得悋也。或作『得愧』，非，『足以送老姿』，亦錢刻之訛耳　本作『足爲送老資』，訛二字即講不通矣！錢本之謬類如此。他如『雨聲先以風』，以訛已（種萵苣）。『杜曲換耆舊』，換訛晚（壯遊）。『實唯親弟昆』實訛督（別李義）。『汨吾隘世網』，汨訛洎（望嶽）。『雲雷屯不足』，屯訛此（三川觀水漲）。之類實不可枚擧。」

錢謙益注杜於有清一代號稱考據最爲詳實，翁方綱敢勇於指出其刻本之訛處，足見對前人留存之杜詩刻本曾反復用心比較，方有此得。又王漁洋評杜多以其神韻說來加以批評塗抹，以致遭受李調元之譏，其「雨村詩話」並謂：「此漁洋詩之所以不如杜也，俗謂朱貪多，王愛好，信然。」（卷下）然而翁方綱「石洲詩話」後附「漁洋評杜摘記」「贈李白」條下云：「此評固謬，不待辨說矣。然愚所見評杜本，則此條是王西樵之筆，張刻誤爲漁洋也。漁洋幼學師於西樵，或有傳錄踵訛者，尙不止此。今姑就張刻記出西樵評本，直抹杜詩處極多，不能悉擧正矣！」由此可見，漁洋評杜本中，有非王漁洋所語之處。而其所以引起翁方綱作摘記之因由，必是於當代廣受時人注目所致。

由以上論述可知，清初杜詩學無論注杜、論杜都對後世造成相當大的影響；而後人硏究杜詩，儘管可以指正清初諸家錯失之所在，但是基本理論根源仍是出自淸初諸家之一枝一葉，只是後出轉精，見識看法改變而已。

【附註】

① 此處從洪業「杜詩引得序」中所言，又以下有關清人注本之流傳大概，採用洪業之說特多，不另一一注明。

② 仇兆鰲「杜詩詳注」中所引之盧德水「杜詩胥鈔」中語，率皆與盧氏「尊水園集略」卷六之「讀杜私言」內容相似。盧德水於「讀杜私言」大凡中有云：「黎人執簡請余安名，余避席謝曰：名不敢安也，無已，還問之子美；子美別李八秘書有句云：『乞米煩佳客，鈔詩聽小胥。』余不敏，於子美無能爲役，第謹操觚管，充胥史之任而已，而乞米鳩工，遂煩我友襄茲素業。」此段乃盧氏自言「胥鈔」一名之由來。以此推之，「讀杜私言」疑乃「杜詩胥鈔」之同本異名。翁方綱「石洲詩話」卷八評漁洋論詩絕句「杜詩箋傳太紛拏，虞趙諸賢盡守株。苦爲南華求向郭，前惟山谷後錢盧。」云：「盧氏杜詩胥鈔，其書不甚行於世，人罕知者。昔予在粵東晤青州李南磵，語及此，南磵致書盧氏，屬其家以初印本見贈，始知其非定本。」翁氏既言其書非定本，則後來收入「尊水園集略」中，另以「讀杜私言」之名行之，當屬可能。

③ 詳見「讀杜心解」卷二之一。

④ 此種直謂杜詩中有不工之句，清初諸家皆有論及之，然而正如葉燮「原詩」外篇中所云：「詩聖推杜甫，若索其瑕疵而文致之，政自不少，終何損乎杜詩。俗儒于杜，則不敢難，若今人爲之，則喧呶不休矣！」可見趙翼評杜，亦是繼承此種精神而來。否則「甌北詩話」卷二頁七又怎會推贊杜甫之「朱門酒肉臭，路有凍死骨。」謂：「此皆古人久已說過，而一入少陵手，便覺驚心動魄，似從古未經人道者。」

第二節　杜詩中「比興」觀念的重視有助於其他詩論的發展

清初自錢謙益始，即將杜甫爲詩史的觀念擴大到以詩補史或以詩正史，因此知人論世便形成一股重要的風氣。然而有些作品實際上只由參核史料，仍是無法推知作者之意，所以「以意逆志」的方法便被經常採用。而「以意逆志」的方法一被採用，詩中重「比興」的觀念自然逐漸受到重視。如錢謙益於「初學集」卷三十二「虞山詩約序」中云：

「古之爲詩者，必有深情蓄積於內，奇遇薄射於外，輪困結轖，朦朧萌折，如所謂驚瀾奔湍，鬱閉而不得流；長鯨蒼虬，偃蹇而不得伸；渾金璞玉，泥沙掩匿而不得用；明星皓月，雲陰蔽蒙而不得出。於是乎不能不發之爲詩，而其詩亦不得不工。」

又「有學集」卷三十九「復遵王書」中云：

「今人注杜輒云，某句出某書，便是印板死水，不堪把玩矣！袁小脩嘗論坡詩云：『他詩來龍甚遠，一章一句不是他來脈處。』余心師其語，故于聲句之外，頗寓比物託興之旨，庾辭讔語，往往有之，今一一爲足下拈出，便不值半文錢矣！」

由此可見，錢謙益的詩論明顯地趨向詩外求詩，也就是著重詩人「比興」之旨的追求。基於詩中「比興」之旨的重視，所以對於好詩的認定便以爲「人之情眞，人交斯僞；有眞好色，有眞怨誹，而天下始有貞詩。」①這種詩中「比興」觀念的重視，自虞山詩派隱然成立之後，更是充斥整個詩壇。如馮班論詩主張學古之詞以抒己之情，詞取其縟，情取其隱，以溫柔敦厚爲主。吳喬由於重視「比興」，因此特別提倡義山詩，而其析解義山詩，也大都流於附會史實，其道理即着因於此。而朱長孺於「西崑發微序」中更大力加以贊揚：

「往虞山馮子定遠嘗語余，義山無題詩皆寄思君臣遇合，其說蓋出於楊孟載；今得修齡解，益可與定遠相證明，足埤益余箋注所未逮。修齡眞曉人哉！修齡精律呂之學，妙有神悟，蓋今之異材，茲特吉光片羽爾。敬題首簡歸之，以志余傾倒之意。」（「愚菴小集」卷七）

由斯可見，詩中「比興」之法的提倡，於當時幾於蔚成風氣。

漁洋論詩雖然標舉神韻，但是其論詩絕句之九有云：「草堂樂府擅驚奇，杜老哀時託興微。」，足見對於杜詩中的「比興」觀念亦是頗爲看重。因此在「師友詩傳錄」中云：「詩有六義，一曰風，二曰賦，三曰雅，四曰頌，五曰比，六曰興。夫六義之序，以賦次風者，何也？元晏先生所云：賦也者，因物造端，敷弘而體理也。引而申之，故文必極美；觸類而長之，故辭必盡麗。是賦者古詩之流也，雅頌之則，於是乎托比興之音，於是乎儷。故諷喻抑揚之音以寓，涵蓄淵停之義以存，是眞風雅之正則也。流極其後，綴文之士，不率典言，並務恢張其辭，博誕絕類，大者罩天地之表，細者入纖毫之內。祖搆之士，雷同附和，罔知所終。至杜少陵乃大懲厥弊，以雄辭直寫時事，以創格而紓鴻文，而新體立焉！較之白太傅諷喻詩、秦中吟之屬，及王建、張籍新樂府，倍覺高渾典厚，蒼涼悲壯。此正一主於賦，而兼比興之旨者也，以貫六義，無遺憾矣！」（見藝文本「清詩話」頁一八一～一八二）漁洋此地即是說明詩須主於「賦」而兼「比興」，方爲佳構；杜甫之高於白居易、王建、張籍等人，即著因於此，可見漁洋之重視神韻，並未稍減其對「比興」的重視。

毛奇齡論詩雖和錢謙益揚宋抑明的主張不盡相合，但是注重詩中之「比興」則並無二致。如先於「施愚山詩集序」中云：「杜以仲尼、原憲作抵排之語而讀者終不以爲非，何則？其旨微也。」（「西河文集」卷六）又於「張禹臣詩集序」中云：「詩有性情，非謂其言之眞也，又非謂其多愬述，少賦寫也。當爲詩時，必有緣感焉投乎其間，而中無意緒，即不能發，則于是興會生焉；乃興會所至，抽思接慮，多所經畫。夫然後詠嘆而出之，當其時，諷之而悠然，念誦之而翕翕然，凡此者，皆性情也。」這裏所謂性情，即謂詩中寓有「比興」微旨之情，可見毛西河論詩仍是注重「比興」。

此外朱彝尊論詩尊宗杜甫，以言志爲尚；沈德潛的詩以載道，重「比興」而主寄託；潘德輿的主張「柔惠且直」②，主張詩要有敎化作用；袁枚雖主性靈而尚才情，亦有「詩無言外之意，便同嚼蠟」之說③。至陳沆則更以「詩比興箋」一書，「使讀者知『比興』之所起，即知志之所之也。」（魏源「詩比興箋」序）由此可知「比興」觀念在清代詩論史上受重視之一斑了。而這種「比興」觀念的再度被提出說明和重視，基本上可以說是起於杜詩中「比興」觀念抬頭的結果。

綜上所言，清初杜詩學不但下啓有清一代研究杜詩之風氣，而且和清代各家論詩主旨多少都有相關，其影響之深遠，眞是莫可言喻。

【附 註】

① 詳見錢謙益「有學集」卷十七「季滄葦詩序」。

② 潘德輿「養一齋詩話」卷十云：「吾所謂性情者，於三百篇取一言，曰『柔惠且直』而已！此不畏強禦，不侮鰥寡之本源也。老杜云：『公若登臺輔，臨危莫愛身。』，直也；『窮年憂黎元，歎息腸內熱。』，柔惠也。」這裏所含寓的卽是溫柔敦厚的詩教，因而他以爲論詩若不講春秋之法，則會成爲詩的罪人。（「養一齋詩話」）卷三中語）春秋之法卽是指詩帶「比興」 有美刺的作用而言。

③ 「隨園詩話」卷二頁三中云：「詩無言外之意，便同嚼蠟。」此外「蘭陔堂詩序」亦云：「讀詩者，得古人所言，不如得古人所不言。淵明不肯折腰見督郵，乃賦歸來，是說也，余嘗疑之。夫督郵之必至，與縣令之腰之不必折，淵明豈不知之！胡所見之晚而初筮仕之輕也！蓋當日淵明有他意存焉，不可明言，而藉此爲言。………。然淵明雖不言，而於詩則微言之。」（「小倉山房文集」卷十）由此可見，袁枚雖主性靈，然而對於詩含「比興」，有言外之旨的手法，仍是極其重視。

主要參考資料

一、相關之杜詩注本

分門集注杜工部詩　宋、闕名，台北商務印書館四部叢刊本。

草堂詩箋　宋、魯訔編，蔡夢弼會箋，台北廣文書局六十年九月出版。

杜工部集箋注廿卷　清、錢謙益注，康熙六年季振宜刊本，台北中央圖書館藏。

杜詩錢注　清、錢謙益注，台北世界書局六十三年五月五版。

杜詩詳注　清、仇兆鰲注，台北正大印書館六十三年六月初版。

杜詩會粹箋注廿四卷　清、張遠箋，台北中央圖書館藏。

杜詩又叢（朱鶴齡輯注杜工部詩集等七種）　台北中文出版社印行。（不著出版年月）

杜詩叢刊（九家集注杜詩等三十五種）　黃永武主編，台北大通書局六十三年十月初版。

二、相關之杜詩專著

杜臆增校　明、王嗣奭撰，民國、曹樹銘校，台北藝文印書館六十年十月初版。

讀杜心解　清、浦起龍撰，台北古新書局六十五年二月初版。

讀杜小箋、二箋　清、錢謙益撰，台北廣文書局六十五年三月初版。
聖嘆選批杜詩　清、金聖嘆撰，台北盤庚出版社六十七年九月初版。
杜工部詩說　清、黃生撰，台北中文出版社印行。（不著出版年月）
錢牧齋箋注杜詩補　彭毅撰，台大文史叢刊，民國五十三年初版。
杜詩研究　劉中和撰，台北益智書局五十七年九月初版。

三、相關之詩文別集

水心先生文集　宋、葉適撰，台北商務印書館四部叢刊本。
葉適集　宋、葉適撰，台北河洛圖書出版社六十三年五月初版。
宋學士文集　明、宋濂撰，台北商務印書館萬有文庫薈要五十四年五月初版。
空同子集八卷　明、李夢陽撰，明天啓刊本，台北中央圖書館藏。
何大復先生集卅卷附錄一卷　明、何景明撰，明嘉靖刊本，台北中央圖書館藏。
升菴文集八十一卷　明、楊愼撰，明萬曆十四年張士佩刊本，台北中央圖書館藏。
滄溟集七卷　明、李攀龍撰，明天啓刊本，台北中央圖書館藏。
袁中郎全集　明、袁宏道撰，台北世界書局五十三年二月初版。
歇庵集　明、陶望齡撰，台北偉文圖書出版公司六十五九月初版。
安雅堂稿　明、陳子龍撰，台北偉文圖書出版公司六十六年九月初版。

牧齋初學集、有學集　清、錢謙益撰，台北商務印書館四部叢刊本。
有學外集補遺　清、錢謙益撰，台北商務印書館六十二年十二月初版。
尊水園集略　清、盧世㴶撰，清順治庚子年劉經邦、張鴻儒刊本，台北中央圖書館藏。
愚菴小集　清、朱鶴齡撰，台北商務印書館印行之四庫珍本第四集。
梅村家藏稿　清、吳偉業撰，台北商務印書館四部叢刊本。
南雷文定　清、黃宗羲撰，台北中華書局四部備要本。
亭林詩文集　清、顧炎武撰，台北商務印書館四部叢刊本。
鈍吟老人遺稿十三卷、雜錄十卷　清、馮班撰，明末毛氏汲古閣暨清康熙戊申七年陸貽典等分別合刊本，台北中央圖書館藏。
學餘堂文集　清施閏章撰，台北商務印書館印行之四庫珍本第三集。
聰山集　清、申涵光撰，台北藝文印書館印行之百部叢書集成九十四，畿輔叢書六十一。
春酒堂遺書　清、周容撰，民國楊家駱主編、張其昀纂修之四明叢書第一集第三册，台北中國文化研究所印行。
薑齋先生詩文集　清、王夫之撰，台北商務印書館四部叢刊本。
西河文集　清、毛奇齡撰，台北商務印書館五十七年十二月台一版。
已畦詩集十卷原詩四卷文集二十二卷　清、葉燮撰，台大研究圖書館藏烏石山房文庫本。

曝書亭集　清、朱彝尊撰，台北中華書局四部備要本。
漁洋山人精華錄　清、王士禎撰，台北商務印書館五十七年初版。

四、相關之詩話

古今詩話叢編（容齋詩話等三十三種）　廣文編譯所編，台北廣文書局印行。
古今詩話續編（詩話總龜等三十六種）　廣文編譯所編，台北廣文書局印行。
苕溪漁隱叢話前、後集　宋胡仔纂輯，台北木鐸出版社七十一年八月初版。
雪橋詩話　清、楊鍾羲撰，台北鼎文書局六十年初版。
歷代詩話　清、何文煥編訂，台北藝文印書館六十三年四月三版。
續歷代詩話　清、丁仲祜編訂，台北藝文印書館六十三年四月三版。
帶經堂詩話　清、王士禎撰，台北清流出版社六十五年十月初版。
清詩話　清、丁仲祜編訂，台北藝文印書館六十六年五月再版。
薑齋詩話箋注　清、王夫之撰，民國、戴鴻森注。台北木鐸出版社七十一年四月初版。
甌波詩話　張夢機撰，台北漢光文化事業公司七十三年五月初版。
清詩話續編　郭紹虞編，台北藝文印書館七十四年九月初版。
杜甫研究　台北明倫出版社印行。（不著編者及出版年月）

五、其他相關之通論雜著

老學庵筆記　宋、陸游撰，台北木鐸出版社七十一年五月初版。
聖嘆選批唐才子詩（附聖嘆尺牘）　清、金聖嘆撰，台北正中書局四十五年四月初版。
香祖筆記　清、王士禎撰，台北新興書局四十七年八月初版。
列朝詩集小傳　清、錢謙益撰，台北世界書局五十年二月初版。
柳南隨筆　清、王應奎撰，台北廣文書局五十八年一月初版。
雞窗叢話　清、蔡澄撰，台北廣文書局五十八年九月初版。
鈍吟雜錄　清、馮班撰，台北廣文書局五十八年九月初版。
讀書雜識　清、徐鼒撰，台北廣文書局五十九年十二月初版。
池北偶談　清、王士禎撰，台北商務印書館六十五年七月初版。
日知錄集釋　清、顧炎武撰，台北世界書局七十年四月初版。
居易錄談　清、王士禎撰，台北藝文印書館印行之百部叢書集成廿四，學海類編二二五。
清代文學評論史　青木正兒撰、陳淑女譯，台北開明書店五十八年十二月初版。
中國文學批評史　郭紹虞撰，台北明倫出版社六十三年九月再版。
清代詩學初探　吳宏一撰，台北牧童出版社六十六年二月初版。
中國文學思想史　青木正兒撰，鄭樑生、張仁青譯，台北開明書店六十六年十月初版。
中國文學批評史大綱　朱東潤撰，台北開明書店六十八年八月六版。

明代文學批評資料彙編　葉慶炳、邵紅編，台北成文出版社六十八年九月初版。
清代文學批評資料彙編　吳宏一、葉慶炳編，台北成文出版社七十年三月再版。
西方美學史　朱光潛撰，台北漢京文化事業公司七十一年十月三十一日初版。
藝術的奧秘　姚一葦撰，台北開明書店七十二年一月九版。
國史舊聞　陳登原撰，台北明文書局七十三年三月初版。
文學欣賞與批評　徐進夫譯，台北幼獅文化事業公司七十三年七月八版。
中國近三百年學術史　梁啓超撰，台北華正書局七十三年八月初版。
迦陵談詩二集　葉嘉瑩撰，台北三民書局七十四年二月初版。
柳如是別傳　陳寅恪撰，台北里仁書局七十四年二月初版。
中國文學批評史　劉大杰撰，台北文滙堂七十四年十一月初版。
金聖嘆傳　陳登原撰，香港太平書局印行。（不著出版年月）
錢牧齋先生尺牘　沈雲龍主編，近代中國史料叢刊第四十輯三九一號，台北文海出版社印行。

六、相關之期刊論文

錢牧齋新傳　柳作梅撰，東海圖書館學報第二期。
朱鶴齡與錢謙益之交誼及注杜之爭　柳作梅撰，東海學報十卷一期。
清高宗禁燬錢謙益著述考　莊吉發撰，大陸雜誌四十七卷五期。

錢牧齋收藏之富與晚年家道中落之原因　周法高撰，大陸雜誌五十八卷四期。
王船山的詩觀　丁履譔撰，中外文學九卷十二期。
葉燮原詩研究　吳宏一撰，國立編譯館館刊第六卷第二期。
清初詩學中的形式批評　吳宏一撰，國立編譯館館刊第十一卷第一期。
杜詩爲詩史說析評　楊松年撰，台北學生書局七十四年八月出版之古典文學第七集頁三七一～三九
二。
詩史觀念的發展　龔鵬程撰，台北學生書局七十四年八月出版之古典文學第七集頁四〇一～四二九。
錢謙益及其文學　廖美玉撰，國立台灣大學七十二年度博士論文。